KB063179

인문 콘텐츠와
인물 스토리텔링

문화산업총서 8호

인문 콘텐츠와 인물 스토리텔링

2018년 2월 20일 초판 인쇄
2018년 2월 25일 초판 발행

지은이 | 김영순 · 오영훈 · 한성우 · 윤희진 · 권도영
교정교열 | 정난진
펴낸이 | 이찬규
펴낸곳 | 북코리아
등록번호 | 제03-01240호
주소 | 13209 경기도 성남시 중원구 사기막골로 45번길 14
우림2차 A동 1007호
전화 | 02-704-7840
팩스 | 02-704-7848
이메일 | sunhaksa@korea.com
홈페이지 | www.북코리아.kr
ISBN | 978-89-6324-594-2 (94300)
978-89-6324-144-9 (세트)

값 17,000원

*본서의 무단복제를 금하며, 잘못된 책은 바꾸어 드립니다.

문화산업총서 8

인문 콘텐츠와 인물 스토리텔링

HUMAN CONTENTS AND FIGURE STORYTELLING

김영순 · 오영훈 · 한성우 · 윤희진 · 권도영

북코리아

머리말

최근 들어 인문학에서 가장 '핫(hot)'한 개념 중 하나가 바로 스토리텔링이다. '역사 스토리텔링', '지역 스토리텔링', '지명 스토리텔링', '관광 스토리텔링', '요리 스토리텔링' 등이 그 예이다. 스토리텔링은 다른 개념들과 조합하여 여러 의미를 파생하는 역동적인 개념의 지주적 역할을 하기도 한다. 우리가 이 책을 통해 이야기하고자 하는 것은 바로 '인물'과 '스토리텔링'의 결합인 '인물 스토리텔링'이다. 그렇다면 인물 스토리텔링은 과연 어떤 것인가? 위인을 다룬 전기연구 혹은 특정 인물에 관한 생애사 연구와 인물스토리텔링은 어떻게 다른가?

이와 같은 질문들에 대해 궁금해 한다면 이 책에서 그 답을 쉽게 찾을 수 있다. 이 책은 인물 스토리텔링의 개념을 정립하고 이와 관련된 이론들을 검토하며, 실제로 역사 인물인 '소서노'를 중심으로 한 인물 스토리텔링 사례를 제시하고자 한다. 특정 인물을 스토리텔링한다는 것은 단순히 그 인물의 연대기적 생애사를 기록하는 것이 아니다. 해당 인물을 둘러싼 당대의 역사 · 문화적 맥락, 인물의 주거했던 공간, 인물의 공간 이동, 인물과 다른 인물간의 상호작용, 인물을 둘러싼 각종 사건들을 씨줄과 날줄을 엮어 나가는 것이 바로 인물 스토리텔링의 본질이다. 인물과 관련된 다양한 기록물과 물리적 환경, 그에 대한 기억과 이야기는 모두 인물 스토리텔링의 재료들이다.

먼저 소서노와 연결되는 장소는 바로 인천광역시 남동구에 위치한 소래포구이다. 소래포구가 있는 소래지역은 고대로부터 조선시대에 이르기까지 한강 이남 지역에서 개경이나 한양을 오갈 때 주로 지나다니던 바닷길의 길목이었다. 또한 소래산 아래에 있던 대야원과 지금은 시흥에 편입된 중림역이 삼국시대 무렵에는 지금의 수원쪽에서 개성으로 가는 길목이었음을 알려준다. 이러한 지리적 · 공간적 환경은 졸본 부여를 떠난 소서노 일행들이 이 곳 소래 일대로 이주했었다는 추측을 갖게 한다. 실제로 소래에서 멀지 않은 인천광역시 남구 문학산 정상에서는 소서노의 맏아들이었던 비류가 하늘에 제를 올릴 때 사용했던 '비류 우물'이 발견되었고, 이와 관련된 초기 백제의 유물들이 출토된 바 있다. 우리는 이러한 점들을 바탕으로 가추법이라는 연구기법을 통해 소서노 스토리텔링을 구성하였다.

안타깝게도 그동안 소래지역에는 당나라 소정방이 대군을 이끌고 들어온 항구라는 '소정방 유래설'이 일반 시민들에게 받아들여지고 있다. 심지어 인천 남동구지나 소래역사관에도 소정방 유래설이 지명유래로 기록되어 있다. 이 소정방 유래설은 소래포구, 소래지역 일대의 지역 주민들과 방문객의 정체성과 어떠한 연관성이 있는가? 매년 소래축제가 개최되어 국민관광지로 발전하고자하는 소래지역에는 지역의 문화정체성과 관련된 핵심적인 문화 콘텐츠가 필요하다. 다시 말해, 소래지역이 가진 관광, 다문화, 교육, 경제적인 측면을 고려하고, 이러한 다양한 자원들과 문화적 측면을 어우를 수 있는 새로운 지역의 이야기가 필요하다는 의미이다. 지역의 이야기는 해당 지역의 문화사의 핵심이다. 지역의 이야기는 해당 지역에 전해내려 오는 역사이자 현재의 주민과 방문객이 새롭게 만들어가는 문화를 담고 있는 기록이기 때문이다.

이 글은 인천광역시 남동구가 인하대 아시아다문화융합연구소에 의뢰한 소서노에 관한 인물 스토리텔링에 관한 용역에서 비롯되었다. 2016년 7월 약 1년간의 소래지역 일대의 지명 유래, 전설과 설화, 민속과 민간신앙 등의 문헌조사와 민속학적 조사를 통해 얻은 결과를 인물을 중심으로 스토리텔링하였다. 이 책은 인물을 중심으로 한 스토리텔링과 인문콘텐츠에 관심이 있는 독자들을 위해 쉽게 엮은 것이다.

이 책은 총 5부로 구성되었다.

제1부에서는 인문 콘텐츠와 스토리텔링의 개념, 인물 중심 인문콘텐츠 스토리텔링 과정에 대해 다루었다. 제2부에서는 심청과 홍길동, 모차르트 등 인물 스토리텔링을 활용하여 인문 콘텐츠를 개발한 국내외 사례들을 소개하였다. 제3부에서는 소래와 인근 지역의 지명 유래 등 기존의 이야기와 이에 대한 입장 등을 기술하였고, 제4부에서는 소서노 관련 기록을 활용한 다양한 스토리텔링을 구체적으로 제시하였다. 제5부에서는 소서노 인물 콘텐츠를 활용한 스토리텔링을 축제 및 교육에 어떻게 적용할 수 있는가를 제시하였다.

이 책에서는 인물 스토리텔링을 하기 위한 개념과 방법론을 비롯하여 소래포구축제, 소래습지 생태공원, 소래지역, 그리고 인천광역시 남동구 전체를 아우르는 이야기 원형을 발굴하고 이를 통해 인물 스토리텔링의 확장성을 도모하고자 하였다. 또한 남동구 소래지역의 지명을 언어학적으로 연구하고, 본격적으로 개발될 수 있는 관광 콘텐츠를 위해 해외 및 국내 우수 사례를 소개하였다. 이러한 콘텐츠를 통하여 지역민은 소래지역, 남동구에 애착을 가지고 지역과 지역민의 이야기를 향유할 수 있으며, 방문객은 소래지역의 이야기를 이해하고 관광 콘텐츠를 체험할 수 있도록 하였다. 소래의 이야기는 방문객이 관광 콘텐츠를 즐기는 동안 그 들과 이 공간을 방문하지 않은 그들의 지인들에게 '다시 이야기'됨으로써 미적 체험과 정이 일어날 것이다. 이를 통하여 방문객 개인에게는 추억이 선사되고 소래지역과 인천 남동구는 지역 문화의 기반을 형성할 수 있을 것이다.

이 책은 소래라는 특정 지역과 특정 역사 인물로서 소서노 인물 스토리텔링의 방법론을 개발하고 적용 사례를 제시함으로써 다른 지역의 인물을 스토리텔링하는 데 도움을 주고자 하였다. 모든 글쓰기는 어렵고, 학을 업으로 삼는 연구자들의 모든 협업 또한 순탄하지 않다. 그렇지만 한 해가 마무리되는 시점에서 집필의 마침표를 찍을 수 있어서 새해를 맞는 마음이 가볍다. 끝으로 이 책의 내용을 획기적으로 뛰어 넘을 수 있는 방법론을 제시할 그 누군가를 기다린다.

2018년 봄

햇살에 움트는 산수유 꽃을 기다리며

대표 저자 김영순

CONTENTS

CONTENTS

CONTENTS

TABLE CONTENTS

PICTURE CONTENTS

PICTURE CONTENTS

1장

인문 콘텐츠와 스토리텔링

1. 인문 콘텐츠의 이해

2. 스토리텔링의 이해

1.
인문 콘텐츠의 이해

새로운 시대가 열리고 있다. 4차 산업혁명, 빅데이터, 사물인터넷 등 기술 친화적인 언어와 인문학의 위기, 창의인성교육, 상상력 강화 등의 용어들이 사회적으로 유행하면서 지난 시대와 단절된 새로운 시대의 시작을 알리고 있다. 이러한 현상은 초고속인터넷, 메가패스, 정보화시대 등의 용어가 한 차례 휩쓸고 지나간 지난 1990년대 후반을 떠올리게 한다.

1995년 지방자치제도의 본격적인 실시와 1990년대 후반 초고속인터넷의 전국화로 인해 문화적 공간은 전 국민의 문화적 욕구를 분출하고 발산하는 문화적 해방구 역할을 담당하게 되었다. 이러한 이유로 지역 축제, 공간의 문화화, 스토리텔링, 디지털 게임 등 다양한 문화 콘텐츠에 대한 논의가 시작되고 개발 · 대중화되었다.

문화 콘텐츠에 대한 논의가 시작된 지 20여 년이 흐른 지금, 문화적 해방에서 더 나아가 '인간이란 무엇인가?', '인간의 가치는 어떻게 전달되는가?' 하는 인문학적 성찰의 문제가 다시금 제기되고 있다. 우리는 이러한 질문에 대한 답을 콘텐츠에 인문학적 성찰을 담은 '인문 콘텐츠'에서 찾고자 한다.

1) 인문 콘텐츠란 무엇인가

'인문 콘텐츠'라는 용어는 2002년 초 국무총리 산하 인문사회연구회 인문정책연구위원회의 인문정책 연구과제 공모에서 처음 사용된 단어다(김기덕, 2003). 인문사회정책연구위원회는 인문학 진흥을 위한 정책대안을 발굴하기 위해 인문학의 대중수요 창출 및 대중홍보 방안, 인문학적 소양을 함양하기 위한 사회교육 활성화 방안, 인문학 진흥을 위한 연구지원 및 전문인력 양성 방안 등의 지정과제를 공시했는데, 이때 공시된 14개의 지정과제 중 '사이버공간 인문 콘텐츠 실태조사 및 수준 향상 방안'이 포함되었다. 사이버공간 인문 콘텐츠는 인터넷상에서 공유되는 자료 중 인문학의 연구 · 가치 · 관심을 지원할 수 있는 웹문서(HTML문서), PDF문서, 워드프로세서 문서, 동영상, 소리 등을 의미한다(한국교육개발원, 2002). 이 사업에 따르면 사이버공간은 이미 형성된 인문 관련 정보와 자료를 손쉽게 활용할 수 있는 공간이다. 사업 공시 및 보고서에서 '사이버공간'과 '인문 콘텐츠'는 각각 자료의 위치와 자료의 내용을 의미하는 단어로 활용되었으며, 이를 통해 인문 콘텐츠는 반드시 사이버공간을 전제로 하지 않음을 확인할 수 있다.

인문 콘텐츠라는 용어가 본격적으로 사용되기 시작한 것은 2002년 10월, 인문콘텐츠학회가 창립되면서부터다. 이 학회는 인문학에 대한 반성을 토대로 인문학적 성찰, 인문학 관련 자료, 인문학적 가치관이 중요하다는 데 동의하는 문학 · 역사 · 철학 등의 인문학 교수들과 콘텐츠 관련 산업 종사자, 정부 문화 콘텐츠 정책 담당자들의 논의로 성립되었다(김동윤, 2010). 학회에서는 인문 콘텐츠의 '인문'을 자연과학, 사회과학과 구분되는 범주적 개념으로 정의하지 않고 콘텐츠 창출의 기본 원천이 인문학적 사고와 축적물에 있음을 명확히 보여주는 단어로 '인문 콘텐츠'라는 단어를 사용했다. 즉, 콘텐츠 창출의 기본 원천은 인문학적 사고와 축적물에 있으며 이를 통해 인문학 성과를 사회적으로 활용하고 이 시대 문화 콘텐츠를 올바른 방향으로 이끌 수 있는 대상으로 '인문 콘텐츠'라는 용어를 사용했다(인문콘텐츠학회, 2002).

하지만 이 용어는 이후 10여 년 동안 문화 콘텐츠와 동의어 개념으로 활용되었다. 문화 콘텐츠라는 용어가 본격적으로 사용된 것은 2000년대 초반이다. 문화 콘텐츠는 2000년대의 한국을 세계적으로 부흥시킬 수 있는 마법도구였다. 문화 콘텐츠는 '굴뚝 없는 공장'으로 불리며 "잘 만든 콘텐츠 하나 열 기업 안 부럽다"는 식의 경제적 논리로 사회에서 활용되면서 경제적인 수익을 창출하는 문화 활동, 문화를 활용한 결과물을 의미하게 되었다. 그리고 아시아시장이 확대되고 일본과 대만이 문화산업을 자국의 핵심산업으로 진흥하면서 한국 역시 문화산업 경쟁력을 강화하기 위해 문화 콘텐츠산업을 전략적으로 지원하고 문화 콘텐츠 전문가를 전략적으로 육성하는 것을 목표로 삼게 되었다. 1999년 '문화산업진흥기본법'이 제정되고 이 법 제31조에 근거하여 2001년 문화체육관광부 산하에 문화콘텐츠진흥원이 설립되어 문화콘텐츠산업의 진흥을 위한 정책을 개발하고 문화 콘텐츠 창작소재 확충, 인력 개발 등에 힘쓰게 되었다. 그뿐만 아니라 2001년에 6대 국가핵심기술의 하나로 문화 콘텐츠 기술(CT)이 정보기술(IT), 생명기술(BT), 나노기술(NT), 환경기술(ET), 우주기술(ST)과 함께 선정되어 문화 콘텐츠가 국가적인 주목을 받게 되었다.

경제적 논리로 시작된 문화 콘텐츠는 학문으로 정립되는 과정에서 인문학의 도움을 받게 되었다. 문학, 철학, 역사학 등의 연구자들이 연계전공 혹은 신설전공 개설을 통해 문화 콘텐츠를 연구·교육하기 시작하면서 인문학적 방법론은 문화 콘텐츠의 주된 연구방법론으로 자리 잡았다. 초기 문화 콘텐츠의 방법론은 서사학, 문화학, 그리고 이들에서 응용된 스토리텔링 등 인문학을 핵심으로 했다. 또한, 문화 콘텐츠의 창작소재로 문화원형사업이 시작되면서 인문자원이 문화 콘텐츠의 소재이자 형식으로 활용되었다. 긴 역사만큼이나 다양한 이야기가 있는 한국 사회에서는 허구적 이야기로 시작되는 문화 콘텐츠보다 기존에 존재하는 이야기를 바탕으로 한 콘텐츠가 선호되었다. 또한 책을 디지털로 옮긴 전자책이나 인문자원 데이터베이스, 문학을 소재로 한 공간 콘텐츠 등은 대표적인 문화 콘텐츠의 형태로 인정받았다. 이러한 과정에서 문화 콘텐츠와 인문 콘텐츠를 구분하는 작업은 요구받지 않았으며 이들을 구분하는 것조차 쉽지 않았다. 이는 인문 콘텐츠를 연구하는 대표적인 학회인 인문콘텐츠학회가 발간하는 학술지 『인문 콘텐츠』에 게재된 논문들의 단어 출현 빈도에서도 확인할 수 있다.

〈표 1-1〉은 2003년부터 2005년까지 인문콘텐츠학회지에 게재된 논문의 초록을 빅데이터 기술을 활용하여 분석한 황동열 · 황고은(2016)의 연구 결과다. 이 연

〈표 1-1〉 2003~2005년 인문콘텐츠학회지 단어 출현 빈도(황동열 · 황고은, 2016)

순위	주요 단어	순위	주요 단어
1	문화	11	기술
2	콘텐츠	12	도시
3	영화	13	이미지
4	스토리텔링	14	예술
5	지역	15	교육
6	디지털	16	역사
7	산업	17	가치
8	미디어	18	애니메이션
9	인문	19	영상
10	공간	20	전통

구에 따르면, 인문 콘텐츠 분야는 '문화 콘텐츠'에 관련한 연구들이 뼈대를 이루고 있으며 앞으로는 더욱 다양한 영역과 융합하여 관련 연구가 지속될 것이라고 예측된다. 또한 관련 연구들의 시계열 분석은 콘텐츠의 소재가 되는 원형, 한류에 대한 논의가 주를 이뤘으나 중기에는 역사, 예술, 정체성, 애니메이션, 제작 등과 관련된 논의로 이동했다. 이는 문화산업과 그 필요성에 대한 연구로 이동하면서 인문 콘텐츠와 문화 콘텐츠 연구 간에 큰 차별성을 보이지 않았음을 의미한다. 하지만 최근에는 융합, 경제, 정책, 교육, 도시, 문화기술 등이 주요 주제로 떠오르면서 산업적 측면이 강화된 문화 콘텐츠와의 구분이 시도되고 있음을 확인할 수 있었다.

이처럼 최근 인문 콘텐츠와 문화 콘텐츠의 구별을 요구하는 목소리가 커지고 있다. 이러한 움직임은 경제적 · 산업적 논리로 시작했고, 그것을 목표로 봉사하고 있는 문화 콘텐츠의 미래를 고민하는 이들을 중심으로 이뤄지고 있다. 아이러니하게도 이러한 움직임의 중심에 선 사람들은 지금까지 문화 콘텐츠 학자로 불리던 이들이다. 이들은 그동안 문화 콘텐츠가 '문화'를 소재로 활용하는 과정에서 개별 문화가 지닌 의미와 가치가 대중에게 제대로 전달되지 않는다는 점을 비판하고 있다. 문화가 가치를 전달하는 체계임에도 그것이 재구성된 문화 콘텐츠에서는 문화의 본질이 제대로 전달되지 않는다는 점이다. 문화 콘텐츠에서의 '문화'의 부재, 학제 간 융합으로 시작했지만 소재와 기술로 분리된 인문학과 기술의 문제는 인문 소양을 갖춘 인문 콘텐츠 전문가 양성의 필요성으로 연계되고 있다.

이러한 움직임 속에서 한신대학교는 기초인문학의 시각과 주제에 대한 깊이 있는 지식체계를 구비한 인문 콘텐츠 크리에이터를 육성하기 위해 지난 2017년 철학, 종교문화학, 독어독문학 등 기초인문학과 디지털문화 콘텐츠학, 영상문화학 등 응용인문학을 접목한 인문콘텐츠학부를 신설했다. 또한, 인제대학교는 인문문화융합학부 내에 인문 콘텐츠 연계전공을 개설하여 새로운 멀티미디어의 환경에 맞춰 인문학을 접목하기 위해 노력하고 있다. 이들은 문학, 역사, 철학의 스토리텔링을 통해 인문학의 콘셉트들을 콘텐츠로 바꾸고 다큐멘터리, 영화 등 영상콘텐츠로 제작할 수 있는 기술을 교육하는 것을 목표로 하고 있다. 고등교육기관에서 인문 콘텐츠를 정면에 내세운 교육이 이뤄지면서 예전보다 인문학의 가치, 인문학적 성찰을 바탕으로 한 콘텐츠가 대중화될 것으로 기대된다.

인문 콘텐츠는 인문학과 콘텐츠의 형식적인 조합이 아니라 새로운 개념으로 검토되고 있다. 그렇다고 전통적인 의미의 인문학이나 문화 콘텐츠와 완전히 단절된 전혀 다른 분야라고 볼 수는 없다(김원열, 2009). 인문 콘텐츠는 인문학의 연구, 가치, 관심을 포함한 정보이자 자료이면서도 인문학적 성찰과 인문학적 가치관을 갖고 대중과 소통하는 콘텐츠를 의미한다. 인문 콘텐츠는 문화 콘텐츠가 놓친 인문가치의 소통, 인간의 해방화, 형식과 내용의 융합에 대한 질문에 답해야 한다. 이를 위해서는 단순히 인문학, 인문자원을 소재로 한 콘텐츠가 아닌, 인문자원의 가치를 표현하는 양식으로서의 콘텐츠가 개발되어야 한다. 그리고 그 양식은 오늘을 살아가는 우리 주변의 환경과 융합될 때 더욱 큰 효과를 얻을 수 있을 것이다.

2) 인문 콘텐츠와 관련된 용어

인문 콘텐츠를 이해하기 위해 필요한 몇 가지 용어는 인문자원, 콘텐츠, 문화 콘텐츠, 스토리텔링 등이 있다. 이러한 용어를 중심으로 우리는 인문 콘텐츠가 무엇인지 정의할 수 있다.

(1) 인문자원

인문 콘텐츠는 인문자원을 소재로 하여 구성되는 경우가 많다. 국립국어원의 표준국어대사전에 의하면 인문(人文)은 "인류의 문화, 인물과 문물을 아울러 이르는 말"로 인륜의 질서라는 의미를 가진다. 그리고 인문학(人文學)은 좁은 뜻으로는 "역사, 문예, 언어 따위를 사회과학과 자연과학에 상대하여 이르는 말"로, 인간의 역사와 문화에 관한 학문을 통틀어 이르는 말이다. 하지만 인문 콘텐츠에서서의 인문은 사회과학이나 자연과학에 상대되는 의미로서의 인문이 아닌 삶을 살아가는 주체로서의 인간의 본질과 그 행위를 의미한다. 이는 사회과학 및 자연과학의 소재를 활용한 인문 콘텐츠 개발이 가능함을 의미하는데, 이때도 반드시 주제가 인문적 가치를 담고 있어야 한다. 콘텐츠 향유자가 콘텐츠를 이해하고 해석하는 과정에서 자신만의 의미를 발견해나갈 수 있다면 무엇이든 인문적 가치를 지닌 인문 콘텐츠의 소재이자 메시지가 될 수 있다.

인문자원은 이러한 인문 콘텐츠의 소재가 되는 것을 의미한다. 일반적으로 역사, 문학, 지명, 인물, 문화재, 생활문화, 가치관 등이 이에 속하며 지역의 관광지와 축제, 예술품 등의 사회적 자원을 포함하기도 한다. 인간의 염원과 희망, 정신과 정체성은 무의식의 형태로 인문자원에 담겨 있다. 특히, 특정 지역의 설화나 구비문학, 생활문화 등에는 지역민의 집단의식이 담겨 있다. 인문자원은 인문, 문화현상의 가치를 담고 있는 것으로 인문 콘텐츠의 원천자료로서 문화원형의 역할을 한다.

문화원형은 어떠한 특정한 문화의 형성기에 나타난 문화적 형태를 의미한다. 특정 문화의 발전에 영향을 미친, 발전 가능성이 큰 원형을 의미하는 말이다. 하지만 문화와 문화 콘텐츠를 연구하는 이들에게 문화원형은 약간 다른 의미를 지닌다. 1999년에 제정된 문화산업진흥법 31조에 의하면 문화원형은 "국립박물관 · 공립박물관 · 국립미술관 · 공립미술관에서 구축한 문화유산 데이터베이스"와 "민속 · 설화 등"을 의미한다. 이는 각각 '가공하기 쉬운 형태의 자료'와 '한국인의 정체성을 가지고 있는 자료'라는 의미를 지닌다. 한국문화콘텐츠진흥원의 문화원형 사업팀이 '우리 문화원형의 디지털콘텐츠'사업을 추진하면서 문화원형이라는 용어가 널리 사용되기 시작했는데, 이 사업을 통해 문화원형은 '디지털로 변환되기 전의 자료 형태'라는 의미를 갖게 된다. 그리고 이 용어는 한국형 문화 콘텐츠 개발 붐과 함께 '한국적 전형성을 갖는 전통문화 현상' 중 '문화산업적 변형과 활용이 가능하여 문화 콘텐츠의 소재가 되는 것'이라는 의미로 활용되고 있다.

문화원형이 한국적 정체성을 갖는 전통문화자원으로 사용되면서 우리가 이야기하고자 하는 인문자원과의 거리가 생기게 되었다. 인문자원은 비단 한국의 전통문화자원에 국한된 것이 아니며 디지털 변환을 목적으로 하는 전처리단계의 자료도 아니다. 우리는 인문 콘텐츠로 변용 · 개발하기 전의 자료로서 오랜 세월 동안 변하지 않는 인문 가치를 지닌 자료를 인문자원이라고 말한다. 인간의 삶과 문화현상에 대한 의미를 담은 원천자료인 인문자료를 발굴하고 그 가치를 극대화하는 것은 인문 콘텐츠의 핵심이자 첫 단계다.

(2) 콘텐츠

콘텐츠(contents)는 content의 복수형 표기로 옥스퍼드 사전에 의하면 "무엇인가에 포함된 내용물들"을 의미한다. 책에 포함된 내용 등을 의미하는 콘텐츠는 단수형인 content가 아닌 contents로 사용되고 있다. 콘텐츠가 문화언어로 사용된 배경에는 1990년대 후반의 문화 콘텐츠 붐이 있으며, 이때 해외의 창조산업, 문화산업, 엔터테인먼트 등의 의미를 한국형으로 개발하면서 OSMU와 같은 다중적인 활용을 강조하기 위해 content의 복수형인 contents를 사용하게 되었다(김기덕, 2003). 콘텐츠는 디지털 기술의 발달을 전제로 하고 있으며 하드웨어와 대비되는 관점이다(김원열, 2009; 김영순 외, 2010). "인간의 사고와 감정을 표현한 내용물로서 부호, 문자, 음성, 음향 및 영상 등 다양한 형태로 이뤄진 정보의 내용물"을 의미하는 콘텐츠는 IT라는 정보기술을 이용하여 소비자에게 생산 · 전달 · 유통되는 상품으로 분류된다(김영순 외, 2010).

인문 콘텐츠와 범주를 디지털 환경으로 제한하는 것이 아닌 인간 생활의 전체로 확장시킨다면, 콘텐츠의 범주 역시 디지털 환경에서 벗어나야 한다. 이 때문에 우리는 지식 구조의 한 요소로서 플랫폼에 담기는 내용물을 '콘텐츠'라고 정의한다. 플랫폼으로는 서적, 논문, 회화, 건축, 지명, 이야기, 디지털, 게임, SNS 등 다양한 형태가 있을 수 있으며, 지역문화, 축제, 공간, 교육 등의 단어와 결합하여 지역문화 콘텐츠, 축제 콘텐츠, 공간 콘텐츠, 교육 콘텐츠라고도 불린다. 이러한 플랫폼은 내용물, 즉 인문가치를 담아 유통하는 것을 목적으로 한다. 이러한 유통은 플랫폼과 콘텐츠의 성격이 상호 부합할 때 더욱 원활하고 효과를 거둘 수 있다. 이는 플랫폼에 맞추어 콘텐츠를 다양한 형태로 변형시킴으로써 가능하다.

(3) 문화 콘텐츠와 OSMU

앞서 살펴보았듯이 문화 콘텐츠는 "문화적 요소가 체화된 콘텐츠"로 "인간의 감성, 창의력, 상상력을 원천으로 하여 문화적 요소가 체화되어 경제적 가치를 창출하는 문화상품"을 의미한다(문화산업진흥기본법, 2017; 김영순 외, 2010). 이러한 문화 콘텐츠는 창작물을 이용하여 재생산된 모든 가공물로서 영화, 게임, 애니메이션, 방송, 음반, 캐릭터, 만화, 공연 등이 속한다. 즉, 문화 콘텐츠는 문화를 고도로 상품화한 것이라고 볼 수 있다. 문화를 상품으로 여기는 관점에서 구성되었기 때문에 상품화의 가치를 지니지 않은 것은 '날것으로의' 문화 콘텐츠라고 여긴다.

OSMU(One Source Multi Use)는 문화 콘텐츠의 핵심 마케팅 방안 중 하나로 하나의 원본 콘텐츠로 문화상품을 제작하면서 각각의 분야에서 흥행할 수 있는 형태로 재가공하여 시너지 효과를 얻는다는 개념이다(김만수, 2005). 국내 OSMU의 첫 번째 흥행 사례로는 만화 「아기공룡 둘리」로, 출판만화인 『아기공룡 둘리』는 TV애니메이션, 영화, 캐릭터 인형, 축제, 공간 콘텐츠로 다각화되어 큰 성공을 이끌었다. 그리고 2017년 상반기에 전 세계를 AR게임 열풍에 빠뜨린 'Go 포켓몬'의 원작인 「포켓몬스터」도 대표적인 OSMU 사례다. 1996년 일본에서 발매된 '포켓몬스터' 게임은 애니메이션과 만화, 캐릭터, 게임, 의류상품 등으로 OSMU 되면서 세계적으로 큰 수익을 거두게 되었다. OSMU는 하나의 문화자원을 여러 형태의 플랫폼에 담아 다양한 문화 콘텐츠를 개발하여 더 많은 수익을 얻는 데 초점을 맞추고 있다.

우리가 OSMU의 초점을 수익이 아닌 가치전달에 둔다면 OSMU는 인문가치를 더 널리, 그리고 빠르게 확장시킬 수 있는 좋은 모델이 될 것이다. 가장 대표적인 사례로 5,000만 자의 한자로 기록된 『조선왕조실록』이 있다. 『조선왕조실록』의 원문과 한글 번역문이 1995년 CD롬으로 디지털화되고 2005년 국사편찬위원회 홈페이지를 통해 무료로 제공되면서 한국학이 발전함과 동시에 TV드라마 사극, 조선시대를 배경으로 한 영화와 소설 등이 대량 제작되기 시작했다. 그리고 이들은 한국을 대표하여 한류를 이끄는 대표적인 콘텐츠가 되었다. 이러한 콘텐츠를 통해 대중에게 조선의 역사와 그 시대 사람들의 삶이 전달되고, 대중은 그들의 삶을 통해 현재를 반추해보는 것이 가능해졌다. 인문 콘텐츠의 대표적인 사례라고도 볼 수 있는 이러한 OSMU사업은 경제적 논리보다 인문가치적 논리에 의해 이뤄져야 한다.

(4) 스토리텔링

스토리텔링(storytelling)은 인문자원을 인문 콘텐츠로 개발하는 방법론 중 하나로 인문자원을 분석하고 그것을 콘텐츠로 개발하기 위한 기획 단계에서 활용된다. 스토리텔링은 '이야기하다'라고 번역되지만, 스토리텔링이 지닌 방법론적 측면을 강조할 때는 '스토리텔링'이라는 영어발음을 그대로 사용한다. 인문자원이 가진 가치는 공시적인 관점에서 현재의 이슈와 향유자 트렌드를 반영하여 향유자에게 받아들여질 수 있도록 가공되어야 한다. 이때 창의성을 강조한 나머지 허구적 스토리텔링에만 매진한다면 인문자원을 활용한 스토리텔링은 역사 왜곡이나 현실 가치적 측면에서 비판을 받게 된다. 인문 콘텐츠나 문화 콘텐츠의 기획은 스토리텔링을 어떻게 활용하는가에 달려 있다고 해도 과언이 아니다. 스토리텔링에 대해서는 다음 절에서 본격적으로 살펴보기로 한다.

3) 인문 콘텐츠의 특성과 사례

인문 콘텐츠는 인문자원을 활용하여 인문학적 가치관을 대중과 소통하는 콘텐츠를 의미한다. 이렇게 개발된 콘텐츠가 경제적 가치까지 불러일으킨다면 더할 나위 없이 좋겠지만, 인문 콘텐츠의 핵심은 경제적 가치가 아닌 인문적 가치에 무게를 두고 있다. 인문 콘텐츠의 특성을 살펴보면 다음과 같다.

첫째, 인문 콘텐츠는 인문자원의 재창조로 만들어진다. 인문 콘텐츠의 원천은 인문학적 사고와 그 축적물인 인문자원이다. 인문 콘텐츠는 오랜 시간 동안 변치 않는 인문자원의 보편성에 현재 사회의 이슈 및 트렌드를 반영한 특수성이 결합하여 개발된다. 문화 콘텐츠 역시 문화원형 혹은 원천자료를 바탕으로 구성되기도 하지만 문화 콘텐츠는 이 세상에 없는 이야기, 이 세상에 없는 가치를 100% 허구로 기획하고 개발하는 것이 가능하다. 하지만 인문 콘텐츠는 인간다운 삶, 인간성 및 예술적 감수성 회복 등의 메시지를 전달하지 않는다면 그 존재가 성립되지 않는다. 인문자원의 재창조는 형식의 문제일 뿐만 아니라 그것이 전달하고자 하는 가치, 메시지의 문제이기도 하다.

둘째, 인문 콘텐츠는 해방적 성격을 지닌다. 인문 콘텐츠는 현실과 무관한 옛날이야기로 치부되던 인문학의 대상과 방법에 대한 비판에서 시작했다. 이는 현실을 반영하지 않은 채 과거의 철학, 역사만을 칠판 가득 백묵으로 채우는 것을 인문학 교육이라 여긴 한국의 인문학 교육에 대한 비판이기도 하다. 인문 콘텐츠는 현재의 다양한 문제점을 해결할 열쇠를 쥔 인문자원을 대중에게 쉽게 전해주는 수단으로, 이를 통해 대중은 인간의 주체화와 인간의 능력 발전에 한걸음 다가갈 수 있다. 특히 플랫폼에 몰입하다 못해 이에 잠식당하는 이들을 구할 수 있는 방법이기도 하다. 인문 콘텐츠는 '인간이란 무엇인가?', '나는 누구인가?', '선인들의 삶에서 내가 얻을 수 있는 지혜는 무엇인가?'에 대한 질문에 답함으로써 인간의 객체화, 인간 소외 등에서 해방될 수 있다.

셋째, 인문 콘텐츠는 체험적 성격을 지닌다. 향유자는 심미적 특성을 지닌 인문 콘텐츠를 직간접적으로 체험함으로써 인문가치를 전달받는다. 인문 콘텐츠를 향유한다는 것은 향유자의 선택으로 적극적인 의사가 반영된 결과다. 향유자는 인문 콘텐츠의 성격에 영향을 주지 않으면서 인문 콘텐츠를 즐기게 된다. 향유자는 개인적인 차원에서 콘텐츠에 몰입하면서 콘텐츠가 전하고자 하는 가치와 메시지를 평가하거나 그것의 영향을 받는다. 자신의 경험 및 가치관을 결합하여 가치관을 강화하거나 메시지를 비판적으로 받아들이기도 한다. 만약 향유자가 인문 콘텐츠의 메시지를 받아들이지 않는다고 하더라도 이에 대한 비판적 · 창의적 사고를 했다는 점에서 향유자의 체험은 이뤄졌다고 볼 수 있다.

넷째, 인문 콘텐츠는 융합적 성격을 지닌다. 인문 콘텐츠가 지닌 융합적 성격은 인문자원이 내용으로, 그리고 그 형식이 새로운 기술이나 공간, 교육 등으로 구성되기 때문에 필연적이다. 인문 콘텐츠는 문학과 역사, 역사와 종교 등 인문학 차원의 융합을 꾀할 뿐 아니라 역사와 문학의 공간화, 종교의 디지털화 등 학문 상호 간의 융합으로 만들어진다(김원열, 2009). 또한 이를 산업화하는 과정에서 학문과 산업 간의 융합 역시 이뤄진다. 지난 15년간 학제 간 융합은 다양한 내용과 형식의 융합으로 발전해왔다. 생명과학과 인문학의 융합, 빅데이터 분석을 통한 인문학 진흥 등이 그 사례다. 인문 콘텐츠 인력은 인문학적 사고, 분석능력과 함께 그것이 담기는 플랫폼의 성격에 대해서도 이해해야 한다. 이러한 이해는 디지털로 구성되는 인문 콘텐츠를 사례로 든다면, 그것을 직접 구현하지는 못하더라도 그것의 구현 원리 정도는 인문 콘텐츠 전문 인력이 이해해야 한다는 정도의 문제다. 플랫폼의 구현 원리 및 사례를 알지 못한다면 지난 세월처럼 인문학자와 산업전문가 사이의 불통의 문제가 재현될 수밖에 없다. 최근 신설된 고등교육기관의 인문 콘텐츠 전공이나 문화 콘텐츠 전공의 혁신 방안 역시 이에 기반을 두고 있다. 내용과 함께 플랫폼, 그리고 타 학문에 대한 열린 마음을 가지고 융합하고자 할 때 인문 콘텐츠는 더욱 잘 만들어질 수 있다.

'인문 콘텐츠'라는 단어의 탄생이 사이버공간, 디지털 환경, 인문학의 위기 등과 함께하면서 우리 사회에서 대표적 인문 콘텐츠로 꼽히는 것은 앞서 제시한 '디지털판 『조선왕조실록』'이나 '인문 360°'[1] 등의 디지털 인문 콘텐츠다. 이 책에서는 다양한 플랫폼으로 인문가치를 전달하는 것을 제시하기 위해 '대구 원도심 골

1) 2015년 12월 2일부터 문화체육관광부는 문화융성 정책의 일환으로 인문정신문화를 온라인으로 제공하는 '인문 360°' 웹사이트(http://inmun360.culture.go.kr/)를 운영하고 있다. 세상과 사물을 360도 방향에서 다양한 관점으로 생각하는 인문적인 힘을 길러준다는 인문 360°는 전문가와 일반인이 쓴 인문 칼럼과 각계각층의 사회명사들의 인문예술콘서트 영상, 우리 주변의 인문활동 현장 탐방기를 무료로 제공하고 있다.

목길'을 인문 콘텐츠의 사례로 소개한다.

2001년, YMCA 대구시연맹 소속 대학생들은 『대구문화지도』를 만드는 프로젝트를 시작했다. 대구의 골목길을 중심으로 대구의 100년 역사와 문화를 살펴보는 것을 목적으로 하는 이 프로젝트는 20여 명의 대학생과 자원봉사자들의 500여 차례의 현장답사를 통해 2004년에 완성되었다. 대구 원도심의 40여 개 골목을 대상으로 조사하여 총 4개의 테마를 구성했다. 100년사(史) 골목, 저잣거리, 삼덕동 문화거리, 동성로 거리 등을 구성했는데 그중 100년사 골목은 대구 중구 남산동 아미산, 약전골목, 화교거리, 염매시장, 통나무골목, 성밖골목으로 구성되어 있으며 각 골목의 역사와 문화를 이미지화하여 지도로 제작했다. 대구광역시 문화지도 프로젝트는 그 시작과 과정, 결과물이 모두 시민의 손으로 이뤄졌으며 이를 통해 역사문화가 대중화되었다는 점에서 큰 의의를 지닌다. 사람의 기억과 흔적, 역사와 문화를 도시의 존재로 받아들이는 '의미의 지도' 만들기는 이후 『대구 新택리지』(2007)로 이어진다(박승희, 2013).

『대구 新택리지』는 『대구문화지도』의 확대 · 심화 버전으로 도시의 변천사를 공간과 장소 중심으로 재구성했다. 구한말, 일제강점기, 한국전쟁 피난시대 등의 시간을 대구의 근대건축물, 종택, 테마골목, 역사거리 등의 공간에 표현했다. 지금의 대구 북성로에서 수청로로 가는 길은 1909년 대한제국의 마지막 황제인 순종이 걸었던 '어행정'이고, 동인동 진골목은 달성 서씨들의 부촌으로 대구의 타워팰리스와 같다는 설명 등이 곁들여지면서 이 프로젝트는 역사와 문화, 공간을 이야기로 엮은 콘텐츠로 주목받게 되었다. 특히, 대구의 골목, 거리, 시장, 공원 등에서 1천여 명의 시민을 만나서 들은 구술자료를 바탕으로 서울 중심의 중앙집권적인 역사나 이야기가 아닌 대구 사람들의 생활사를 기록하여 콘텐츠로 제작했다. 주변부였던 일반 대중의 역사, 서울이 아닌 지역의 역사를 주체화했다는 점에서 의의를 지닌다.

[그림 1-1] 대구시의 이상화 고택

시인 이상화(1901~1943)가 1939년부터 1943년까지 거주했으며, 그의 마지막 작품 「서러운 해조」가 이 집에서 탄생했다.

[그림 1-2] 대구 뽕나무골목

대구광역시 중구 성내2동에 위치한 뽕나무골목 벽화. 이 일대는 임진왜란 때 공을 세우고 귀화한 명나라 출신 두사충이 선조임금으로부터 하사받은 뽕나무를 심어 이후 이 일대를 '뽕나무골목'이라 부르게 되었다.

책으로 만들어진 『대구 新택리지』는 대구광역시 관광과 함께 워킹투어로 이어졌다. 대구광역시 중구는 대구 도심이 외곽 중심으로 팽창하면서 급격히 쇠퇴한 원도심이었다. 수많은 근대 역사자원이 있었지만 도심 공동화 현상으로 도시재생의 필요성이 높아지면서 원도심 주민의 삶의 질을 높이고 관광 불모지였던 대구를 새로운 관광도시로 만들기 위해 선택한 것이 『대구 新택리지』다. 본격적인 플랫폼 변용은 2008년 '근대골목투어'로 이뤄졌다. 그리고 2017년 기준 다섯 개의 정규 코스와 야경투어, 전문가와 함께하는 테마투어, 도심순환형 청라버스투어 등이 운영되고 있다. 가장 인기 있는 제2코스 '근대문화골목'은 근대문화의 발자취를 주제로 동산 청라언덕, 선교사주택, 만세운동길, 계산성당, 제일교회, 민족시인 이상화와 국채보상운동을 주창한 서상돈의 고택, 근대문화체험관인 계산예가, 조선에 귀화한 중국인 두사충의 뽕나무골목, 400년 역사를 자랑하는 약령시, 한의약박물관, 조선의 과거길 영남대로, 에코한방웰빙체험관, 옛 대구의 번화가 종로, 화교소

학교, 사투리로 '길다'를 '질다'로 표현한 진골목이 이어진다(대구광역시 중구, 2017).

대구 원도심 골목길은 역사와 문화, 시간과 장소를 결합하며 골목에 살던 대구 시민의 생애와 기억을 스토리텔링의 핵심 기제로 사용했다(박승희, 2013). 이 과정에서 특정한 공간에 대한 시민의 기억이 모두 다른 만큼 이들이 공간을 어떻게 해석하고 받아들이는지에 초점을 맞추고 대구의 생활사를 재창조했다. 문학, 역사, 민속, 경제 등 다양한 학문이 융합되고 그것이 스토리텔링되면서 책, 공간, 투어, 디지털 콘텐츠 등의 플랫폼으로 옮겨졌다. 그리고 그 결과는 그 골목에 살고 있는 대구 시민, 공간을 방문하는 관광객에게 전달되어 인문적 가치를 평가받고 있다. 2001년에 시작한 프로젝트가 단기 프로젝트로 끝나지 않고 끊임없이 현재적 가치를 획득하며 2017년까지 지속되고 있다는 점에서 지속 가능한 인문 콘텐츠로서 주목할 만하다.

2.
스토리텔링의 이해

'스토리텔링(storytelling)'이 한국의 콘텐츠시장에 등장한 것은 2000년대 초반이다. 디지털과 함께 결합되어 '디지털 스토리텔링' 혹은 '문화 콘텐츠 스토리텔링'이라는 이름으로 컴퓨터 게임, 영화, 애니메이션, 웹 등을 분석 · 개발하는 도구로 활용된 스토리텔링은 이제 관광, 광고, 자기계발, 심지어는 초등학생 수학 교재에서도 활용되며 다양한 분야에서 대중적으로 사용되고 있다.

'스토리텔링'이라는 단어는 그 의미를 추정하기 어렵지 않다. 한국어로 간단하게 '이야기하기'로 번역되며 광고나 자기계발, 교육 교재 등에서도 '쉽고 재미있게 전달되는 이야기'라는 의미로 활용되고 있다. 이러한 의미는 스토리텔링이 본격적으로 사용되기 시작한 2000년대 이전에도 '이야기'라는 단어에 담겨 있었다.

원시시대 사람들도 이야기를 했을까? 스토리텔링을 했을까? 우리는 인간이 '말'을 할 수 있다는 점에서 이 질문에 어렵지 않게 대답할 수 있다. 원시시대, 삼국시대, 조선시대 사람들을 만날 수는 없지만 우리는 이미 그들이 말을 했고 이야기를 전했다는 것을 알고 있다. 암각화나 설화, 지명, 구비문학, 그리고 글로 쓰인 다양한 책이 바로 그 증거다.

예전부터 존재한 '이야기'와 '이야기하기'가 '스토리텔링'이라는 외래어가 된 이유는 무엇일까? 대중적으로 사용되는 스토리텔링이 인문 콘텐츠에서는 어떠한 개념이나 역할로 활용될 것인가? 지금부터 스토리텔링이 무엇인지, 인문적 가치의 콘텐츠화에 스토리텔링이 어떻게 활용되는지에 대해 함께 알아보자.

1) 이야기와 스토리텔링

대학생들을 상대로 '스토리텔링' 수업을 할 때의 이야기다. 스토리텔링이 무엇인지를 이야기하기 위해 학생들에게 "지난주에 본 TV프로그램 중 재미있었던 이야기를 소개해달라"고 하자 한 학생이 손을 번쩍 들고 tvN 예능프로그램인 「알쓸신잡(알아두면 쓸데없는 신비한 잡학사전)」 안동 편을 본 이야기를 했다. 한옥의 보가 두껍고 반듯할수록 경제적으로 넉넉한 집이라는 방송 이야기를 듣고 본가의 보를 떠올렸고, 본가에 계신 어머니께 전화해서 물어봤다는 이야기였다. 그 학생은 기억나지 않는 보와 TV에서 본 반듯한 보의 이미지 사이에서 어머니가 설명해주신 보의 이미지를 새롭게 만들었다고 설명했다. 여기에 건축학과 학생의 추임새, 헛제삿밥을 먹어본 학생의 이야기와 하회마을이 안동의 문중(門中) 콘텐츠라는 이야기가 더해지며 '한옥'으로 시작했던 이야기는 다양한 방면으로 뻗어나갔다. 해당 프로그램을 보지 않은 학생들도 자신의 경험과 생각을 이야기할 수 있었는데, 이렇게 이야기하는 학생들의 얼굴에서 어려움이나 당혹감은 찾아볼 수 없었다.

우리는 누구나 이야기를 한다. 이야기는 예전부터 지금까지 우리 주변에서 쉴 새 없이 만들어지고 있다. 친구를 만나면 요즘 어떻게 지내는지, 함께 공유하는 문제는 어떻게 해결되고 있는지 등의 이야기가 자연스럽게 오간다. 다른 친구에 대한 뒷담화, 아재개그, 고민 상담은 '이야기'를 '이야기'로 전할 때 타인과의 커뮤니케이션에 성공한다. 물론 할머니가 해주시던 일정한 구성을 가진 이야기도 할머니의 목소리로 내게 전달된다. TV를 켜면 이야기 전문가들이 전해주는 잘 구성된 이야기가 전파를 통해 우리에게 전달된다. 학교에서 듣는 강의는 지식을 이야기로 전달해준다. 그리고 우리는 이러한 이야기를 전달받아 나만의 새로운 이야기를 형성한다.

미국의 영문학자 존 닐(John D. Niles)은 인간을 호모 나랜스(Homo Narrancs), 즉 '이야기하는 인간'이라 칭했다. 그에 따르면, 인간에게는 호모 사피엔스(Homo Sapience)와 호모 나랜스의 두 가지 성격이 있으며 이야기하기는 인간의 본능이다. 이야기를 하는 것은 인간을 다른 종들과 구분하는 가장 대표적인 특성으로 인류가 끊임없이 진화해올 수 있었던 역사의 근원이다(「EBS 다큐프라임 이야기의 힘」 제작팀, 2011). 우리 인간은 매우 어린 시절부터 이야기를 나누고자 하는 욕구를 가지고 있다. 나의 행복, 기쁨, 불편함, 슬픔 등의 감정을 표현하는 고도의 수단으로 '언어'를, 이를 타인과 소통하는 방법으로 '이야기하기'를 선택했다. 이야기하기를 통해 나의 세계관과 의사는 타인과 공유되고 확장된다. 이야기는 인간이 사회를 이해하는 도구이자 사회를 만들어가는 한 가지 방법이다.

이러한 이야기는 사회 이전에 화자, 즉 '나'를 이해하는 도구다. 스크린으로 상영된 영화는 하나이지만 방금 본 영화의 줄거리는 그것을 이야기하는 사람의 수만큼이나 다양하다. 같은 시간, 공간에서 같은 영화를 보더라도 그것을 어떻게 받아들이는지는 관객의 경험과 가치관, 감정에 따라 모두 다르다. 스크린을 통해 비친 영화는 관객 개개인의 머릿속에서 재구성되는데, 관객이 평소에 중요하다고 생각하는 부분은 강화되고 그렇지 않은 부분은 사라지기도 한다. 중요한 줄거리는 그대로 남기고 주변의 작은 이야기들을 변화시키는가 하면, 중요한 줄거리마저 원작과 다르게 표현하기도 한다. 그리고 이러한 재구성은 모두 관객 개인의 소리 나지 않는 목소리로 이뤄진다. 모든 이야기도 마찬가지다. 내 입을 통해 분출되는 이야기는 타인에게 들은 것을 그대로 전달한다 하더라도 나의 기억과 경험, 감정이 담긴 나의 뇌를 거쳐 전달된다. 내가 전한 이야기는 내가 이해한 이야기이자 나의 삶이 반영된 이야기다.

우리는 이야기를 의미 있게 구조화하면서 정체성을 만들어간다. 이야기에 담긴 시간성과 공간성은 내가 세계를 어떻게 인식하는지를 보여주며, 이야기의 구조는 내가 삶의 과정 중 무엇을 의미 있게 여기는지를 강조한다. 추상화된 형태로 존재하던 세계는 이야기를 통해 구체화되고 현실화된다. 우리의 경험과 모든 사유, 삶의 이야기는 현재적 관점에서 끊임없이 재창조되며 나의 오늘을 만들어간다.

최근 주목받고 있는, 특히 인문 콘텐츠에서 논하는 '스토리텔링'은 이러한 맥락에서 출발한다. 책으로 출판된 이야기는 책의 첫 장부터 마지막 장까지 완결된 형태이지만 책을 본 후기는 입에서 입으로 전해지는, 완결되지 않은 이야기다. 이야기하기를 통해 청자는 화자로 화자는 청자로, 소비자는 생산자로 생산자는 소비자로 변화한다. '이야기'라는 내용적인 측면이 어떻게 전달되는지에 주목하며 스토리텔링에 대해 본격적으로 알아보자.

2) 스토리텔링의 정의

지금부터 이야기하는 스토리텔링은 "동화, 야담, 만담 따위를 여러 사람 앞에서 말로써 재미있게 이야기한다"는 의미의 구연(口演)의 영어 번역어가 아니다(표준국어대사전, 2017). 또한 위에서 언급한 '이야기'를 하는 것 그 자체만을 의미하지도 않는다. 21세기 한국의 문화산업 및 학계에서 지칭하는 스토리텔링은 문화 콘텐츠 개념의 대두와 글로벌 마켓의 확장, 창조 사회로의 이행 등 사회문화적 패러다임의 전환과 그 맥을 같이하면서 나타났다(박기수 외, 2012).

'이야기'와 '이야기하기'가 구별되지 않던 이전 시대와 달리 다양한 미디어와 기술이 발전하면서 이야기와 이야기하기는 구별되기 시작했다. 이야기를 담는 대표적인 플랫폼으로는 말과 글, 회화 정도가 있다. 이때의 내용은 곧 형식과도 같다. 하지만 라디오와 TV의 발전은 같은 이야기의 표현 양식이 어떻게 다른지를 보여주는, 이야기하기에서 혁신을 가져왔다. 라디오의 이야기하기, 즉 구연 기술은 초기 TV 프로그램에서 그대로 사용되었지만 점차 '보이는 것'이 가지는 장점과 영상 기술로 라디오와 TV 프로그램은 구별되었다. 이러한 구별은 컴퓨터와 인터넷이 보급되면서 더욱 다각화되었다. 대체로 일방향적인 라디오나 TV와 달리, 인터넷이라는 플랫폼은 사용자와 미디어, 사용자와 사용자 간의 상호작용을 전제로 하고 있다. 또한 웹페이지, 게임, 애플리케이션 등으로 플랫폼의 세분화가 이뤄지면서 플랫폼이 어떤 성격을 가지고 있는지에 주목했다. 그 결과 사람들은 이야기와 이야기를 담는 플랫폼을 어렵지 않게 구별할 수 있게 되었다.

이러한 맥락에서 태어난 스토리텔링은 "사건에 대한 진술이 지배적인 담화 양식이다"(이인화 외, 2003). 이는 스토리텔링이 '이야기'를 뜻하는 story와 '말하는'을 의미하는 'tell', 그리고 진행형을 의미하는 'ing'의 결합으로 구성된 것에서 확인할 수 있다. 때때로 스토리텔링을 '이야기'를 뜻하는 story와 '말하다'를 의미하는 telling으로만 구분하는 학자들도 있다. 하지만 이 책에서는 스토리텔링이 가진 진행형의 의미를 강조하기 위해 story+tell+ing의 형을 스토리텔링의 원형이라고 본다. 이러한 형태 구분은 스토리텔링을 이야기, 담화, 이야기가 담화로 변화하는 모든 과정이라고 본 이인화 외(2003)와 박기수(2015)의 관점과 유사하다. 박기수(2015)는 스토리텔링을 "가치 있는 즐거운 체험을 창출하기 위한 전략"이라고 전제하고

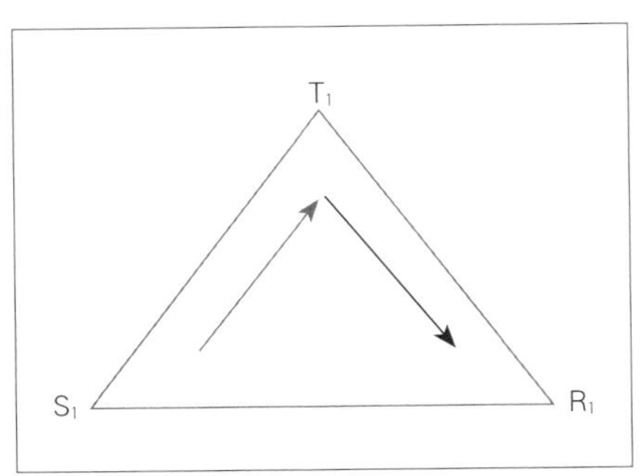

[그림 1-3] 이야기하기 모형(김영순, 2011)

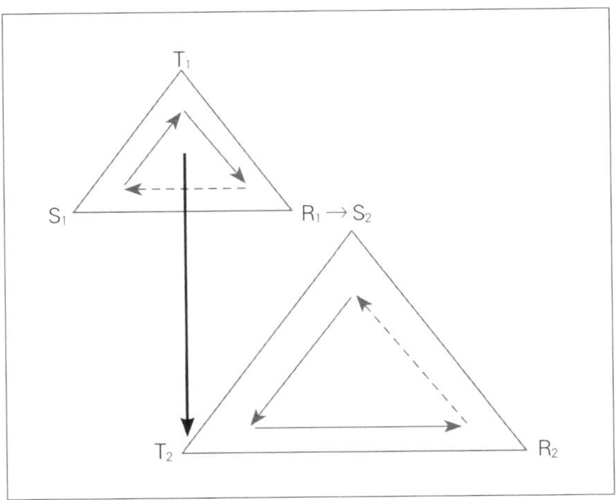

[그림 1-4] 스토리텔링 모형 1(김영순, 2011)

story와 tell, ing로 구별하여 설명한다. 그에 따르면, 스토리텔링의 story는 원형의 보편성을 확보하고 이를 특수성으로 변용하여 대중적인 지지를 받을 수 있는 내용을 의미한다. tell은 콘텐츠의 플랫폼과 관련된 것으로 이러한 내용을 어떻게 즐길 만한 것으로 구현하는 방법을 의미하며, ing는 구현된 콘텐츠가 어떻게 수용자의 향유를 창출하고 강화하며 확산시킬 수 있는가와 관련된 맥락을 의미한다. 이때 ing는 콘텐츠와 스토리 간의 물리적인 상호작용뿐만 아니라 향유자들의 체험과 참여를 포함하는 개념이다(윤희진 · 김미라, 2016).

김영순(2011)의 스토리텔링 모형은 스토리텔링을 설명하기에 매우 유용하다. 위의 삼각형 왼쪽에 위치한 S_1은 Sender1으로, 첫 번째 화자를 의미한다. S_1은 이야기 T_1을 R_1에게 전달한다. T_1은 Text1의 약자이고, R_1은 Receiver1의 약자다. 여기까지는 일반적인 이야기의 구연, 일방향적인 커뮤니케이션에 해당한다.

이야기를 들은 청자 R_1은 들은 이야기를 자기 나름의 관점으로 해석한다. 이 해석에는 그동안의 경험과 가치관, 감정 등이 영향을 미친다. 청자 R1은 이제 들

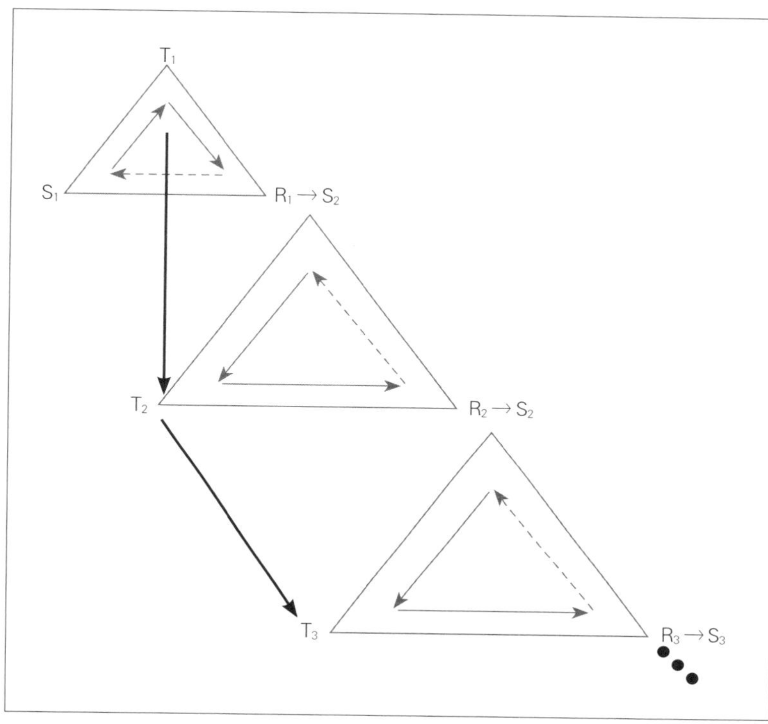

[그림 1-5]
스토리텔링 모형 2
(김영순, 2011)

은 이야기를 스스로에게 이야기하는 S_2가 된다. S_2의 머릿속에는 이야기2인 T_2가 구성되는데, 이렇게 구성된 이야기는 이야기를 구성한 본인인 청자가 다시 이해함으로써 T_2 이전의 '나'와 달라진다. 김영순(2012)은 이처럼 만들어진 이야기에 영향을 받아 변화하는 청자를 R_2라고 표현한다.

청자 R_2가 타인 R_3에게 S_1에게서 들은 이야기를 설명하는 상황을 예로 들면 다음과 같다. 이 이야기는 최초에 S_1이 R_1에게 했던 이야기 T_1과는 다르다. S_2의 사유를 거쳐 T_1은 T_2가 되었고, S_1이 타인 R_3에게 전달하는 상황, 맥락, 현재적 가치 등에 따라 T_2는 또 다른 이야기인 T_3가 된다. 그리고 이러한 스토리텔링은 S_3로, S_4로, S_∞(무한대)로 이어질 수 있으며 이에 따라 T 역시 T_∞의 가능성을 갖는다.

위의 모형에서 화자와 청자는 자기 자신일 수도 있고 타인일 수도 있다. 역사일 수도 있고 문집일 수도 있으며 회화작품일 수도 있다. 그리고 웹페이지일 수도 있고 TV 프로그램일 수도 있으며 공간일 수도 있다. S_n의 경험과 사유가 어떠한 성격을 가진 플랫폼 T_n으로 변용되느냐에 따라 R_n에게 전달되는 이야기의 내용과 형태는 달라진다. 즉, T_n은 이야기의 내용과 형태를 모두 포함한 단어이며 청자 R_n과 화자 S_n이 어떠한 성격을 가지고 있느냐에 따라 T_n이 T_{n+1}로 변화하는 양상은 달라진다. 이 모형을 통해 우리는 이야기가 이야기되는 과정, 이야기가 변화하는 과정과 결과, 즉 이야기와 담화 그리고 그 과정을 쉽게 이해할 수 있다.

인간의 삶에서 경험과 기억, 사유는 이야기로 구성되고 이야기를 필요로 한다. 일상생활에서 당연하게 일어나는 담화의 형성과 전달이 스토리텔링이라는 새로운 옷을 입은 데는 위의 [그림 1-5]처럼 각 과정에서 일어나는 변용, 상호작용을 강조하기 위함이다.

스토리텔링은 이야기를 전해주는 플랫폼의 성격과 그것이 전달되는 상황을 통합한 개념이지만, 스토리텔링의 원천적 힘은 이야기 그 자체에 있다(박기수 외, 2012). 좋은 이야기판과 이야기꾼이 있다 하더라도 이야기가 없으면 무슨 소용이 있겠는가. 이는 21세기의 스토리텔링에도 그대로 적용된다. 스토리텔링에서 이야기는 이전 시대와 비교하여 줄어들기는커녕 오히려 확장된다. 하나의 이야기는 플랫폼의 성격과 통합되어 재구성되는데, 다양한 미디어를 활용한 스토리텔링은 그 개수만큼이나 다양한 이야기로 재창조된다. 이 때문에 원천자료의 이야기는 스토리텔링 시대에 더욱 강조되고 주목받는다.

이러한 이유로 스토리텔링에 대한 정의나 이들의 특성을 밝히는 연구는 서사학을 바탕으로 그 토대가 구성되었다. 서사학은 스토리텔링 방법론의 중요한 이론 중 하나이지만, 그 자체가 스토리텔링학은 아니다. 서사학이 매체의 영향을 거의 받지 않는 것에 비해 스토리텔링은 매체 친화적이기 때문이다. 인문학적 상상력을 바탕으로 하는 인문 콘텐츠의 스토리텔링은 인문자원이 가진 특성을 토대로 구성되어야 한다.

3) 스토리텔링의 특성

매체의 영향을 많이 받는 스토리텔링의 특성을 정형화하기란 쉬운 일이 아니다. 스토리텔링은 다양한 매체와 함께 그것을 향유하는 향유자를 포함하는 개념이기 때문이다. 이 때문에 디지털 스토리텔링의 특성, 영화 스토리텔링의 특성, 웹툰 스토리텔링의 특성 등 매체별 스토리텔링 이론이 발달하기도 했다. 스토리텔링의 일반적인 특성은 다음과 같다.

첫째, 스토리텔링은 인간의 감정을 활용하는 커뮤니케이션이다. 감정을 배제한 채 이성 중심의 비판적이고 논리적인 사고를 하는 것을 훌륭한 사고방식이라 말하는 경우가 많다. 우리는 때때로 감정을 이성적인 판단을 방해하는 훼방꾼 정도로 여기기도 하지만, 실제로 감정이 배제된 이성적인 판단은 존재하지 않는다. 감정은 과거의 경험과 기억에서 비롯되기 때문에 과거의 사례가 개입되지 않는 논리적 판단은 존재하지 않는다. 스토리텔링은 이러한 인간의 감정을 움직여 전하고자 하는 메시지를 효과적으로 전달한다.

"다리를 건너면 사랑이 이뤄진다"는 문장을 문자 그대로 판단한다면 '말도 안 되는' 말이다. 하지만 스토리텔링은 사람들에게 이러한 문장을 '그럴싸하게' 받아들이게 한다. 1998년 4월 안동 정하동에서 한 남자의 시신과 함께 한지로 곱게 싸인 미투리가 발견되었다. 이 한지에 쓰인 이야기는 남편을 먼저 하늘나라로 보낸 원이엄마의 애절한 사랑 이야기와 자신의 머리카락을 잘라 미투리를 만들어 이

[그림 1-6] 안동 월영교
1998년 안동 정하동에서 발견된 편지의 내용을 다리로 표현했다.

[그림 1-7] 안동 원이엄마길
월영교와 연결된 원이엄마 테마길. 사랑하는 연인이 서로의 사랑을 담은 '상사병'을 매달면 사랑이 이뤄진다는 스토리텔링이 구현되어 있다.

를 가슴에 안고 남편을 따라갔다는 이야기가 적혀 있었다. 이 이야기는 곧 공간으로 만들어졌는데, 안동호의 월영교가 바로 그것이다. 안동호 가운데에는 월영정이라는 정자가 있다. 그리고 이 월영정을 향하는 양쪽의 다리는 미투리 모양으로 지어졌으며, 이 길의 끝에는 '원이엄마길'이 조성되어 있다. 이곳을 방문하는 사람들은 이 다리를 사랑하는 연인과 함께 걸으면 사랑이 이뤄진다고 믿는다. 공간의 배치와 공간에 덧씌워진 스토리텔링은 청자의 감정을 움직이고 공간이 전하고자 하는 메시지를 쉽게 받아들이게 한다.

둘째, 스토리텔링은 매체의 특성에 영향을 받아 구성된다. 위에서 설명했듯이 스토리텔링은 다양한 미디어의 발전과 그러한 미디어의 원천자료를 변용하는 과정에서 만들어진 개념이다. 이야기 자체와 이야기하는 방식, 상황을 통합하여 일컫는 말인 스토리텔링은 매체가 가진 특성을 반영하여 구성된다. 때때로 플랫폼이 무엇인지를 고려하지 않고 이야기 구조만 구성하는 경우가 있는데, 이는 진정한 이야기와 담화가 통합된 스토리텔링이라고 보기 어렵다.

충절의 대표적인 역사인물인 포은 정몽주를 스토리텔링한 콘텐츠로 정몽주의 '태몽 설화', 축제 콘텐츠인 '포은문화제', 전시 콘텐츠인 '용인문화유적전시관 특별전 포은 정몽주: 이념과 실천의 합일', 교육 콘텐츠인 '포은 정몽주: 이념과 실천의 특별전시 관련 교육 프로그램', 출판 콘텐츠로 『선죽교에 핀 동백 정몽주』와 『정몽주』, 오페라 콘텐츠 「포은 정몽주」 등이 있다. 이 모든 스토리텔링의 인문자원은 정몽주라는 역사인물이다. 이들 콘텐츠는 각각 축제, 전시, 교육, 출판 플랫폼에 맞추어 정몽주의 생애 중 일부분을 확장하기도 하고 축소하기도 하며 이야기를 구성했다. 같은 기간에 열린 전시 콘텐츠는 『포은집』과 '초상화' 같은 작품들과 친필 서간 등 과거 관련 기록을 중심으로 구성되었고, 교육 콘텐츠는 정몽주와 정도전의 대립과정을 통해 어린이들이 정몽주의 이념을 이해할 수 있도록 구성되었으며, 콘텐츠의 향유자인 어린이들을 고려하여 골든벨 형식 등으로 구성되었다. 또한 오페라 콘텐츠는 정몽주의 사랑 이야기를 중심으로 구성되었다. 이처럼 정몽주라는 인문자원을 스토리텔링한 콘텐츠는 그 플랫폼의 성격에 따라 각기 다르게 구성되는데, 이를 위해서는 플랫폼별 각기 다른 스토리텔링이 구성되어야 한다.

셋째, 스토리텔링은 상호작용을 통해 끊임없이 재창조된다. 이 특성은 스토리텔링과 이야기를 구별하는 가장 기본적인 특성이기도 하다. 원천자료라 할 수 있는 인문자원은 스토리텔링을 통해 인문 콘텐츠가 되고, 인문 콘텐츠는 향유자에게 전달되며, 향유자별로 새로운 스토리텔링을 할 수 있는 새로운 자료가 된다. 이와 같은 구조는 한계가 없이 지속적으로 발전되며, 이 때문에 우리는 스토리텔링이 완결되지 않고 끊임없이 재창조된다고 이야기한다.

스토리텔링의 상호작용도 이러한 재창조 과정에서 필연적으로 발생한다. 이는 특히 디지털로 변용된 콘텐츠에서 쉽게 확인할 수 있는데, 온라인 게임의 경우 유저의 게임 컨트롤에 따라 이미 구성된 세계관 내에서 각기 다른 이야기를 만들어가는 것을 쉽게 발견할 수 있다. 이러한 상호작용의 방향은 스토리텔링 향유자와 플랫폼에 따라 다르기 때문에 이를 예측하기 위해서도 앞서 제시한 플랫폼 특성 분석을 반드시 선행해야 한다.

4) 인물 중심 인문 콘텐츠 스토리텔링

인문학의 가치와 성찰을 담은 인문 콘텐츠 스토리텔링은 인문 콘텐츠의 성격을 바탕으로 이뤄져야 한다. 우리가 인간의 가치와 삶에 대해 이야기하는 것은 한 인물의 특수한 삶에 초점을 맞추거나 특정한 작품의 세계관 자체를 전승하자는 것이 아니라, 그 이야기 속에 많은 사람이 이해하고 공감할 수 있는 보편적인 가치가 있기 때문이다. 우리는 모두 과거에 살아온 삶과 오늘 그리고 앞으로 살아갈 삶과 비교하며 타인의 삶과 함께 나의 삶을 되돌아보게 된다. 즉, 우리는 나 이외의 다른 인물과 그의 삶이 담긴 인문자원을 통해 내 삶을 살아가는 데 도움이 되는 가치를 전달받으며 자아정체성을 형성하게 된다.

인문 스토리텔링은 다양한 인문자원의 지식을 이해하고, 이를 통해 R_n을 S_{n+1}로 변화시키는 것이다. 인문 스토리텔링은 우리가 어떠한 사실을 해석하고 연관된 가치를 이해하는 데 도움을 준다. 인문 스토리텔링은 인문자원에 담긴 보도적 사실을 있는 그대로 받아들이는 것이 아니라 그러한 사실이나 감정, 세계관이 어떻게 만들어졌고 그것이 그 당시에는 어떤 의미를 지니며 현재에는 어떠한 의미를 지니는지를 이해하게 한다. 이러한 과정은 콘텐츠 향유자의 체험과도 연계된다.

인문자원의 스토리텔링은 인문 콘텐츠가 추구하는 특수성과 보편성을 모두 가지고 있는 콘텐츠다. 여러 인문자원 중 어떤 것을 선택할 것인가, 하나의 인문자원 중 어떠한 내용을 선택하고 어떠한 플랫폼으로 사람들에게 어떠한 체험을 하게

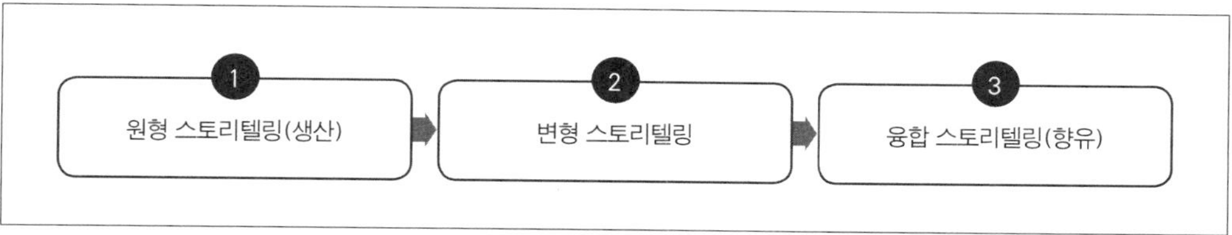

[그림 1-8] 인문 콘텐츠 스토리텔링 구성 과정

할 것인가에 대한 전략을 수립하는 것이 바로 인문 콘텐츠 스토리텔링이며, 그 과정은 문화 콘텐츠 스토리텔링 구성 과정과 같다. 따라서 인문 콘텐츠 스토리텔링은 위의 [그림 1-8]과 같이 ① 원형 스토리텔링, ② 변형 스토리텔링, ③ 융합 스토리텔링으로 구성된다(윤희진 · 김미라, 2016).[2)]

원형 스토리는 스토리텔링을 위해 기획한 기본 콘텐츠를 의미한다. 원형 스토리텔링은 다양한 인문유산과 문화유산 중 문화적 파급효과를 낼 수 있는 것을 골라내는 일이다. 즉, 인문자원의 가치와 테마를 발견하는 과정으로 인문학적 지식에 용해되어 있는 행간의 의미를 발굴하는 것을 의미한다. 인문자원의 발굴, 원형 스토리텔링의 시작은 단순히 묵혀 있던 인문자원을 21세기에 꺼낸다는 발굴의 의의만 있어서는 안 된다. 반드시 그것이 어떻게 연계되고 현재적 가치로 재구성 가능한가에 대한 고민을 바탕으로 해야 한다(박기수 외, 2012). 이 때문에 인문자원을 활용하기 위해서는 자료를 철저하게 수집하고 제대로 분석 · 정리하는 것이 필요하다. 우리는 이러한 과정을 통해 선택한 인문자원, 원형 스토리의 보편성과 특수성을 찾아낼 수 있으며 이는 곧 의미 활용으로 이어진다.

특히, 저자나 캐릭터가 존재하는 인문자원의 경우 연구자들은 주요 인물의 생애연구 차원에서 개인의 내적인 삶과 사회적 환경, 그만이 가진 독특한 개인적 역사를 조사하여 이야기를 통해 전달하고자 하는 가치를 분석한 기본 이야기로 구

2) 지금부터의 논의는 윤희진 · 김미라(2016)의 내용을 인용했음을 밝힌다.

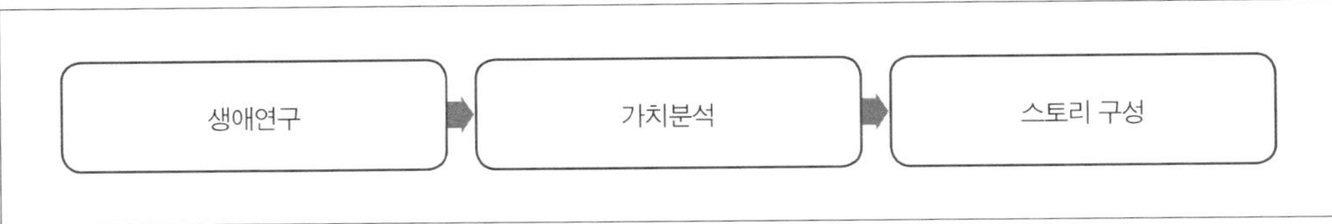

[그림 1-9] 인물 중심 원형 스토리 기획 과정

성해야 한다. 이와 같은 인물 중심 원형 스토리 기획 과정은 위의 [그림 1-9]와 같이 ① 생애연구, ② 가치분석, ③ 스토리 구성으로 이뤄진다.

인물 중심 원형 스토리 기획 과정을 구체적으로 살펴보면 다음과 같다. 먼저, 인물의 연대기를 바탕으로 그의 생애를 연구해야 한다. 인물의 생애는 이야기로 발현되며, 이 이야기는 사건이나 사유 등 지식이 발생한 시간성에 초점을 맞추고 있다. 우리는 인물의 생애 이야기를 통해 우리 자신과 인물 간의 삶의 시간성과 사건, 장소 등 관계성에 주의를 기울여야 한다. 연대기적으로 구성되는 개인의 삶의 이야기는 국가, 지역, 가족, 종교, 문화 등 다양한 내·외부적 환경을 포함하는데, 이들을 통해 개인과 세계, 개인과 감정, 개인과 장소 간의 관계를 유추할 수 있다. 이러한 관계는 인물 스토리텔링을 통해 수용자에게 전달해야 하는 '가치'를 형성한다.

가치분석은 인문 콘텐츠 스토리텔링이 전달하고자 하는 핵심 코드를 구성하는 것으로 문화 콘텐츠의 '주제'와 깊이 관련되어 있다. 가치분석은 기본적으로 해당 인물의 신념이나 삶의 태도를 분석하는 것을 의미한다. 이때 연구자는 분석된 인물 중심 가치가 우리 시대의 사회적 이슈와 트렌드를 반영하고 있는지, 혹은 스토리텔링을 통해 반영할 수 있는지를 고려해야 한다.

김정희(2010)에 의하면, 스토리텔링을 통해 콘텐츠를 개발할 때는 유사 콘텐츠와의 비교·분석을 통해 보편성과 차별성을 모색하고 우리 시대의 대중에게 호응할 수 있는 참신성을 확보해야 한다. 또한, 가치분석 단계에서는 해당 인물과 함께 인물을 둘러싼 다양한 맥락에서도 가치를 분석해야 한다. 예를 들어 국수(國手) 조남철의 경우 조남철의 생애를 연구하고 그의 삶의 신념과 태도를 분석함과 동시에, 그의 삶에서 가장 큰 맥락을 차지하고 있는 바둑의 현재적 가치를 분석하는 것이 필요하다.

마지막으로 연구된 생애와 가치분석을 통해 기본 스토리를 구성해야 한다. 이때의 기본 스토리는 원형 스토리를 연구하는 연구자와 생산자의 입장에서 구성된다. 이는 추후 다양한 미디어 플랫폼으로 변용 가능하다. 인물 중심 인문 콘텐츠 스토리텔링은 이와 같이 생애연구, 가치분석, 기본 스토리 구성이라는 단계를 거치기 때문에 인물의 생애를 인문학적으로 연구할 수 있는 전문 지식이 필요하다. 이는 구술사, 생애사, 자서전 등의 서사 기록물과 함께 역사 인물과 관련된 다양한 문화물에 대한 조사 및 분석으로 가능하며, 이러한 과정을 통해 인물 스토리텔링의 핵심인 인물 이야기와 가치, 시간이나 장소 등의 맥락을 재구성할 수 있다.

구성된 원형 스토리텔링은 미디어 플랫폼에 담는 변형 스토리텔링 과정을 거친다. 변형 스토리텔링이란 원형 스토리텔링을 미디어 플랫폼을 통해 '어떻게 즐길 만한 것으로 구현할 것인가?'에 대한 전략으로 미디어 플랫폼의 특성과 연계된다. 김유정 문학촌과 최용신거리는 특정 인물의 삶과 그의 세계를 '공간'이라는 그릇에 담아낸 것이다. 이 경우 크게는 '공간'에 이야기를 담아내는 것이지만, 위의 두 사례는 기념관, 조형물, 축제, 경연대회 등을 콘텐츠로 하고 있다. 즉 해당 공간의 지리적 · 문화적 특성과 그것을 구현할 미디어의 구체적인 방안을 이 단계에서 함께 구상해야 하는데, 최근 디지털 기술을 활용한 미디어가 많아지고 생활의 중심이 되면서 디지털 기술에 대한 참조 역시 필요하다. 앞서 원형 스토리텔링이 인문학적 지식을 배경으로 했다면, 변형 스토리텔링은 그것을 변용할 플랫폼과 콘텐츠의 특성을 바탕으로 기획되어야 한다.

스토리텔링은 이야기나 문화 콘텐츠 자체만을 위한 방안이 아니다. 스토리텔링은 생산자의 메시지를 수용자에게 전달하고 수용자가 그 메시지를 향유하여 자신의 이야기로 재생산하는 방법으로 수용자를 염두에 두고 구성되어야 한다. 이 책에서는 이를 '융합 스토리텔링'이라고 명명했는데, 이는 수용자와 문화 콘텐츠가 융합되는 향유의 차원을 의미한다. 수용자는 인문 콘텐츠를 통해 이야기 안팎에 존재하는 다양한 존재와 새로운 관계를 맺으며 제공되는 이야기를 자신의 이야기로 수용한다. 이야기는 인문 콘텐츠에 의해 수용자에게 체험되며, 이는 자신의 체험에 그치지 않고 다른 사람들과의 정보 교류나 문화 콘텐츠 재생산을 통해 변형되고 확산된다. 즉, 생산자가 기획한 인문 콘텐츠의 핵심 코드-이야기는 수용자의 향유를 통해 소비되고 재생산된다.

인문 콘텐츠 스토리텔링을 구성하는 원형 · 변형 · 융합 스토리텔링은 각각 생산자와 콘텐츠, 수용자에 의해 주도적으로 구성된다. 스토리텔링을 주도하는 중심축이 각기 다르고 각자의 전문성을 가지고 있기 때문에 인문 콘텐츠 스토리텔링은 어느 한 부분에 치우치기 쉽다. 특히, 역사 인물 중심 스토리텔링은 그들의 생애보다는 그들이 남긴 서사물을 바탕으로 구성되며 최종 결과물의 형태를 간과하는 경우가 많다.

역사 인물은 지역의 주요 향토문화 자원 중의 하나다. 역사적인 인물들을 축제뿐만 아니라 지역의 메인 캐릭터로 내세우는 이유는 이 캐릭터들을 통해 지역의 역사와 문화 및 정체성을 드러낼 수 있다고 생각하기 때문이다. 하지만 역사 인물에 대한 이야기는 일반 창작 서사물과 다른 방식으로 이뤄져야 한다. 왜냐하면 역사에 대한 왜곡이 야기될 수 있기 때문이다. 역사 이야기화의 맹점이 바로 여기에 있다. 역사적인 사실이 역사 이야기로 만들어지면서 역사성은 사라지고 이야기의 감동만 남음으로써 역사의 사실성이 왜곡되거나 훼손될 수 있다. 그렇기 때문에 역사 인물에 대한 이야기는 그것을 창작하고 수용하는 과정이 활발하게 연구되고 논의될 필요가 있다. 그렇지만 왜곡과 허구의 덫에 걸려 역사 인물에 대한 이야기를 하지 않는다면. 그 존재는 잊힐 수밖에 없다. 이 시점에서 우리가 고민해야 하는 것은 역사 인물을 어떻게 이야기해야 그 의미를 제대로 전달할 수 있느냐다. 특히, 지역의 역사 인물은 지역의 문화를 형성하고 담지하면서 지역의 정체성을 표현하고 전달할 수 있는 지역의 문화자원이다. 지역의 문화자원은 지역이라는 장소성과 연계되어 여행이나 축제 같은 관광자원으로 주목받게 되었고, 그 지역에 어떤 문화 콘텐츠가 있는가는 곧 지역의 마케팅 수단이자 주민의 정체성과 연결된다. 그렇다면 지역의 역사 인물을 통해 어떻게 지역의 역사와 문화를 표현할 수 있을까? 그 답은 역사 인물의 스토리텔링에 있다.

2장
지역문화 스토리텔링의 이해

1. 국내 지역문화 인물 스토리텔링 사례와 활용
2. 국외 지역문화 인물 스토리텔링 사례와 활용 방안
3. 지역적 연고로 인한 지역문화 콘텐츠 갈등 사례

1. 국내 지역문화 인물 스토리텔링 사례와 활용

문화산업에서 지역중심주의가 발현되기 위해서는 지역 내에 자급자족이 가능한 규모의 시장이 형성되어 있어야 한다. 그렇지 못한 지역에서는 외부 시장을 개척해야 하는데, 이 경우에는 아무래도 다른 문화권에서도 받아들이기 쉬운 보편적인 이야기를 추구할 수밖에 없다. 그러나 보편성만을 지나치게 강조하면 해당 지역의 문화적 독창성이 표현되지 않기 때문에 지역의 정체성과 함께 밖으로 통하는 문을 열어두는 것이 필요하다. 지역에 공통된 문화 정체성을 표현할 수 있는 이야기를 개발하는 것은 세계적으로 통용될 수 있는 문화 콘텐츠를 창조하는 원동력이 될 수 있다. 이 장에서는 설화 또는 소설을 기반으로 한 인물 스토리텔링을 살펴볼 것이다. 여러 지자체에서는 이러한 인물을 주제로 지역문화축제를 개최하여 지역의 정체성을 찾고자 노력하고 있다.

왜 인물 콘텐츠가 지자체의 명운을 걸 만큼 중요한지에 대한 배경과 이면에는 지역문화축제의 경제적 부가가치는 물론 정치적 파급력뿐만 아니라 자기 지역만의 고유한 소재 찾기를 통해 지역 정체성을 드러내고자 하는 의미가 담겨 있다.

특히, 지자체들의 새로운 관심으로 떠오른 설화의 배경 고증은 바로 지역문화 정체성에 기반을 둔 지역문화축제 또는 이와 연관된 문화 콘텐츠 산업의 새로운 아이템 찾기와 맞물려 있다. 따라서 정체성 문제가 문화산업으로 연결된다는 맥락에서 지역축제란 "지역 고유의 전통문화를 계승 발전시키기 위해 매년 정해진 일자에 지역주민, 지역단체, 지방정부가 주체가 되어 개최되는 축제로 지역주민의 총체적 삶과 전통문화적 요소가 잘 반영되어 있는 행사"다(류정아, 2006).

즉, 여러 지자체가 역사적 인물이나 설화 기반의 인물들을 축제뿐만 아니라 지역의 메인 인물 캐릭터로 내세우는 이유는 인물 캐릭터들을 통해 자신들이 살고 있는 지역 정체성을 찾을 수 있을뿐더러 이를 통해 지역의 경제 활성화를 도모할 수 있기 때문이다. 따라서 이 장에서는 지역의 인물 전설 또는 설화 스토리텔링을 활용한 국내외 축제들의 사례를 살펴볼 것이다.

1) 일월문화제

포항에는 지금도 일월문화제라는 전통문화예술이 전해져오고 있다. 일월문화제란 해와 달을 상징하는 연오랑과 세오녀에 얽힌 일월사상을 중심으로 일월정신을 밝히고 포항의 광명정대 정신, 개척 정신, 충절 및 부부의 참사랑을 구현하는 포항의 정신문화를 지배해온 문화제 행사다.

(1) 연오랑과 세오녀의 배경 이야기

경북 포항시 영일만에는 일월(日月)신화라고 불리는 '연오랑 세오녀(延烏郞 細烏女)' 설화가 있다. 현전하는 문헌으로 '연오랑 세오녀' 설화가 가장 먼저 기록된 것은 『삼국유사(三國遺事)』 권1 기이(紀異) 편이다.

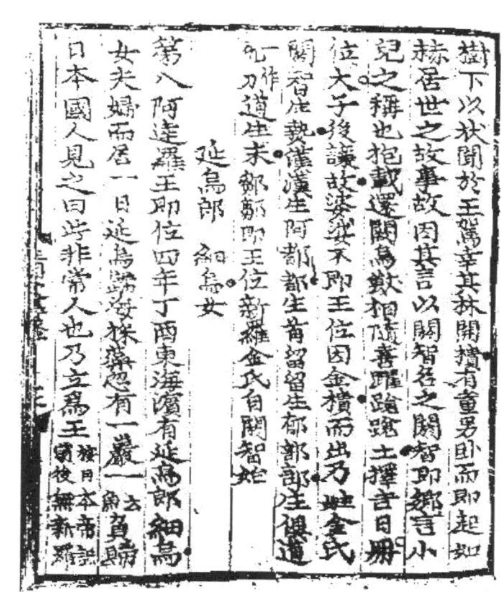

樹下以狀聞於王駕幸其林開櫃有童男臥而即起如
赫居世之故事故因其言以閼智名之閼智即鄉言小
兒之稱也抱載還闕鳥獸相隨喜躍蹌蹌王擇吉日冊
位太子後讓故娑婆不即王位因金櫃而出乃姓金氏
閼智生熱漢漢生阿都都生首留留生郁部部生俱道
一作仇刀 道生未鄒鄒即王位新羅金氏自閼智始
延烏郎 細烏女
第八阿達羅王即位四年丁酉東海濱有延烏郎細烏
女夫婦而居一日延烏歸海採藻忽有一巖 一云一魚 負歸
日本國人見之曰此非常人也乃立爲王 按日本帝記前後無新羅

(원문)

第八阿達羅王卽位四年丁酉, 東海濱有延烏郞・細烏女, 夫婦而居. 一日, 延烏歸海採藻, 忽有一巖(一云一魚), 負歸日本, 國人見之曰此非常人也, 乃立爲王. (按日本帝記, 前後無新羅人爲王者, 此乃邊邑小王而非眞王也.) 細烏怪夫不來, 歸尋之, 見夫脫鞋, 亦上其巖, 巖亦負歸如前. 其國人驚訝, 奏獻於王, 夫婦相會, 立爲貴妃. 是時, 新羅日月無光, 日者奏云, 日月之精, 降在我國, 今去日本, 故致斯怪. 王遣使求二人, 延烏曰, 我到此國, 天使然也, 今何歸乎. 雖然朕之妃有所織細綃, 以此祭天可矣. 仍賜其綃. 使人來奏, 依其言而祭之, 然後日月如舊. 藏其綃於御庫爲國寶, 名其庫爲貴妃庫. 祭天所名迎日縣, 又都祈野.

第八代(제8대) 阿達羅王(아달라왕) 卽位四年(즉위 4년) 丁酉(정유)에 東海邊(동해변)에 延烏郞(연오랑)과 細烏女(세오녀) 夫婦(부부)가 살고 있었다. 하루는 延烏(연오)가 바다에 가서 海藻(해조; 마름)를 따고 있는 중 忽然(홀연)히 한 바위[혹은 一魚(일어)라 함]가 있어 (그를) 싣고 日本(일본)으로 가버렸다. 그 나라 사람들이 보고 이는 非常(비상)한 사람이라 하여 王(왕)을 삼았다[日本帝紀(일본제기)에 보면 前後(전후)에 新羅人(신라인)으로 王(왕) 된 이가 없으니 이는 邊邑(변읍)의 小王(소왕)이고 眞王(진왕)은 아닐 것이다]. 細烏(세오)가 그 남편이 돌아오지 않는 것을 괴이히 여겨가 찾아보니 남편의 벗어놓은 신이 있는지라. 그 바위 위에 올라가니 바위가 또한 前(전)과 같이 그를 싣고 갔다. 그 나라 사람들이 보고 驚疑(경의)하여 王(왕)에게 아뢰니 夫婦(부부)가 서로 만나 貴妃(귀비)가 되었다. 이때 新羅(신라)에서는 日月(일월)이 光彩(광채)를 잃었다. 日官(일관)이 아뢰되 "日月(일월)의 精(정)이 우리나라에 있던 것이 지금 日本(일본)으로 간 때문에 이런 變(변)이 일어났다"고 하였다. 王(왕)이 使者(사자)를 日本(일본)에 보내어 두 사람을 찾으니 延烏(연오)가 가로되 "내가 이 나라에 온 것은 하늘이 시킨 것이라. 이제 어찌 돌아갈 수 있으랴. 그러나 나의 妃(비)가 짠 細綃(세초)가 있으니 이것으로 하늘에 제사를 지내면 좋으리라" 하고 因(인)하여 그 비단을 주었다. 使者(사자)가 돌아와 아뢰고, 그 말대로 제사를 지내니 과연 日月(일월)이 前(전)과 같았다. 그 비단을 御庫(어고)에 두어 國寶(국보)를 삼고 그 倉庫(창고)를 貴妃庫(귀비고)라 하며 祭天(제천)한 곳을 迎日縣(영일현) 또는 都祈野(도기야)라고 하였다.

출처: 한국의 지식콘텐츠

(2) 연오랑 세오녀를 활용한 문화축제 및 콘텐츠

'연오랑 세오녀' 설화는 오래전부터 포항 문화의 원형이자 포항 정신의 근원으로 여겨져왔다. 따라서 '연오랑 세오녀' 설화는 포항 영일만 지역의 특수성과 문화적 보편성을 나타내는 문화자원이다. 포항 영일만 일대에는 이 설화와 관련된 지명들이 현전하고 있으며, 포항시에서는 전통문화를 계승한 일월문화제를 비롯하여 포항국제불빛축제, 호미곶해맞이축전 등과 같이 '연오랑 세오녀' 설화를 모티프로 한 다양한 문화행사를 개최하고 있다.

공연으로는 1995년 6월 포항문화예술회관 개관기념 축하공연 연오랑 세오녀 무용극 「동해별곡」이 처음으로 개최된 이래 1999년 10월 포항시 승격 50주년 기념 무용극 「연오랑 세오녀」 공연, 2000년 1월 1일 호미곶 해맞이 광장에서 새천년 한민족해맞이축전의 일환으로 「연오랑 세오녀」 공연, 2006년 12월 연오랑 세오녀 설화를 각색한 「해조곡」 공연 등이 있었다. 또한 2005년 10월 포항시문화예술회관은 개관 10주년을 기념하여 자체 제작한 창작 뮤지컬 「연오랑 세오녀」를 공연한

[그림 2-1] 만화 표지
(출처: 웅진주니어출판사)

[그림 2-2] 애니메이션
(출처: 큐브엔씨)

[그림 2-3] 테마파크
(출처: 「한국일보」, 2017년 10월 30일 자)

적이 있다. 또한 2012년에는 포항문화예술회관이 지방문예회관 특별프로그램 개발지원사업으로 선정되어 창작 창극 「불의 여신, 세오녀」가 공연되었다.

연오랑 세오녀를 바탕으로 한 만화와 애니메이션으로는 웅진주니어출판사가 만화를 제작하여 판매하고 있고, 큐브엔씨에서 교육용 콘텐츠로 독도 전자교과에 탑재된 애니메이션을 제작했다.

또한 연오랑 세오녀 설화를 바탕으로 경북 포항시에 테마파크와 둘레길이 조성되었다. 연오랑 세오녀 테마파크를 중심으로 포항 시내 방향으로는 남구 청림동 청림운동장까지 약 6km 구간의 해안 둘레길이 있다. 반대로 해맞이 명소인 호미곶 방향으로는 호미곶 해안가까지 약 18km의 둘레길이 연결되어 있다.

축제로는 연오랑 세오녀 테마공원과 포항문화예술회관에서 연오랑 세오녀 설화를 조명하는 일월문화제가 2017년 10월 20일부터 개최되었다.

[그림 2-4] 제12회 일월문화제 포스터
(출처: 포항문화재단)

포항문화재단이 “일월의 빛, 미래를 비추다”라는 주제로 다양한 행사를 주관했다. 격년으로 2017년 12회째를 맞는 이번 문화제는 포항문화재단에서 기획부터 운영까지 모든 분야를 직접 담당했으며, 포항의 정체성과 현대문화가 어우러지는 문화축제로 기획해 전시, 체험, 연계행사 등 다양한 프로그램으로 진행되었다.

첫날에는 문화예술회관에서 개막을 알리는 취타대 공연에 이어 포항 전통문화 공연을 무대에 올렸고, 연오랑 세오녀 사랑의 매듭 만들기, 잃어버린 해와 달을 찾는 벽 모빌 만들기 등 체험 행사와 먹거리 장터도 마련했다.

중앙아트홀에서는 포항 젊은 작가 3인 작품전과 연오랑 세오녀 부부 선발대회가 개최되었는데, 선발된 부부는 동해면 일월 사당에서 일월제를 지내며 포항시민의 안녕을 기원했다.

둘째 날인 21일에는 문화예술회관 대공연장에서 연오랑 세오녀를 주제로 넌버벌 퍼포먼스를 선보이고 창작 국악극 「쾌지나 칭칭나네」, 「안녕! 강치야」와 관현악 공연, 문화 · 예술 동아리 페스티벌을 열었다.

연오랑 세오녀 테마공원에서는 공원 투어, 스틸 아트 작품 감상, 다도 체험 등의 행사가 개최되었다.

2) 심청 이야기

(1) 심청 이야기의 배경

효녀 심청으로 널리 알려진 심청 이야기는 다음과 같은 배경을 가지고 있다.

공이 크게 비도ᄒᆞ여 녜를 갓초와 안장ᄒᆞ고 녀ᄋᆞ를 품고 듀야 슬허ᄒᆞ이 쳥이 ᄯᅩᄒᆞᆫ 모친을 부르지져 호읍ᄒᆞ니 그 부녀 졍경을 참ᄋᆞ 보지 못ᄒᆞᆯ너라 공의 가셰 졈졈 탕진ᄒᆞ며 질병이 침면ᄒᆞ여 상셕을 ᄡᅥᄂᆞ지 못ᄒᆞ는 듕 ᄯᅩ 안질를 어더 슈월이 못ᄒᆞ여 지쳑을 분변치 못ᄒᆞᄆᆡ ᄉᆡᆼ계 더욱 망측ᄒᆞ여(『한남본』 1장)

노승 왈 쇼승은 명월산 운심동 개법당 화듀옵더니 촌가의 ᄂᆞ려와 시듀를 구ᄒᆞ옵다가 우연히 이곳을 지ᄂᆞ다가 노야를 구ᄒᆞ엿거니와 노야의 상격을 본즉 지금은 궁곤ᄒᆞᄂᆞ ᄉᆞ오년 후면 왕후장상이 될 거시오 일녀의 영홰 텬하의 웃듬이 되려니와 목금의 ᄃᆡ시듀를 ᄒᆞ면 일녀도 귀히 될 ᄲᅮᆫ 아니라 노야의 폐안이 ᄡᅳ이리이다 (『한남본』 2장)

쳥이 겨우 힝ᄒᆞ여 인단쇼의 다다르니 …… 쳥의 오믈 보고 밧비 들나 ᄒᆞ거ᄂᆞᆯ쳥이 망극ᄒᆞ나 ᄒᆞᆯ 일 업는지라 하ᄂᆞᆯ를 우러러 통곡ᄒᆞ고 다시 ᄉᆞ방을 향하여 표ᄇᆡ 왈 …… 빌기를 맛친 후 물를 구버보니 푸른 물결은 하ᄂᆞᆯ의 다핫는ᄃᆡ 비풍은 쇼쇼ᄒᆞ여 니라ᄂᆞ고 슈운은 막막ᄒᆞ여 둘넛고 관ᄂᆡ셩은 가는 넉슬ᄌᆡ촉ᄒᆞ니 슬프고 참잔ᄒᆞ도다 이ᄋᆡ 쳥이 부친을 세번 불너 통곡ᄒᆞ며 두 손으로 낫츨 가리오고 몸을 날려 물의 ᄯᅱ여드니 (『한남본』 9~10장)

셕가세존이 옥뎨긔 듀왈 노군셩이 인간 고힝을 ᄌᆞ심히 격는 듕 이믜 지쳑을 분변치 못ᄒᆞ연지 팔구년이니 족히 속죄ᄒᆞ여슬 거시오 규셩이 텬명을 어긔온 죄 비경ᄒᆞ오나 인간의 ᄂᆞ려가 유아로붓터 고초ᄒᆞ여 동셔 개걸ᄒᆞ여 노군을 봉양ᄒᆞ여 효셩이 텬디의 가득ᄒᆞ니 젼ᄉᆡᆼ 죄를 가히속ᄒᆞ염즉 ᄒᆞ거ᄂᆞᆯ …… 신이 뎨ᄌᆞ를 보ᄂᆡ여 그 ᄆᆞ음을 시험ᄒᆞ온즉 …… 규셩이 본ᄃᆡ 동ᄒᆡ 뇽왕의 귀ᄒᆞᆫ ᄯᆞᆯ로셔 인간의 젹강ᄒᆞ여 효의 츌텬ᄒᆞ오니 민가의 가모되어 불가ᄒᆞ오ᄆᆡ 가히 뉴리국 왕휘 되어 평ᄉᆡᆼ 왕낙을 누리게 졈지ᄒᆞᄂᆞ이다 (『한남본』 11~13장)

널리 알려진 위의 이야기와 함께 심청과 『관음사 사적기』 설화를 연계하여 심청 실존설을 제기하는 다음과 같은 다른 이야기도 존재한다. 이 이야기는 전라남도 송광사 박물관에 소장된 『관음사 사적기』에 삼국시대 때 중국 사람에게 팔려간 원홍장이라는 처녀가 불상을 만들어 보내 아버지의 눈을 뜨게 했다는 설화다.

"性識通敏 常以至誠 勤養其盲父也 志切反哺 蛙步不忘 非特晨昏臥起 左枝右梧而侍側 亦衣服之 飮食之味 無不稱旨 一境咸稱其大孝 名聞華夏焉."

천성과 식견이 통달하고 민첩하여 항상 지성으로 눈먼 아버지를 부지런히 봉양하였다. 부모의 은혜에 보답하려는 뜻이 간절하여 반 발걸음을 내디딜 때에도 잊지 않았고, 다만 밤에 잠자리에 들고 새벽에 일어날 때 좌우에서 부축하여 모셨을 뿐만 아니라, 마련한 옷이나 맛있는 음식이 뜻에 맞지 않는 것이 없었다. 드디어 온 경내 사람들이 모두 大孝라 칭송했으며, 그 소문이 멀리 중국 땅까지 알려졌다.

"化士再拜起曰 吾受勸軸之日 夢有金人吾曰 明朝 出路口必逢盲人 卽爲汝之大檀越也 是以懇請 盲人籌思移時而曰 家無斗儲 野乏 尺壤 雖欲奚爲 止有一女以此之 卽賣而以爲法經營之資 是時女年二八 化士欣然告別 非但女父痛悼不已 山川變色日月無光 禽獸亦哀號道路觀聽 無不痛 楚于裏焉."

화주승이 두 번 절을 하고 일어나 말하기를, "내가 勸軸을 받던 날 밤, 꿈에 부처님께서 나에게 말하기를, "내일 아침 길 어귀를 나서면 반드시 장님을 만날 것이다. 그 사람이 바로 너의 큰 시주가 될 것이다"라고 했으므로 이렇게 간청하는 것입니다"라고 했다. 장님은 이 말을 듣고 한참 동안 생각에 잠겨 있다가 말하기를, "집에는 몇 말쯤 저장해둔 곡식도 없고 들에는 땅도 한 치 없으니, 비록 시주를 하고자 하나 어떻게 할 방법이 없습니다. 다만 어린 딸 하나가 있으니, 이를 드리겠습니다. 바로 팔아서 법당을 경영하는 밑천으로 삼으십시오"라고 했다. 이때 딸의 나이는 열여섯이었다. 이리하여 화주승은 기뻐하며 고별했지만, 어린 딸과 아버지는 매우 슬퍼 어쩔 줄을 몰랐다. 그러자 山川도 형색을 바꾸었고, 일월도 광채를 잃었으며, 새나 짐승들도 슬피 울어대고 길에서 보고들은 사람들도 진심으로 애통해하지 않는 사람이 없었다.

(『玉果縣聖德山觀音寺事蹟』)

이 설화의 장님 원량과 딸 홍장의 이야기는 심청 설화와 매우 흡사하다. 관음사는 곡성군 심청마을에서 10km 떨어진 곳에 위치해 있다. 심청마을 앞에 흐르는 내 중 '도화천'에는 심청이 목욕했다는 '욕녀탕'이 있다. 1,700년 전 곡성이 마한일 당시부터 대규모 철 산지였으며, 섬진강은 철을 실어 나가는 길이었다. "공양미 삼백 석에 중국-남경 상인에게 팔려 옥과를 떠난 심청은 섬진강을 따라 승주 낙안포에 이른 다음 남해의 금일도에서 대형 상선으로 갈아탄 후 부안의 소래포(현재의 내소사 앞 포구)를 거쳐 서해로 나가 위도 부근의 임수도에 몸을 던진 것으로 추정한다." 변산반도의 '임수도'는 인당수로 추정되는 장소 중 하나로 간조 시에 매우 위험한 지역으로 알려져 있다. 이후 송복 등에 의해 "곡성 처녀 원홍장은 중국 주산군도 심가문진에서 국제교역을 하던 심국공에게 팔려가 심가문진에서 생활하다가 심국공이 죽게 되자 관음의 성지인 보타락가산 수정궁에 들어가 생애를 마친 것"으로 정리되었다. 실제 중국 주산군도 보타도에 '심씨마을', '심씨항구' 등이 존재하며, 현지인들은 이곳의 뱃길을 '심수로'로, 주변 해역을 '연화바다'로 부르고 있다(이윤선, 2007).

이와 같은 이야기들은 심청 이야기가 어느 지역에 바탕을 두고 있는가 하는 연고 논쟁으로 이어진다. 심청 연고 논쟁의 당사자인 인천광역시 옹진군에서는 심학규가 백령도 사람이고 그 후손들이 대청도 가을리에 살고 있다고 하면서 인당수 등 『심청전』에 등장하는 여러 배경이 황해도 황주와 옹진군 백령도 일대로 밝혀지고 있다고 주장한다. 즉 교역선사들이 드나들던 곳은 몽금포와 백령도, 심청의 고향은 백령도 중화동 연화3리, 공양미 300석을 바친 곳은 중화동 뒷산 절당산에 있는 몽운사(150여 년 전 폐사), 심청을 태운 배가 떠난 곳은 장촌마을, 심청이 투신한 곳은 인당수, 심청이 용궁에서 연꽃을 타고 인간세상으로 나왔다는 연봉바위, 연꽃이 마침내 다다른 곳이 연화리라는 것이다(이윤선, 2007). 이를 근거로 인천광역시 옹진군은 심청 이야기에 나오는 서해 인당수에 천착하여 옹진군이 심청의 고향이라고 주장한다. 옹진군은 『심청전』의 지리적 무대가 백령도라며 1999년 심청각을 건립하기도 했다.

이외에도 원홍장의 연기 설화와 내용을 근거로 경기도 화성군 서신면 홍법리 홍법사를 연고로 내세우는 주장도 있고, 충청도 대흥현을 심청의 연고라고 내세우기도 한다. 실제 존재하는 지명인 옥과가 위치한 전라남도 곡성에서는 이를 바탕으로 심청축제를 개최하고 있다.

(2) 곡성군 심청축제

지난 2016년 9월 30일부터 10월 3일까지 전남 곡성군에서는 "효(孝)와 함께 열어가는 행복한 세상"이라는 주제로 '제16회 곡성 심청축제'가 열렸다. 행사는 주로 전라선 곡성역에서 도보로 15분 거리에 위치한 곡성 섬진강 기차마을에서 개최되었다. 곡성 섬진강 기차마을은 과거에 전라선 중심역사로서 기능했지만, 전라선 직선화로 폐선이 된 구곡성역을 리모델링한 것이다. 현재는 심청 동상이 세워진 장미공원, 놀이시설, 레일바이크 등을 운영하며 관광특구로 지정되는 등 곡성군 관광의 새로운 중심지 역할을 하고 있다.

원래 곡성군은 관내에 '심청 효 테마파크'를 조성하여 효와 가족을 중심으로 한 관광지를 개발할 예정이었다. 하지만 이를 추진했던 민선 5기가 막을 내리고 민선 6기가 새롭게 들어서면서 이러한 사업이 지역 경제에 미치는 효과가 적고 그 형태 역시 '효'라는 테마와 적합하지 않다고 판단되어 이 사업은 전면 재검토되었다. 또한, 곡성군은 전라북도 남원시와 '관광 활성화'를 위한 업무협약을 체결하고 곡성군의 기차마을과 남원시의 광한루원, 춘향테마파크 입장권을 입장권 소지자에 한해 상호 20%를 할인해주는 등 심청과 춘향을 연계한 관광 콘텐츠를 개발하고 있다.

심청 축제의 주요 콘텐츠를 살펴보면 다음과 같다. 먼저, 축제 개막일인 30일에 총 250여 명이 움직이는 대행렬, '심청 황후마마와 과거급제자 행렬'을 선보였다. 각 행렬은 농악팀을 필두로 어가에 탑승한 화려한 의상을 갖춘 황제와 황후, 기수, 곡성군 주민극단으로 구성되었다. 옥과중학교 취타대가 선두에서 축제의 흥을 돋우고 나면 장원급제자가 탑승한 어가가 뒤따르고 150여 명의 학생들이 '과거급제자 행렬'의 마무리를 이뤘다. '과거급제자 행렬'은 군청에서 출발해 행사장까지 가는 동안 군청, 읍사무소, 경찰서에서 각각 군수, 교육장, 경찰서장에게 상소문을 올리는 퍼포먼스를 진행해 관람객이 축제의 분위기를 한껏 느낄 수 있었다. 10분간 시차를 두고 각기 다른 장소에서 출발하는 '과거급제자 행렬'과 '심청 황후마마 행렬'은 곡성경찰서 앞에서 하나로 합쳐져 섬진강 기차마을까지 시가행렬이

[그림 2-5]
심청축제 — 심청 황후마마 시가행렬
(출처: 「아시아투데이」, 2016년 9월 28일 자)

계속되었다.

곡성심청축제는 곡성심청축제추진위원회를 중심으로 개최되고 있다. 이외에도 곡성의 심청 이야기는 2015년부터 곡성군과 곡성문화원이 공동 추진 중인 '곡성&심청 스토리 공감 행복누리 사업'을 통해 더욱 빛을 발하고 있다. 이 사업은 "심청의 고장인 곡성 주민이라면 누구나 심청가의 한 소절은 부를 수 있게 하자"는 취지의 '곡성군민 심청가 배우기' 프로그램과 '곡성 할머니 인형극단', '곡성 주민극단' 등의 창단을 포함하고 있다. 그뿐만 아니라 심청과 관련된 출판서적 1천여 권, 음반 100여 점 등 심청 관련 자료 7천 점 이상을 확보한 심청 자료관 개관을 추진 중에 있다(「연합뉴스」, 2016년 12월 15일 자).

3) 홍길동 이야기

(1) 홍길동 이야기의 배경

홍길동은 한국인을 대표하는 민중영웅이다. 역사상의 실존인물이자 허구적 소설의 주인공이다. 역사에서는 반역자, 강도로 기록되어 있으나, 소설에서는 봉건제도에 맞서 만민평등의 이념으로 활빈당을 이끌고 이상국인 율도국을 건설한 인물이다.

> 화셜 됴션국 셰종됴 시졀이 흔 지상이 이시니, 셩은 홍이오, 명은 뫼라. 딕딕 명문거족으로 쇼년등과흐여 벼슬이 니죠판셔의 니르미, 물망이 됴야의 읏듬이오, 충

효겸비ᄒᆞ기로 일홈이 일국의 진동ᄒᆞ더라. 일즉 두 아들을 두어시니, 일ᄌᆞᄂᆞᆫ 일홈이 인형이니 뎡실 뉴시 쇼ᄉᆡᆼ이오, 일ᄌᆞᄂᆞᆫ 일홈이 길동이니 시비 츈셤의 쇼ᄉᆡᆼ이라.

(중략)

나ᄂᆞᆫ 엇지ᄒᆞ여 일신이 젹막ᄒᆞ고, 부형이 이시되 호부호형을 못ᄒᆞ니 심쟝이 터질지라, 엇지 통한치 아니리오!

쇼인이 평ᄉᆡᆼ 셜운 바ᄂᆞᆫ, 대감 경긔로 당당ᄒᆞ은 남ᄌᆡ 되어ᄉᆞ오ᄆᆡ, 부ᄉᆡᆼ모휵지은이 깁 습거놀, 그 부친을 부친이라 못ᄒᆞ옵고, 그 형을 형이라 못ᄒᆞ오니, 엇지 사ᄅᆞᆷ이라 ᄒᆞ오리잇가 (중략) ᄃᆡ쟝뷔 세상의 나ᄆᆡ, 공ᄆᆡᆼ을 본밧지 못ᄒᆞ면, 찰아리 병법을 외와 대쟝닌을 요하의 빗기ᄎᆞ고 동정셔벌ᄒᆞ여, 국가의 ᄃᆡ공을 셰우고 일홈을 만 ᄃᆡ의빗ᄂᆡ미 쟝부의 쾌ᄉᆡ라.

(김일렬 역주, 『홍길동전 · 전우치전 · 서화담전』)

1969년 숙명여대 이능우 교수는 『조선왕조실록』, 『광해군일기』와 『중종실록』, 『선조실록』 등의 기록을 인용하여 홍길동이 실존 인물임을 학계에 보고했다. 1981년 동국대학교 김기동 교수는 조선의 야사인 문헌설화 20종을 집대성한 『한국문헌설화전집』을 영인본으로 발간하면서 『계서야담(溪西野談)』, 『동야휘집(東野彙集)』, 『청구야담(靑邱野談)』, 『해동이적(海東異蹟)』 등에서 『홍길동전』의 줄거리를 이루는 행적과 활동이 구체적으로 기록되어 있음을 찾아냈다. 이 연구에 따르면 연산군 때 강도로 위세를 떨친 홍길동이 선조 때에는 의적으로 변하고, 허균이 『홍

[그림 2-1] 『홍길동전』 책표지
(출처: 웅진주니어출판사)

길동전』을 지은 선조 말년에는 홍길동의 신분이 왕으로까지 상승하는 인물로 변화한다(「경향신문」, 1981년 6월 26일 자). 이후 『홍길동전』은 책, 만화 등으로 대중에게 알려지며 한국의 대표적인 옛 이야기로 자리매김한다.

1990년대 후반 지자체의 지역문화 콘텐츠 개발이 붐을 이루면서 강원도 강릉시와 전라남도 장성군이 홍길동 콘텐츠로 맞붙게 되었다. 강릉시는 소설 『홍길동전』의 저자인 허균 선양사업을 벌이면서 소설의 주인공인 홍길동에 대한 연고권을 주장했다. 이는 1983년 8월 양천 허씨 문중의 도움을 받아 허균의 출생지인 강릉시 사천면 사천진리 애일당(愛日堂) 터에 시비를 세우면서부터 시작되었다. 강릉시는 1997년 7월, 홍길동 마스코트와 심벌마크 등 캐릭터를 개발하여 강릉공항과 관광안내소, 오죽헌을 비롯한 관광지 판매점과 강릉시의 각종 이벤트 행사에 이를 활용했다. 또한 "홍길동전 속 역사를 찾아서" 등의 주제로 인문학 프로그램을 운영하는 등 강릉시가 홍길동의 본산임을 알리기 위해 노력했다.

전라남도 장성군은 1996년 연세대 국학연구원에 용역연구를 의뢰하여 장성군이 홍길동의 본거지라는 점을 고증하고 2000년부터 홍길동 생가(터), 홍길동 전시관, 체험행사장 등 홍길동 테마파크를 조성했다.

강릉시와 장성군의 홍길동 논쟁은 장성군이 강릉시의 상표권에 대해 제기한 상표등록취소심판에서 승리하면서 마무리되었다.

(전략)

홍길동 브랜드화에는 강릉시와 전남 장성군이 1990년대 후반부터 나란히 나섰다. 강릉은 작가인 교산 허균의 고향을 앞세웠고, 장성은 실존 인물 홍길동의 고향을 강조했다. 소설 속의 홍길동은 구습 타파와 개혁, 권선징악의 상징적 인물이기에 매력적인 소재다. 이를 통한 지역 정체성 확보와 문화상품 개발을 놓고 두 자치단체가 경쟁하게 됐다. 급기야 장성군이 지난해 10월 강릉시 등을 상대로 상표등록취소심판을 법원에 청구했다. 1997년부터 홍길동 브랜드 사업을 추진한 장성군은 정통성 확보 등 기본부터 착실하게 정립했다. 대학 연구기관 등의 고증을 받아 홍길동의 지역 연고를 역사적 사실로 조명해냈다. 이어 1998년 73종의 캐릭터를 개발, 특허청에 107종의 의장 및 상표등록을 마쳤다. 미국, 중국, 일본 등에 국제특허도 출원했다. 아울러 테마파크 조성과 홍길동 문화콘텐츠 사업을 기획, 신활력사업에 두 차례 선정돼 정부로부터 모두 130억 원을 지원받는다. 영국 노팅엄의 '로빈훗'을 능가하는 브랜드로 키운다는 계획이다.

(「강원일보」, 2009년 9월 8일 자)

판결을 통해 강릉시는 2009년 9월에 개관하기로 했던 '강릉 홍길동 박물관'을 '강릉 홍길동전 박물관'으로 변경하는 등 사업계획에 큰 차질을 빚게 되었다. 이를 통해 강릉시는 소설 속 인물 '홍길동'이 아닌 『홍길동전』의 저자 허균 사업으로 방향을 전환했으며, 현재도 '허균문화제' 내에서 '홍길동 가장행렬', '홍길동 체험' 등이 이뤄지고 있다[(사) 교산, 난설헌 선양회 홈페이지].

(2) 장성의 홍길동 테마파크

전라남도 장성군은 1996년 연세대 용역 연구를 통해 홍길동의 고향이 장성군 황룡면 아곡리라는 사실이 밝혀진 직후 1999년부터 매년 5월 홍길동축제를 개최하고 있다. 연세대학교 설성경 교수는 허균의 『홍길동전』이 실존 인물인 홍길동의 전기를 기록한 논픽션이며, "홍길동이 장성의 아차곡(아치실)에 살았으며, 첩의 자식이라 과거를 볼 수 없어 집을 떠나 의적활동을 하다 해외로 탈출했다"라고 주장했다. 이러한 주장은 연세대학교 국학연구원과 장성군, 전남매일신문, 오키나와

[그림 2-7] 장성군 홍길동 테마파크
(출처: 장성군 공식블로그)

관광국, 석원도 문화원 등이 합세한 홍길동 연구팀의 홍길동 생애 전반에 걸쳐 3년간의 학술연구 끝에 사실로 밝혀졌다.

장성군은 홍길동 생가터인 장성군 황룡면에 5,700여 평의 부지를 매입하고, 고증을 거쳐 생가를 복원했다. 또한, 홍길동 관련 유물과 자료가 전시된 홍길동 전시관, 산채 체험장, 야외 공연장 등이 포함된 홍길동 테마파크를 조성했다. 특히, 홍길동 전시관에는 홍길동 자료 관련 영화관, 홍길동 자료 관련 국내외 학술자료, 체험코너, 발굴지 출토유물, 생가 모형, 캐릭터 모형 등을 전시하여 홍길동의 실존성을 부각시키고 있다.

장성군은 2005년부터 2007년까지 홍길동 문화 콘텐츠 기반 구축을 위한 개발 제1기로 삼고 캐릭터 개발, 출판만화, TV · 극장판 3D애니메이션, 아카이브 구축 등의 사업을 벌였다. 2008년부터 '홍길동 문화콘텐츠사업'이 행정자치부의 2단계 신활력사업으로 선정되어 3년간 72억 원의 사업비를 받아 홍길동 관광 스토리텔링 개발, 어린이 뮤지컬, 마당극 등이 개발되었다(「장성군민신문」, 2007년 7월 22일 자).

2016년 5월 6일부터 8일까지 홍길동 테마파크와 황룡강 일대에서 개최된 제17회 홍길동축제는 어린이를 주요 타깃층으로 삼고 있다. 축제를 통해 홍길동과 함께 어린이들이 꿈과 희망을 키울 수 있도록 다양한 프로그램이 개발되었다. 어린이들은 병영 체험, 홍길동 4D 영상체험, 율도국 물놀이동산, 홍길동 산채 미션 체험, 전통낚시 체험, 활쏘기 체험, 숲속체험교실, 도자기 만들기, 조정 체험, 대나무 활 만들기 체험 등을 통해 홍길동의 삶을 체험할 수 있다. 또한, 홍길동 인물 재현과 전국 홍길동 댄스경연대회 등 축제의 정체성을 알리는 행사와 함께 홍길동 포크 페스티벌, 군민 화합 노래자랑, 퓨전 국악 콘서트 등 다채로운 공연이 펼쳐졌다.

4) 허황옥 이야기

(1) 허황옥 이야기의 배경

서기 1세기 때 한반도 동남쪽 김해 지방에서 일어난 가락국은 신라에 합병될 때까지 500년간 존재한 나라였다. 나라 이름도 가락국(駕洛國), 가라국(可羅國), 가야국(加耶國)으로 바뀌면서 철의 생산, 국제무역 등으로 상당한 부를 축적한 세력이었다. 지금도 김해시에는 수로왕릉과 구지봉 자락에 수로왕비릉이 남아 있다. 더구나 수로왕이 한국 최대의 성씨 집단인 김해 김씨의 조상으로 숭앙되고 있어서 그들에게 수로왕릉은 성지로 되어 있다.

『삼국유사』「가락국기」에 따르면 "허황옥은 서기 33년에 인도에서 태어나 열여섯 나이에 가락국의 수로왕에게 시집오기 위해 머나먼 항해길에 오른다. 20여 명의 공주 일행을 태운 배는 붉은 돛에 붉은 깃발을 펄럭이고 있었으며, 배 안에는 인도에서만 난다는 파사석(婆娑石)이 실려 있었다"고 전한다. 다음은 『삼국유사』에 기술된 허황옥에 대한 내용이다.

建武 24년(서기 48) 戊申 7월 27일 九干 등이 왕을 朝謁할 때 말씀을 올렸다.

"대왕께서 강림하신 후로 좋은 배필을 아직 얻지 못하셨습니다. 신들이 기른 처녀 중에서 가장 좋은 사람을 궁중에 뽑아 들여 왕비를 삼으시기 바랍니다."

왕이 말하였다.

"내가 이곳에 내려옴은 하늘이 명한 바이다. 짐에게 짝을 지어 왕비를 삼게 함도 또한 하늘이 명할 것이니 경들은 염려하지 말라."

(중략)

드디어 留天干에게 명하여 가벼운 배와 준마를 챙겨서 望山島에 가서 대기하도록 하고, 神鬼干에게 명하여 乘岾으로 가게 하였다(망산도는 서울 남쪽의 섬이고 승점은 輦下의 나라다). 갑자기 바다의 서남쪽 귀퉁이로부터 어떤 배가 붉은 빛의 돛을 달고 붉은 기를 내걸고 북쪽으로 향하여 왔다. 유천등은 먼저 섬 위에 불을 피우고 곧 물을 건너 뭍으로 내려와서 앞 다투어 달려왔다. 신귀가 이를 보고 대궐로 달려와 아뢰니 왕이 기뻐하였다. 곧 9간 등을 보내어 목련의 키를 바로잡고 계수나무 노를 들어 그들을 맞이하여 대궐로 들어가려 하는데 왕후가 말하였다.

"나는 너희들과 본디 전혀 모르는 사이인데 어찌 경솔히 따라가겠는가?" 유천등이 돌아와 왕후의 말을 전하니 왕이 그렇겠다고 여겨 有司를 거느리고 행차하여 대궐에서 서남쪽으로 60보쯤 되는 곳의 산자락에 장막의 궁전을 짓고 공경하게 문후하였다.

(중략)

왕후는 산 밖의 別浦 나루터에 배를 매고 뭍으로 올라왔다. 높은 언덕에서 쉬면서 입고 있던 비단바지를 벗어 폐백으로 삼아 산신령에게 바쳤다. 그 외에 시종해

온 媵臣 두 사람은 이름이 申輔와 趙匡이었고, 그들의 아내 두 사람은 慕貞과 慕良이었으며 노비들이 모두 합하여 20여 명이었다. 가지고 있던 錦繡綾羅와 衣裳疋段, 金銀珠玉, 瓊玖와 服玩器 등은 이루 다 기록할 수 없을 정도였다. 왕후가 점차 行宮으로 다가가니 왕이 나와서 맞이하여 함께 장막으로 들어갔다. 잉신 이하의 여러 사람들은 계단 아래로 나아가 뵙고 곧 물러갔다.

(『三國遺事』 卷2 紀異 2 駕洛國記條)

김수로왕과 혼인한 허황옥(許黃玉: 33~189년)은 허왕후 또는 보주태후라고 한다. 그녀는 원래 인도 아유타국의 공주로, 48년에 오빠 장유화상 및 수행원들과 배를 타고 가야에 와서 왕후가 되었다(김병모, 2011).

(2) 가야문화축제

가야문화축제는 가야문화의 우수성을 널리 알리고 문화유산의 얼을 되새기기 위해 1962년 경상남도 김해군에서 처음으로 개최한 이래 현재까지 유지해오고 있다. 중간에 시 · 군 행정구역통합과 분리로 몇 번 단절되기도 했으나 현재는 김

[그림 2-8]
가야문화제의 춘향대제
(출처: 문화재청 국가문화유산 포털)

해시 산하 축제제전위원회 주관으로 개최되고 있다. 축제는 김수로왕의 기일(忌日)인 음력 3월 15일에 맞춰 개최한다. 이때는 수로왕 춘향대제일이기도 하다.

김해 가야테마파크, 가야의 거리, 수릉원, 대성동 고분군 등 김해시 일원에서 열리는 가야문화축제는 40년 동안 계속돼온 가야문화축제의 전통성을 지역 예술인들과 문화관계자는 물론 중국, 일본, 인도 등 아시아 예술단체들이 참여해서 아시아 문화의 교차로였던 금관가야의 위상과 품격을 높여주는 축제로 승화시켰다. '춘향대제' 이외에도 '고유제, 혼불채화', '허왕후 신행길', '가야사국제학술회의', '수로왕 탄강/결혼설화 벽화', '가야유물 체험', '김수로왕/허왕후 뱃길 체험', '수로왕 행차 퍼포먼스', '전국백일장' 등으로 구성되어 있다. 이 중 주목할 만한 프로그램은 다음과 같다.

① 고유제, 혼불채화

가야문화축제의 문을 여는 행사인 가락국의 시조 김수로왕과 선조의 혼을 기리는 '고유제, 혼불채화'는 가야문화축제의 고유 콘텐츠다. 김수로왕의 탄강지인 구지봉에서 조상에게 축제의 시작을 고하고, 시민의 평안을 기원하는 고유제를 지낸다. 구지봉에서 태양열을 이용하여 선조의 혼이 담긴 혼불을 채화한 뒤 모든 참

[그림 2-9] 가야문화제의 고유제, 혼불채화
(출처: 가야문화축제 공식 홈페이지)

가자가 함께하는 혼불맞이 대동제가 열린다. 허황옥의 오빠 장유화상의 공덕을 기리는 장유화상 추모제도 함께 열린다.

② 뮤지컬「미라클러브」

뮤지컬「미라클러브」는 김수로와 허황옥의 사랑 이야기를 그리고 있다. 줄거리는 다음과 같다. 동굴 유적지에서 연구를 하던 고고학자가 갑자기 과거로 휩쓸려가면서 김수로의 탄생신화를 만난다. 꿈속의 운명을 만나기 위해 아유타국에서 바다를 건너온 허황옥과 전쟁의 화신인 사탈의 침략으로부터 가야를 지킨 철의 왕 김수로의 이야기다. 뮤지컬은 45분으로 구성되었으며, 가야문화축제 이후에도 김해 가야테마파크 수로공연장에서 상설 공연되었다.

[그림 2-10]
가야문화축제의「미라클러브」
(출처: 가야문화축제 공식 홈페이지)

③ 허황옥 실버문화축제

가야문화축제의 연례행사로 김해여성복지회관이 주최한 허황옥 실버문화축

[그림 2-11] 허황옥 실버문화축제
(출처: http://blog.naver.com/sesy2009/220690965393)

제가 개최되었다. 2016년 4월에 열린 제5회 허황옥 실버문화축제는 10년의 기다림 끝에 다시 부활한 것으로, 그간의 주제는 다음과 같다. 2003년 제1회 "할머니는 아름답다", 2004년 제2회 "할머니 당신은 여신입니다", 2005년 제3회 "할머니의 힘", 2006년 제4회 "카리스마 할머니"라는 주제로 봉황대 유적지와 대성동 고분군 일원에서 허황옥 실버문화축제가 열렸다. 그러나 김해시의회의 예산 삭감 탓에 축제는 2007년부터 중단되었으며, 다시 부활한 제5회 축제의 주제는 "새로운 출발"(부제: 3대 공감)이다.

제5회 허황옥 실버문화축제가 열린 연지공원에는 전시 · 체험 부스가 설치되었다. 축제에서는 할머니들이 손수 지은 글과 그림 50여 점, 가야여성문화회의 시화 50여 점과 김해시 민간어린이집 130여 곳의 원아 그림 2천여 점이 전시되었다. 체험 부스에서는 노년층과 더불어 어린이들이 함께 참여할 수 있는 팔씨름대회 및 퀴즈대회, 링 던지기, 공예 체험 등이 준비되었다(「김해뉴스」, 2016년 4월 12일 자).

(3) 허왕후 신행길 축제

김수로왕과 허황옥 공주의 혼례식을 재현하는 '허왕후 신행길 축제'가 2016년 11월 5~6일, 경남 김해시 대성동 고분군 일대와 부산시 북구 화명생태공원에서 동시에 열렸다. 부산시와 김해시, TPO(아시아태평양도시관광진흥기구)가 공동주최한 이 행사는 김수로왕이 서기 46년 인도 아유타국에서 배를 타고 김해에 도착한 16세의 허황옥과 혼인한 '특별한 사랑' 이야기를 행사로 재연한 것으로 인도 정부 인사, 왕족 등이 참여했다. 이 축제는 김해시와 부산시의 관광자원화 사업의 하나로, 두 지자체가 함께 개최하는 특별한 행사다.

공주 허황옥이 배를 타고 한반도로 건너와 창원시 진해구 용원동 망산도에 내려 망산도에서 첫날밤을 보낸 흥국사를 거쳐 가락국의 수도 김해로 이어지는 길을 '허왕후 신행길'이라 부른다.

재현 퍼레이드는 허왕후를 태운 배가 망산도에 도착하는 장면을 연출하는 퍼포먼스에 이어 허왕후를 맞은 수로왕이 함께 가야를 상징하는 깃발을 앞세우고 행렬을 펼친다. 이 행사는 부산시와 김해시에서 함께 개최되어 부산시민과 경남 김해시민이 어우러지는 '상생의 축제'로 이어진다.

이 축제에는 인도 아유타국이 소재했다는 유피주의 하리 옴(Hari Om) 문화부 차관을 비롯한 사절단도 참가함으로써 한국과 인도 간 국제문화교류의 장으로도 승화되었다. 주요 프로그램은 부산과 김해, 인도·가야를 소개하는 '주제관'과 베다 수학, 아로마 테라피, 요가 체험 등 가야와 인도의 문물을 다

[그림 2-12] 허왕후 신행길 축제
(출처: 「포커스뉴스」, 2016년 11월 3일 자)

양하게 체험할 수 있는 '체험존', 휴식을 통한 깨달음의 공간 '힐링존'이 운영되었다. 특히 행사장에서는 허왕후가 시집온 7월 17일을 의미하는 인도 카레를 포함한 7가지 주재료와 17가지 부재료를 활용한 '가야궁 비빔밥 퍼포먼스' 등을 시행하기도 했다(「포커스뉴스」, 2016년 11월 3일 자).

5) 처용 이야기

(1) 처용 이야기의 배경

고대 시가 중 현재까지 가장 많은 연구 논문이 생산된 것은 '처용' 이야기다. 처용 이야기는 용의 아들인 처용이 인간 세상에 들어와 호사를 누리며 살다가 아내의 부정을 목격하는 극단적 상황을 겪고 벽사진경의 문신이 되는 이야기다. 신라시대부터 민간에서는 액을 물리치고 경사를 맞아들이기 위해 대문에 처용의 모습을 그려 붙였다. 그뿐만 아니라 민간에서는 처용놀이가 있었고, 궁중에서는 조선시대 후기까지도 처용무가 추어졌다.

第四十九, 憲康大王之代, 自京師至於海內. 比屋連墻, 無一草屋. 笙歌不絶道路. 風雨調於四時. 於是大王遊開云浦. 王將還駕.畫蝎穴於汀邊. 忽雲霧冥日壹. 迷失道路. 怪問左右. 日官奏云.此東海龍所變也. 宜行勝事以解之. 於是東力有司, 爲龍創佛寺近境. 施令已出.雲開霧散. 因名開雲浦. 東海龍喜. 乃率七子現於駕前. 讚德獻舞奏樂. 基一子隨駕入京. 輔佐王政. 名曰處容. 王以美女妻之. 欲留其意. 又賜級干職. 其妻甚美. 疫神欽慕之. 變爲人. 夜至基家. 竊與之宿. 處容自外至其家. 見寢有二人. 乃唱歌作舞而退. 歌曰. 「東京明期月良夜入伊游行如可入良沙寢矣見昆脚烏伊四是良羅二肹隱吾下於叱古二肹隱誰支下焉古本矣吾下是如馬於隱奪叱良乙何如爲理古」. 時神現形. 跪於前曰. 吾羨公之妻. 今犯之矣. 公不見怒. 感而美之. 誓今已後. 見畵公之形容. 不入其門矣. 因此, 國人門巾占處容之形. 以僻邪進慶.

신라 제49대 헌강왕 때는 서울로부터 지방에 이르기까지 집과 담이 연이어져 있었으며, 초가는 하나도 없었다. 풍악과 노랫소리가 길거리에 끊이지 않았으며, 바람과 비는 철마다 순조로웠다. 헌강왕이 개운포 학성의 서남에 있으니 지금의 울주에 나가 놀다가 바야흐로 돌아가려 했다. 낮에 물가에서 쉬는데, 갑자기 구름과 안개가 자욱해져 길을 잃게 되었다. 왕은 괴이히 여겨 측근에게 물으니 일관이 아뢰었다. "이것은 동해 용의 조화이오니 마땅히 좋은 일을 해주어서 이를 풀어야 될 것입니다." 이에 사무를 맡은 관원에게 명령하여 용을 위해 그 근처에 절을 세우도록 했다. 왕의 명령이 내려지자 구름과 안개가 걷혔으므로 이 일로 말미암아 지명을 개운포라 한다. 동해 용이 기뻐하여 이에 아들 일곱을 거느리고 임금 앞에 나타나서 왕의 덕을 찬양하여 춤을 추며 음악을 연주했다. 그중 한 아들이 임금을 따라 서울에 들어가서 정사를 도왔는데, 이름은 처용이라 했다.

왕은 미녀를 처용에게 아내로 주어 그의 생각을 잡아두게 했으며, 또한 급간이라는 관직을 주었다. 그런데 그의 아내가 너무 아름다웠으므로 역신이 그녀를 흠모하여 사람으로 모습을 바꾸더니 밤에 그 집에 가서 몰래 그녀와 동침했다. 처용이 밖에서 집에 돌아와 잠자리에 두 사람이 누워 있는 것을 보자 이에 노래를 부르며 춤을 추면서 물러나왔다.

그때에 역신이 형체를 나타내어 처용의 앞에 꿇어앉았다. "제가 공의 아내를 사모하여 지금 그녀와 관계했는데, 공은 노여움을 나타내지 않으시니 감동하여 칭송

하는 바입니다. 맹세코 이후로는 공의 형용을 그린 것만 보아도 그 문에 들어가지 않겠습니다." 이 일로 말미암아 나라사람들이 처용의 형상을 문에 붙여서 사귀를 물리쳐 경사를 맞아들이게 되었다.

(『三國遺事』 紀異 第二篇 [處容郎 望海寺] 條)

문학, 음악, 춤, 연극 등이 한데 어우러진 '처용설화'는 한국의 예술사 속에서도 대표적으로 손꼽히는 종합예술의 완벽한 모델이다. 또한 '처용설화'는 고통과 분노의 순간에 춤추고 노래하는 '처용'이라는 인간상을 통해 예술만이 할 수 있는 긍정적인 힘을 보여준다.

(2) 처용문화제

처용설화의 발상지인 울산에서는 매년 가을 전통의 뿌리에 현대를 접목해 꽃피운 처용문화제가 열린다. 1967년 4월에 시작된 울산공업축제는 1991년부터 처용문화제로 명칭이 변경되었다. 처용문화제는 공업도시로 급성장하며 향토문화 등에서는 소외되었던 울산지역의 문화를 만들고 발전시키기 위해 울산공업축제에 환경과 문화예술적 의미가 강화하여 시작되었다(「동아일보」, 1991년 6월 18일 자). 1985년에는 처용암이 있는 울산시 황성동 세죽마을에 처용가비(處容歌碑)가 세워졌으며, 울산문화원이 주최하여 해마다 처용제(處容祭)가 거행되어왔다.

처용문화제는 전통적으로 처용설화의 발상지인 울산시 남구 황성동의 처용암에서 전통 처용제의와 처용무, 기원무 시연으로 시작된다. 처용맞이는 울산시민의 화합과 안녕 및 처용문화제의 번영을 기원하는 제의의 일종이다(처용문화제 공식 홈페이지, 2016년 8월 검색). 제50회 처용문화제의 개막 공연은 전통 궁중무용인 오방처용무를 현대적으로 재해석한 '처용 지천명(知天命)'으로 열었다. 처용 지천명은 처용문화제가 하늘의 뜻과 세상의 이치를 깨닫는 지천명의 나이를 맞이한 것을 기념한 것으로, 50명의 무용수가 유네스코 인류무형문화유산으로 지정된 처용무를 선보이고 독일그룹 홉스탑 반다(HopStop Banda)가 콘서트를 열었다(「국제뉴스」, 2016년 9월 29일 자). 그 내용은 처용설화의 발상지인 울산 개운포에서 처용이 용왕과 함께 등장하는 신화적인 장면의 의미를 재조명하면서 처용이 가진 '화합'의 의미를 되살려 각계각층의 울산시민이 모두 처용이 되어 다함께 축제 속에서 희망의 춤을 춘다는 것으로 구성되었다.

[그림 2-13] 처용문화제 처용탈
(출처: 「연합뉴스」, 2016년 9월 29일 자)

제50회 처용문화제에서는 처용설화, 울산의 처용 관련 장소, 처용무와 처용가, 처용 복식, 처용문화제 기사, 처용 캐릭터 등을 전시한 '처용문화제 50주년 자료관'을 개관했다. 또한, 처용문화제 50년을 종합 기념하는 기념책자를 발간하고, 미래 축제의 비전과 방향을 제시하는 '처용학술제'를 개최했다. 또한, "똘레랑스, 처용의 관용이 전 세계의 관용과 만나다"라는 주제로 처용월드뮤직페스티벌이 열렸다. 관용은 '처용'의 정신인 동시에 '월드뮤직'을 유지하고 지속되게 만드는 원동력이라는 메시지를 월드뮤직의 형태와 상징성을 통해 표현했다.

특히, 2016년 처용문화제에서 처음 선보인 아마추어 아티스트를 소개하는 프로그램인 '전국 버스킹 대회', 처용을 상호명으로 가진 업체나 단체를 소개하는 이벤트 전시인 '처용을 찾아라', 울산예술교육지원센터와 함께 처용을 콘텐츠로 진행한 예술교육 결과를 발표하는 '예술교육파티', 화려한 조명과 음악이 함께하는 일탈의 공간 '막춤아트페어', 자신이 직접 만든 가면을 쓰고 일탈의 즐거움을 느껴볼 수 있는 '처용 복면탈(脫)왕' 프로그램이 주목을 끌었다. 기존의 '처용 콘텐츠 프로그램'은 처용을 콘텐츠로 해서 이를 재해석하거나 보존하는 의미로서의 공연 예술을 선보이는 성격이 강했지만, 신규 프로그램들은 '일탈의 즐거움'이라는 축제 본연의 의미에 집중했다(「경상일보」, 2016년 9월 28일 자).

6) 도미부인 이야기

(1) 도미부인 이야기의 배경

도미부인 이야기는 백제 개루왕 시절, 도미의 처가 포악한 왕의 탄압에 굴복하지 않고 부부의 신의와 절개를 지킨다는 설화다. 이 설화는 정절과 순결에 대한 일방적인 관습을 뿌리치는 저항의 모티프를 가지고 있다. 도미부인 설화는 『삼국사기』에 다음과 같이 기술되어 있다.

> 都彌 百濟人也 雖編戶小民 而頗知義理 其妻美麗 亦有節行 爲時人所稱 蓋婁王聞之召都彌與語曰 凡婦人之德 雖以貞潔爲先 若在幽昏無人之處 誘之以巧言 則能不動心者 鮮矣乎 對曰 人之情 不可測也 而若臣之妻者 雖死無貳者也 王欲試之 留都彌以事 使一近臣 假王衣服馬從 夜抵其家 使人先報王來 謂其婦曰 我久聞爾好 與都彌博得之 來日入爾爲宮人 自此後 爾身吾所有也 遂將亂之 婦曰 國王無妄語 吾敢不順 請大王先人 [入]*室 吾更衣乃進 退而雜一婢子薦之 王後知見欺 大怒 誣都彌以罪 矐其兩眸子 使人牽出之 置小船 泛之河

上 遂引其婦 强欲淫之 婦曰 今良人已失 單獨一身 不能自持 爲王御 豈敢相違 今以月經 渾身汚穢 請俟他日 薰浴而後來 王信而許之 婦便逃至江口 不能渡 呼天慟哭 忽見孤舟 隨波而至 乘至泉城島 遇其夫未死 掘草根以喫 遂與同舟 至高句麗蒜山之下 麗人哀之 與以衣食 遂苟活 終於羈旅

(『三國史記』 卷48 列傳 8 都彌)

도미부인 이야기는 다음과 같다. 옛날 백제시대에 개루왕이 어느 날 목수 도미의 아내가 천하일색이라는 말을 들었다. 호색가인 왕은 욕심이 나서 도미의 아내를 뺏으려는 계책을 세웠다. 왕은 도미를 불러서 마구간을 짓게 하고, 그 기한을 짧게 정하여 왕명을 어기도록 했다. 그리하여 도미는 왕명을 어겼다는 죄를 받았고, 왕은 도미의 두 눈을 빼고 포구에서 조각배에 태워 흘려보내도록 했다. 그리고 그 아내를 불러 수청(守廳)을 들라 하니 그 아내가 태연히 웃으면서 말하기를 "신하 된 자로서 어찌 한 목수를 생각하여 왕명을 거역하겠나이까? 그러나 소첩이 지금 생리 중이므로 3~4일 기한을 주면 몸을 깨끗이 하고 대왕을 모시겠나이다"라고 했다. 왕이 기뻐하여 상을 후히 주고 집으로 돌려보내자 도미 아내는 즉시 뒷산에 올라가 물길을 자세히 살피고 슬피 통곡한 후에 집에 돌아왔다. 그리고 밤이 깊어지자 빈 배에 올라 몸을 싣고 썰물에 한없이 흘러내려 갔다. 얼마 후 어느 섬에 도착했다. 도미 아내가 배에서 내려 마을로 들어가 보니 장님거지 하나가 밥을 얻어먹는데, 자세히 보니 남편 도미였다. 이에 반가이 맞아 배를 타고 고구려로 망명했다(보령군청 홈페이지).

도미 부부 설화의 전승은 백제의 첫 도읍지였던 위례성 및 한성의 위치와 관련해 초기 백제의 근거지로 추정되는 지금의 서울 강동구 및 송파구와 경기도 하남시 일대의 한강 유역을 무대로 하는 것으로 여겨지고 있다. 『삼국사기』에 나오는 '천성도'라는 섬은 오늘날 어디인지 정확한 위치가 알려져 있지 않은데, 『신증

동국여지승람』 광주목 산천조에 보면 지금의 경기도 하남시 동부면 창우리 앞의 팔당나루를 도미의 눈을 빼서 던진 도미나루[渡迷津]라고 지목하는 것에 무게를 두고 있다. 『삼국사기』 지리지에 따르면, 도미 부부가 마지막에 달아난 산산은 신라의 삭주(朔州) 정천군(井泉郡) 산산현(蒜山縣)으로 고구려의 매시달현이었으며 현재의 함경남도 원산 지방으로 추정된다.

하지만 하남시의 주장과 달리 송파구 풍납동(風納洞)의 풍납토성을 백제의 위례성으로 추정하는 견해에서는 지리적인 거리로 미뤄볼 때 도미진(渡迷津) 설화는 설득력이 없다. 또한, 도미진과 두미진(斗迷津)은 같은 장소인데, 도미(都彌)와 음이 같을 뿐 상관성은 없다는 반박과 함께 강동구 암사동의 '두무개'라는 지명은 '도미'와 음상(音相)이 똑같아서 가장 설득력이 있다는 주장이 나오게 되었다. 강동구에서는 2004년 3월 20일, 천호1동의 천일공원에 도미부인의 동상을 세웠다가 동상의 무게 문제로 2009년 10월 천호2동 472-2번지의 녹지공원으로 이전했다.

도미부인 설화와 관련하여 다양한 지역문화 콘텐츠를 보유하고 있는 지자체는 하남시도, 서울시 송파구도 아닌 충청남도 보령시다. 충청남도 보령시는 현지에 전해지는 지명 전승을 근거로 하여 도미 부부 설화의 무대가 보령임을 주장하고 나서고 있다. 이에 대해 하남시는 2009년 10월 31일 하남문화원 주최 '제1회 도미설화 학술대회'에서 보령의 도미부인 설화를 위작으로 단정하면서 하남 지역이 근거지라고 주장하며 보령시의 주장을 반박하고 나섰다. 보령시 또한 "백제 문화가 재조명되면서 이를 문화 콘텐츠로 개발하려는 일부 지역의 시도가 있으나, 도미부인 설화는 이미 보령이 모든 주도권을 확보한 상태"이며, "보령 근거설을 부정하는 측 역시 역사적인 증거가 아니라 그 지역에서 유래되고 있는 지명 등을 근거로 추측하는 수준"이라고 지적했다. 실제로 하남문화원의 학술대회에서 제기됐던 하남시의 두미나루 유래설 역시 도미가 아니라 두물나루(한강 두 줄기가 합쳐지는 곳, 양수리)에서 유래된 것으로 보는 견해가 우세해 보령시 관계자의 주장을 뒷받침하고 있다.

이러한 주장과 상관없이 도미부인 설화는 TV 프로그램 「서프라이즈」, 뮤지컬 「아랑가」, 창작발레 「신(新) 도미부인—레드 모션」 등 대중으로부터 장르를 초월한 사랑을 받고 있다. 대중문화를 통해 널리 알려진 설화인 만큼 도미부인 콘텐츠를 둘러싼 지자체의 논쟁은 지속될 것으로 보인다.

(2) 보령의 도미부인 관련 콘텐츠

한국의 성주 도씨(星州都氏)는 도미를 그들 가문의 도시조(都始祖)로 모시고 있다. 경상남도 창원시 진해구 청안동 산81-1번지에 해당하는 지역에는 도미의 무덤이라는 '백제정승도미지묘'라는 이름까지 붙은 봉분이 있었다. 이 봉분은 2003년 해당 지역이 임해공단 개발부지 내에 편입되는 등의 문제로 충청남도 보령시로 이장되었다.

앞서 보령시 오천면에는 도미 부부 설화와 비슷한 내용의 설화가 전해져오고 있었는데, '미인도(美人島: 원래 이름은 빙도)', '도미항', '상사봉(想思峰)', '원산도(怨山島)' 등 도미 설화와 관련이 있는 것으로 보인다. 도미가 살던 포구는 도미항이고, 도미의 아내가 출생한 섬은 보령호 안쪽의 미인도(일명 빙도)이며, 도미부인이 눈먼 남편을 생각하며 올라 한없이 기다리다가 눈물을 흘린 산봉우리는 상사봉이라 전해지고 있다. 이러한 지명이 시에 남아 있음을 근거로 보령시는 1992년 소성리(蘇城里)의 상사봉 정상에 도미부인을 기리기 위한 사당인 정절각(貞節閣)을 만들었고, 1994년에 또다시 도미부인의 사당인 정절사를 지어 1995년부터 해마다 경모제를 올리게 되었다.

① 정절사

보령시 오천면 상사봉 중턱에 위치한 정절사는 1994년 건립되었다. 사당 안에 놓인 도미부인 영정은 1996년 대한민국표준영정 제60호로 지정되었다. 이 영정은 논개, 박팽년, 유관순 등의 표준영정을 그린 윤여환 교수의 작품이다. 정절사에서는 매년 도미부인을 기리는 제례인 경모제가 열린다. 정절사 옆에는 2003년 진해에서 이장한 도미 부부의 합장묘가 위치해 있다(「금강일보」, 2015년 9월 2일 자).

[그림 2-14] 보령시 도미부인 사당
(출처: 보령시청 홈페이지)

[그림 2-15] 보령시 도미부인 묘
(출처: 보령시청 홈페이지)

② 도미부인 경모제

보령시여성단체협의회는 백제시대 열녀의 표상인 도미부인의 정절을 기리며 도의정신으로 승화시키기 위해 매년 도미부인 사당에서 도미부인을 기리는 경모제를 거행하고 있다. 이 행사는 초헌례, 아헌례, 헌화례 등의 제례의식으로 진행된다(「충청일보」, 2015년 10월 7일 자).

③ 도미부인 솔바람길

보령시는 보령시 오천면 소성리 오천항 일원을 '도미부인 솔바람길'이라 명명하고 도미부인의 공간 콘텐츠를 관광자원으로 활용하려는 시도를 하고 있다. 도미부인 솔바람길은 도미부인 사당에서 시작되어 선림사, 상사봉 전망대 등으로 이어지는 관광코스로 건강이야기 솔바람길, 해안드라이브길, 충청수영성 해안산책길로 조성되었다(보령시청 홈페이지, 2016년 8월 검색).

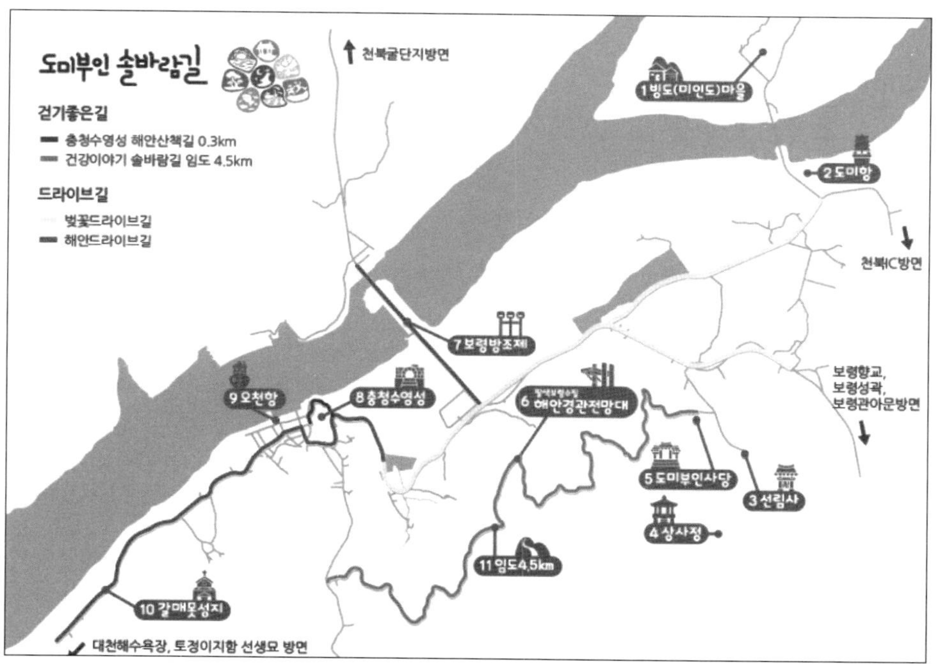

[그림 2-16] 도미부인 솔바람길
(출처: 보령시청 홈페이지)

④ 도미부인 스토리텔링 책: 『도미, 눈을 잃고 천년을 보다』

2013년 4월, 보령시는 도미부인 설화를 바탕으로 보령지역의 관광명소를 소개하는 만화책 『도미, 눈을 잃고 천년을 보다』를 발간했다. 이 책은 도미부인 설화를 바탕으로 도미부인의 눈을 통해 보령의 관광명소인 충청수영성, 갈매못성지, 보령읍성, 성주사, 남포읍성 등을 다니면서 그곳에 살았던 사람들을 만나고 역사 속의 사건을 체험하는 형식으로 만들어졌다(「연합뉴스」, 2013년 4월 12일 자).

[그림 2-17] 보령시 — 도미부인 스토리텔링 책자
(출처: 보령시 홈페이지)

⑤ 만세보령문화제

다수의 지자체가 지역의 설화, 인물 콘텐츠를 각각 하나의 축제로 구성하는 것과 달리 보령시는 시민 문화축제 내의 프로그램으로 도미부인 관련 행사를 하고 있다. 2016년 9월 30일부터 10월 1일까지 열린 제19회 만세보령문화제에서는 충청수영정의 수문장 교대식, 도미부인 경모제, 풍년제, 돌다리 밟기, 연극 「도미부인」, 경축 음악회, 성화 채화 및 봉송, 개막 퍼레이드 등의 다양한 문화행사가 열렸다(보령시 홈페이지). 만세보령문화제는 1988년부터 해마다 개최해오다가 2000년부터 격년제로 개최되고 있는 대동제 형식의 주민참여형 축제다(「보령뉴스」, 2016년 10월 5일 자).

2.
국외 지역문화 인물 스토리텔링 사례와 활용 방안

1) 키르기스스탄의 영웅 축제

『키르기스인의 3부작 서사시 마나스, 세메테이, 세이테크(Kyrgyz epic trilogy Manas, Semetey, Seytek)』는 1,000년도 더 전에 완성된 구전 서사시군(Epos)이며, 서로 연결된 세 부분의 작품을 말한다. 마나스는 뿔뿔이 흩어진 부족들을 하나의 나라 키르기스로 결집시킨 서사시 속의 영웅이다. 마나스의 영웅적 행적은 그의 아들인 세메테이와 손자인 세이테크로 이어졌다. 3부작 서사시는 키르기스인에게 불멸의 정신과 기본적인 정체성이 되었다.

키르기스인은 마나스를 민족의 영웅으로 추대하고 있다. 전설에 따르면, 마나스 장군은 과거 1,000여 년 전 키르기스 민족이 바이칼 지역에서 중앙아시아로 이동할 때 예니세이강에 흩어져 살던 키르기스인을 규합하여 적국 군대로부터 키르기스 민족을 보호하고 위구르인과 싸우면서 현재의 키르기스 지역으로 인도한

[그림 2-18] 송쿨호수 주변에 500여 개의 유르타로 만들어진 축제 장소
(출처: 「오마이뉴스」, 2006년 7월 31일 자)

[그림 2-19] 마나스 장군 동상
(출처: 코트라 알마티 무역관, 2014년 12월 15일)

위대한 장군으로 알려져 있다.

『일리아드』와 『오디세이』보다 16배나 긴 세계 최장의 서사시로, 한 사람이 주인공이 아니라 8대가 모두 주인공으로 마나스를 비롯한 8명의 영웅의 이름으로 구성되어 있다. 구전의 전승과정에서 신탁을 받은 천재적인 가수들에 의해 부풀려지고 정리되면서 민족적 특색을 가진 문학작품으로 20세기에 이르러서야 서사시로 정리되었다. 그 양이 방대하여 세계에서 가장 긴 서사시라 하며, 키르기스 민족의 문화와 역사를 보여주는 귀중한 자료를 포함하고 있다. 마나스 설화를 설창하는 구연자들은 학습에 의하기보다는 꿈속에서 현몽을 받아 그 방대한 내용을 암기하는 신비한 능력을 갖게 된다는 말도 있다(코트라 알마티 무역관, 2014).

이와 같은 키르기스스탄의 전설적인 영웅 '마나스'를 기리는 국제적인 대축제가 2016년 나른주의 해발 3,500m 위에 있는 '송콜'호수 주변에서 개최되었다.

마나스의 고장인 '달라스' 지방에서 연례행사로 열린 이 행사를 "송콜에 마나스가 살고 있다"라는 주제로 나른주의 송콜호수 초원지대에서 개최했다. 키르기스스탄 정부는 이 행사를 주관하면서 외국인 관광객을 위한 국가적인 관광행사로 키우고자 했다.

지평선 너머로 광활한 스텝이 끝없이 펼쳐져 있는 대초원이야말로 과거 유목 생활의 터전이었던 곳이다. 키르기스스탄 유목민은 '유르타'라 부르는 텐트식 집에 기거하며 양과 말 등을 키웠다 .

병풍처럼 둘러싼 텐산산맥에서 흘러내리는 만년설이 쌓인 고도 3,500m에 호수와 오아시스가 생길 수 있었던 것도 바로 이런 호수들과 그곳으로 흘러들어오는 강의 풍부한 수량 덕분이었다 .

과거에 대상들이 지친 몸을 쉬어가던 오아시스를 중심으로 실크로드의 한 축을 담당했던 곳으로, 화려한 옛 명성을 되찾으려는 듯이 키르기스스탄 정부는 이 행사를 국가적으로 벌이고 있다 .

나른주의 해발 3,500m 위에 자리 잡은 송콜호수를 기점으로 500여 개의 유르타가 즐비하게 설치된 주변 행사장에는 관광객의 차량행렬로 붐빈다. 이로 인한 먼지와 사방에서 스피커로 울려 퍼지는 마나스치(마나스 음송자)들의 노랫소리로 시끌벅적하지만, '손님은 신의 선물'이라는 이 나라 전통에 걸맞게 융숭한 대접이 몇 시간을 달려온 나그네를 기다리고 있었다.

축제에서는 각각의 촌락행사장에서 테마별로 마련된 전통의 마나스치를 뽑는 열띤 경연대회가 열렸다. 또 전통 수공예 만들기, 전통의식, 미인선발 대회, 전통음식 체험 등 다양한 볼거리가 있었으며 또 다른 초원의 건너편에서는 사나이들의 전통 말 경기가 열리고 있었다.

[그림 2-20] '손님은 신의 선물'이라고 생각하는 키르기스스탄 사람들의 전통
(출처: 「오마이뉴스」, 2006년 7월 31일 자)

다민족 국가답게 축제마당에는 각 나라 민족의 고유한 전통의상을 입은 소수민족들이 전통음악과 전통

무용을 보여주고 있다.

60세 이상으로 구성된 키르기스스탄 전통의복을 입은 합창단의 춤과 노래가 구슬프게 초원을 메아리친다. 키르기스스탄 전통복장인 '고이녹'과 '겜지르'를 곱게 차려입고, '엘레체크'를 머리에 쓴 할머니들의 정갈스러움이 돋보인다.

미인선발대회에서는 모두 14명의 미인이 참가했는데, 여느 대회와 마찬가지로 춤과 노래 솜씨를 뽐내면서 대회 측이 마련한 전통수예 솜씨 겨루기를 했다. 주최 측에서 미리 준비한 문양을 하나씩 뽑아 바느질을 하여 심사위원들이 점수를 매기는데, 가위는 사용금지다.

[그림 2-21] 다민족 국가 위구르족 · 우즈벡족의 전통무용과 춤
(출처: 「오마이뉴스」, 2006년 7월 31일 자)

35세의 두 아이를 가진 아기엄마도 나왔다. 주위에서 예쁘다고 하여 나왔다고 한다. '가위'를 사용하면 안 되는 전통수예 솜씨 겨루기에서 두 사람이 가위를 사용하다가 실격당하기도 했다. 여기에서 일등으로 뽑히면 상금은 300달러 정도다.

전통 수공예품을 판매하는 곳

[그림 2-22] 고이녹과 겜지르를 입은 키르기스스탄 여인들의 노래
(출처: 「오마이뉴스」, 2006년 7월 31일 자)

[그림 2-23] 키르기스스탄 미인선발대회
(출처: 「오마이뉴스」, 2006년 7월 31일 자)

[그림 2-24] 양털로 만든 각종 전통 수공예품을 파는 바자르
(출처: 「오마이뉴스」, 2006년 7월 31일 자)

[그림 2-25] 마나스치를 꿈꾸는 젊은이들과
이들의 마나스치 스승
(출처: 「오마이뉴스」, 2006년 7월 31일 자)

에서는 거의 손으로 만든 카펫과 칼팍 등 전통 장식품들이 즐비하다. 말안장에서부터 가죽으로 만든 물통 등 양가죽으로 만든 핸드백과 휴대폰 케이스 등도 선보였다.

축제의 가장 큰 이슈는 마나스치 선발이다. 우리나라의 판소리처럼 세계적으로 유명한 마나스치를 뽑는 대회장의 열기는 대단하다. 유네스코 세계무형문화유산에 등재될 만큼 소중한 자산가치가 있는 마나스치들은 이곳에서 융숭한 대접을 받는다.

호머의 『일리아드』보다 16배 더 긴 구전 대서사시 『마나스』

중앙아시아 알타이족의 구전문학인 마나스 대서사시는 알타이족에게 문자가 없었기 때문에 사료로 남아 있는 것이 거의 없다고 한다. 그런데 이 지역에는 구전서사시 『마나스』가 있다. 알타이족 가운데 오스만튀르크계 돌궐 색목인 사이에서 1,700년 이상 구전돼온 『마나스』는 현존하는 최장의 서사시로 알려진 호머의 『일리아드』보다 16배나 더 긴 세계 최장의 서사시라고 한다.

『마나스』는 길이가 25만 수로, A4 용지로 6,000페이지가 넘는다고 하니 혀를 내두르지 않을 수 없다. 무당들은 이 노래들과 굿 절차를 어떻게 다 익히고, 관중과 호흡하며 신을 놀렸을까?

몇 줄의 노래가 아니라 5만 줄의 노래다. 천자문, 만자문이 아니라 십만자문이다! 어떻게 수십만 자의 노래를 다 외웠을지 궁금하지 않은가? 중앙아시아의 문학은 '아킨(akyn)'이라는 순회 극단이 하는 노래, 시, 이야기의 형태로 인기를 얻고 있다.

키르기스스탄은 또한 '마나스(Manas)'라고 불리는 영웅 중의 영웅에 관해 구전되어 내려오는 전설에 대해 훨씬 복잡하게 만들어냈으며 이것은 『오디세이』보다 20배나 긴 내용이다.

소련 학자들이 중앙아시아의 다양한 민족에 대해 별개의 문화를 창조하기 위한 노력으로 마나스를 '제공했기' 때문에 부분적으로 키르기스스탄인과 그들의 문화를 다루고 있다. 구전 전통이 많이 사라졌지만, 마나스는 여전히 키르기스스탄인에게 그들의 꿈을 이뤄줄 인물이다.

(출처: 「오마이뉴스」, 2006년 7월 31일 자)

2) 프랑스 오를레앙의 잔 다르크 축제

14세기부터 15세기까지 프랑스는 영국과 백년전쟁을 벌이고 있었고, 이때 한 소녀가 나타나 전쟁을 승리로 이끌며 조국을 위기에서 구했다. 오를레앙의 처녀로 불리던 이 소녀가 바로 잔 다르크다. 잔 다르크 역시 국민적 영웅으로 추앙받고 있다.

잔 다르크 탄생 600주년이 지났음에도 잔 다르크는 프랑스 오를레앙에서 매년 다시 태어난다. 오늘날의 잔 다르크가 존재할 수 있는 것은 잔 다르크에 의해 수복됐던 오를레앙시와 잔 다르크가 화형을 당한 루앙시, 잔 다르크가 탄생한 도레미마을 등 잔 다르크와 관련된 23개 지역에서 지속적으로 추념 행사를 지속하며 상징적 인물로 재탄생시켰기 때문이다. 즉, 다양한 축제 속에서 영웅을 만날 수 있도록 했다.

[그림 2-26] 잔 다르크 축제 퍼레이드 1
(출처: 루이까또즈 공식 블로거)

잔 다르크가 활동했던 23개 지역 중 가장 대표적인 장소는 오를레앙시로, 축제의 중심지다. 오를레앙시가 잔 다르크 축제를 주도적으로 이끄는 이유는 1429년 잔 다르크가 이끌던 군대가 영국군으로부터 오를레앙시를 재탈환했기 때문이다.

사실 1789년 프랑스 대혁명으로 인해 1년간 행사가 중단된 적도 있으나, 1905년에 2회를 추진해 햇수와 횟수를 맞췄다. 또한, 제2차 세계대전 중에도 행사가 중단될 위기에 처했지만 시민과 협회 관계자의 노력과 지혜로 축제를 추진했으며, 583년간 중단 없는 축제로 기록되고 있다.

잔 다르크 축제는 1905년 이전까지 주민과 종교단체가 중심이 되어 진행했고, 제2차 세계대전 이후에는 오를레앙 동네 주민연맹에서 시청과 협력해 추진해 왔다. 오늘날의 오를레앙 잔 다르크 축제는 지난 1972년 시민, 시, 군인, 종교인들이 연합한 잔 다르크 축제협회에 의해 기획 및 운영되고 있다.

오를레앙시는 행사 전년도 말에 잔 다르크 후보 신청을 받는다. 물론 잔 다르크 선정과 추대는 보통 여성적 미를 강조하는 방식과는 사뭇 다르다. 잔 다르크의 위업과 가치를 존중하기 위해 전통적 선정방식을 따르는데, 해당 연도에 나이가

16~17세인 여학생, 출생 지역이 오를레앙시와 인근 지역이어야 하고, 가톨릭 신도이며, 지속적으로 사회봉사를 한 시민이어야 한다.

본인이 직접 신청서를 제출해 3차에 걸쳐 심사한 후 잔 다르크가 출생한 1월 첫 주에 오를레앙시 중심에 위치한 생 크루아 대사원에서 추대식을 통해 매년 새로운 잔 다르크가 탄생한다. 추대된 잔 다르크는 1년 동안 축제 기간 중 축제 주인공으로서, 또 홍보대사로서 오를레앙시의 도시 이미지 제고를 위해 다양한 활동을 하게 된다.

축제 기간 잔 다르크화된 도시 디자인은 축제의 의미와 분위기를 더해준다. 오를레앙시는 잔 다르크 축제 기간 동안 시간과 공간을 중세 시대로 되돌려놓는다. 성당 벽면은 영상 디자인으로, 주요 도로 중심은 당시 왕과 군대 깃발로 장식해 중세의 도시로 바뀐다. 오를레앙시 중심에 있는 생 크루아 대사원은 행사 기간 동안 종교건축물이기 이전에 잔 다르크를 상징하는 영상 디자인 쇼 벽면으로 사용된다. 신성한 종교 건축물이지만, 영웅이자 성인인 잔 다르크를 위해 대사원 벽은 기꺼이 축제의 공간으로 활용된다.

축제에서 먹거리는 시민에게 호기심을 자극하는 흥겨움과 더불어 본능적인 욕구에 대한 안도감을 부여한다. 잔 다르크 축제에서도 예외는 아니다. 잔 다르크

[그림 2-27] 잔 다르크 축제 퍼레이드 2
(출처: 루이까또즈 공식 블로거)

축제 기간 동안 방문객의 가장 큰 관심을 불러일으키는 것은 잔 다르크 시대인 중세 시대 음식 체험을 꼽을 수 있다. 도심 정원에 펼쳐진 테이블에서 간단하지만 시대를 초월한 음식을 맛볼 수 있다는 점도 축제가 사랑받는 이유가 된다.

[그림 2-28] 중세의 낮과 밤을 즐길 수 있는 축제
(출처: 루이까또즈 공식 블로거 http://www.louisien.com/718)

오를레앙시는 다양한 문화행사 외에도 잔 다르크의 생가와 전투현장을 보존 및 회복시켜 방문객에게 다양한 볼거리를 제공하고 있다. 총 3만 7천여 부의 문서, 도서, 영화, 디아포지티브, 각종 관련 자료가 보관돼 있는 잔 다르크 생가는 학생, 교수 및 전문가들이 연구할 수 있는 최적의 장소이기도 하다.

또한 오를레앙 전투는 육지에서뿐만 아니라 강에서도 이뤄진 것을 고려해 축제 기간 동안 중세 선박을 건조해 운영한다. 오를레앙 관광사무소는 잔 다르크 축제 기간 동안 관람객이 샤를마뉴섬에서 진행되는 중세 축제에 참가할 수 있도록 루아르강에서 중세 선박을 무료로 운행하고 있다.

날이 밝은 오후에 잔 다르크 축제의 퍼레이드가 관람객에게 특별한 볼거리를 제공했다면, 축제의 밤에는 하이라이트라고 할 수 있는 오를레앙 대성당 건물에 색색의 조명을 보여주는 '송 에 뤼미에르(Son et Lumiere)' 행사가 펼쳐진다. 화려한 조명쇼와 함께 열리는 콘서트는 오를레앙의 밤을 축제의 도가니로 이끈다. 또한 말 타기 체험뿐만 아니라 다양한 프랑스 음식을 맛볼 수 있는 중세시장도 잔 다르크 축제의 열기를 한층 고조시킨다.

축제 중 인물을 배경으로 한 축제는 국민의 자부심과 자긍심을 이끌어낼 수 있는 가장 좋은 주제가 되며, 국가와 지역의 가치를 마케팅할 수 있는 요소가 된다.

지구촌에서 진행되고 있는 수많은 인물 배경 축제를 보면서 '영웅이 축제를 만들었는지 아니면 축제가 영웅을 재탄생하게 하는 것인지'에 의문이 생기지만, 국민 또는 지역 주민이 지역 출신 인물을 확대 재생산한 결과라고 보는 것이 타당하다.

잔 다르크 축제를 살펴보면서 '무엇이 오늘의 잔 다르크를 만들었는가?' 하는 의문점이 풀리기도 한다. 지자체와 주민이 한 인물에 대해 지극한 마음을 갖고 지속적으로 추념하면서 스토리텔링화한 축제를 진행해왔기에 가능한 것이다.

시대적 영웅들은 정신적 메시지를 남긴다. 대표적으로 한국의 이순신 장군이 '백의종군'이라는 국민 자세를 되새기게 했다면, 잔 다르크는 '끊임없는 저항'이라는 메시지를 국민정신에 새겨주었다고 할 수 있다. 축제의 내용에서 이러한 정신을 지속적으로 이어주는 프랑스인의 문화에 대한 자존심을 이해할 수 있는 단면이기도 하다. 또한 잔 다르크 축제는 한 지자체에서 독점하는 것이 아니라 잔 다르크가 발자취를 남긴 모든 지자체가 공동으로 연계 추진하고 있다는 점에 주목해야 한다. 전국적으로 분포된 잔 다르크와 관련된 장소, 지명, 건축 및 기념 작품, 특히 영화, 소설, 시, 그림 등의 예술작품은 잔 다르크 신화를 재생산하는 중요한 역할을 하고 있다.

3) 오스트리아의 음악 천재 모차르트

1784년부터 1787년까지 모차르트가 거주했고 어디에서보다 많은 작품을 작곡했던, 그리고 지금까지 유일하게 보존된 모차르트의 빈 시절 아파트를 찾아볼 수 있다. 그곳은 다름 아닌 모차르트 하우스다. 빈 시는 이 집을 리모델링해서 관광상품화했다.

[그림 2-29] 빈 모차르트 하우스
(출처: 빈 모차르트 하우스 홍보자료)

모차르트는 이곳에서 「피가로의 결혼」을 포함해 가장 많은 곡을 작곡했다. 이곳을 중심으로 세 층에 걸친 전시공간에서 연령층을 망라한 전 세계의 모차르트 팬들은 모차르트 생존 시대는 물론, 그의 주요 작품들을 다시 만난다. 음악적 전성기라고 볼 수 있는 천재 작곡가의 빈 시절이 전시회의 중심 테마다.

빈 모차르트 하우스(Mozarthaus Vienna)에서는 상설 전시회 외에도 매년 교체되는 특별전시회가 열린다. 2017년 특별전시회(2017년 1월 27일부터 2018년 1월 14일까지)에서는 "모차르트와 그의 빈(Wien) 인맥", 그리고 음악 천재의 노련한 "사업 전략"이라는 테마에 대해 다루고 있다.

개괄적 일반 가이드는 물론 주제에 따른 특별 가이드는 (1시간 단위로) 다양한 언어로 예약할 수 있으며, 참가자의 연령 및 관심분야에 따라 개별적으로 정할 수 있다.

[그림 2-30] 특별 전시관
(출처: 빈 모차르트 하우스 홍보자료)

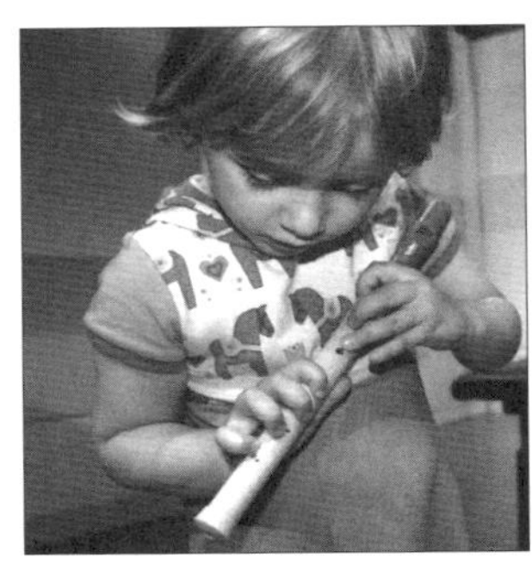

[그림 2-31] 빈 모차르트 하우스 내에서 음악을 체험하는 아이
(출처: http://www.mozarthausvienna.at/kids-workshops)

박물관에서 환상적인 가이드와 함께하는 1시간 30분간의 특별 워크숍은 연령을 초월한 세계 각국의 모차르트 팬들을 위한 프로그램이다. 즉 제과점에서 마지팬과 누가로 유명한 모차르트 쿠겔을 직접 제조하거나, 모차르트 시대의 춤을 즐긴다거나, 또는 오페라 「마술피리」의 비밀도 공개한다.

모차르트는 빈에서 무려 11번이나 이사했지만, 현재까지 빈에 남아 있는 유일한 아파트가 이 집이다. 결혼식은 빈 시민이 아니더라도 전 세계 누구나 신청할 수 있다. 주례는 빈의 시청 공무원이 담당하고, 결혼 대행업체 페아펙테 오흐차이트(Perfekte Hochzeit)가 결혼식 준비를 맡아 진행하고 있다.

모차르트 하우스에는 살리에르에 관한 전시공간도 있다. 살리에르는 이탈리아 출신의 궁정작곡가로 영화 「아마데우스」에서는 천재를 질투하는 인물로 묘사

[그림 2-32] 모차르트와 함께하는 결혼식
(출처: 오스트리아 관광청 https://www.austria.info)

되지만, 당시에는 상당한 명성이 있었다. 모차르트의 유물을 보면 모차르트의 적이라기보다는 조력자에 가까운 존재라고 한다. 모차르트만큼 명성이 있었음에도 남아 있는 명곡이 거의 없는 이유는 그의 음악이 독창적이지 않고 대부분 그 당시 유행을 따르는 작품을 작곡해서 그렇다고 한다. 하지만 모차르트는 여러 가지 실험적인 시도를 하며 음악사에 큰 획을 긋는다. 오페라 「피가로의 결혼」은 귀족의 지저분한 사생활을 풍자하는 내용인데, 귀족의 후원을 받지 않으면 생활 자체가 불가능한 당시 음악가의 처지에서 굉장히 파격적인 시도였다고 볼 수 있다.

박물관 숍에서는 모차르트를 주제로 한 다양한 각종 기념품을 판매한다. 기념품 및 선물용품 외에도 대부분 콘서트홀에서 녹화된 DVD와 CD를 다양하게 선택할 수 있다. 또한 방문객을 위한 셀프서비스식 카페가 있어 음료, 그리고 간단한 스낵을 즐길 수 있다. 특이한 점은 빈 모차르트 하우스에는 막힌 벽이 없다는 것이다.

빈 다음으로 모차르트를 활용한 오스트리아의 대표 도시는 잘츠부르크다. 우리나라 사람들이 오스트리아를 방문하면 빈(44.9%) 다음으로 잘츠부르크(27%)를 가장 많이 찾는다(오스트리아 관광청, 2016).

모차르트의 이름과 얼굴은 각종 의류, 그림카드, 머그컵, 요구르트, 소시지, 인터넷 게임에 이르기까지 그야말로 팔 수 있는 모든 것에 붙어 있다. 모차르트의 얼굴이 새겨진 상품들을 전문적으로 판매하는 숍이 있을 정도로 잘츠부르크의 기념품 역시 온통 모차르트다. 그중에서도 가장 인기 있는 기념품은 모차르트 쿠겔 초콜릿이다.

'모차르트 쿠겔'이라는 이름의 초콜릿이 처음 등장한 것은 1890년이며, 모차르트 사후 거의 100년 후에 나온 제품이다. 잘츠부르크에 사는 파울 휘르스트(Paul Fürst)라는 사람이 처음 만들었다. 모차르트를 존경했던 그는 자기가 개발한 새로운

[그림 2-33] 휘르스트 가게
(출처: http://original-mozartkugel.com/)

[그림 2-34] 휘르스트 가게에서 만든 오리지널 모차르트 쿠겔
(출처: http://original-mozartkugel.com/)

스타일의 동글동글한 초콜릿 제품에 모차르트의 이름을 붙였다. 처음에는 '모차르트 봉봉'이라고 불리다가 '모차르트 쿠겔(Mozartkugel)'이라고 부르게 되었다(오스트리아 관광청 사이트).

오리지널 모차르트 쿠겔은 잘츠부르크의 파울 휘르스트 상점에서만 판다. 최근에는 분점이 생겨 그곳에서도 오리지널 모차르트 쿠겔을 판다. 직접 가게까지 올 수 없는 사람들을 위해서는 인터넷 판매도 하지만, 다른 곳에서는 팔지 않는다. 파울 휘르스트의 제과점에서는 오늘날에도 1890년 처음 생산했을 때와 마찬가지로 재료를 배합하여 하나하나 손으로 만든다.

파울 휘르스트의 모차르트 쿠겔이 인기를 끌자, 많은 사람과 여러 나라에서 같은 초콜릿을 만들었다. 그중에서도 잘츠부르크 인근의 그뢰디히(Grödig)에서 '미라벨'이라는 상표로 모차르트 쿠겔을 대량생산하기 시작했다. 이어 독일 바이에른에서도 모차르트 쿠겔을 생산하기 시작했고, 그 후에는 세계적으로 유명한 스위스의 식품업체인 네슬레(Nestle)가 모차르트 쿠겔을 제조했다. 이처럼 너무나 유사한 상표들이 만들어져서 어느 것이 원조 '모차르트 쿠겔'인지 구별하기 어렵다.

우리나라에서도 정통 모차르트 쿠겔이 소개되었다. 2016년 6월 오스트리아

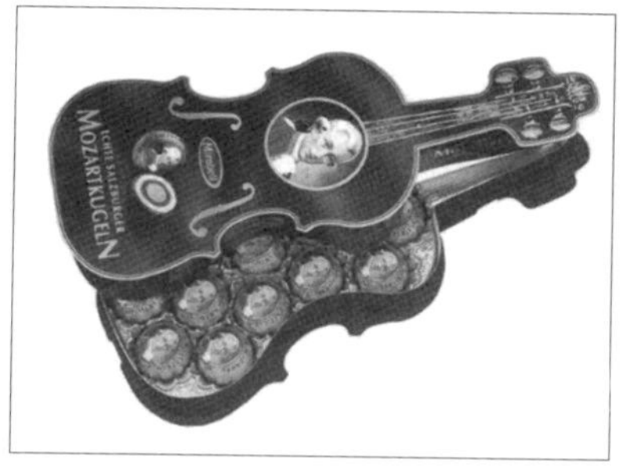

[그림 2-35] 미라벨에서 만든 모차르트 쿠겔
(출처: mozartkugel.com)

[그림 2-36] 모차르트 쿠겔을 만드는 오스트리아 셰프
(출처: https://www.youtube.com/watch?v=X7hCGF7glKI)

관광청이 서울 포시즌스호텔에서 개최한 '사운드 오브 알프스 — 오스트리아와 함께하는 여름밤' 행사에서 오스트리아 셰프가 모차르트 쿠겔 만드는 방법을 시연했다.

프랑스 작가 필립 솔레르스는 『모차르트 평전』에서 전 세계 어디서나 모차르트의 음악이나 이름이 울려 퍼지고 있다면서 "현대인은 누구나 모차르트 속에서 살고 있다"고 주장하며 "만약 모차르트가 환생해 자신의 저작권을 챙긴다면 그 돈으로 조국 오스트리아를 사고도 남을 것이다"라고 기술하고 있다(「사이언스타임스」, 2007년 9월 10일 자).

모차르트 쿠겔이 많은 사람에게 사랑받는 이유는 무엇일까? 오스트리아가 자랑하고 싶은 역사와 이야기를 담고 있기 때문이라고 생각한다. 또한 초콜릿을 먹으면서 세계인이 기억하는 위대한 작곡가를 떠올리게 하기 때문일 것이다. 이처럼 모차르트는 탄생 260년이 지난 오늘날에도 모차르트 효과, 모차르트 마케팅 등 '음악 천재 산업'의 일군으로서 중요한 역할을 하고 있다. 그가 죽은 후 1세기 뒤에 시작된 '천재 모차르트'에 대한 회상은 오스트리아를 넘어 전 세계를 휩쓸고 있는 '모차르트 산업'으로 이어지고 있다.

3.
지역적 연고로 인한 지역문화 콘텐츠 갈등 사례

1990년대 후반부터 각 지방자치단체들은 『심청전』이나 『홍길동전』, 『콩쥐팥쥐』, 『흥부전』 등 고전소설이나 설화의 주인공을 내세워 지역을 홍보하기 위한 콘텐츠를 마련하고 있다. 이는 대중에게 잘 알려진 콘텐츠에 지역의 색을 덧입히는 것이 새로운 캐릭터를 개발하는 것보다 더 나은 효과를 불러일으키기 때문이다. 확실히 소설 또는 설화 속 인물의 지역 연고성을 확보하기 위해 지방자치단체들은 소재 개발 후 연고성 증명을 위한 학계의 고증 용역, 용역을 바탕으로 문화브랜드 창출, 테마파크 건립과 문화축제 신설, 문화 콘텐츠산업으로의 확산이라는 전략적 수순을 밟고 있다(김용범, 2007). 그러나 지역인물을 활용한 문화 콘텐츠의 지역적 연고로 인해 지방자치단체 간에 갈등을 빚는 사례들이 늘어나고 있는 실정이다. 관련 사례를 살펴보면 다음과 같다.

1) 심청축제

전남 곡성군은 곡성심청축제를 개최하면서 '심청의 고향 곡성'이라며 대대적인 홍보를 한다. 심청과 곡성의 인연은 연세대학교의 심청 관련 연구결과 발표를 근거로 한 내용이 KBS 1TV 「역사스페셜」에 소개되면서부터다. 또한, 전남 송광사 박물관에 소장된 『관음사 사적기』에는 삼국시대에 중국 사람들에게 팔려간 원홍장이라는 처녀가 불상을 만들어 보내 아버지의 눈을 뜨게 했다는 설화가 적혀 있다. 곡성군은 원홍장이 심청으로 이름만 바뀌었을 뿐 심청의 실제 모델이라고 주장한다. 곡성군은 심청의 고향은 관음사가 있는 곡성이고 인당수(印塘水)는 변산반도 격포 앞바다의 임수도라고 추정한다.

고전소설 『심청전』은 대체로 이렇게 시작한다. "옛날 황주 도화동에 눈멀어 앞을 못 보는 심학규와 곽씨 부인이 살았는데, 이 부부는 나이 마흔이 되도록 자식이 없는 게 걱정이었다." 황주는 황해도에 있는 지명이다. 또한 중국과 교역하던 장사치 뱃사람들이 심청을 공양미 300석에 사가 인당수라는 서해에 제물로 바쳤으니 서해와 가까운 지역에 살고 있을 가능성이 높다는 것이다. 그러니 심청의 고향은 황해도 황주군이라는 주장이 적지 않다. 이들은 내륙으로 들어가 깊은 지리산 자락에 위치한 곡성이라니 어리둥절하다고 한다.

서해 인당수에 천착해 인천광역시 옹진군은 백령도가 심청의 고향이라고 주장한다. 군은 『심청전』의 지리적 무대가 백령도라며 1999년 심청각을 건립하기도 했다. 이들은 심청이 자란 곳이 백령도는 아닐지라도 심청이 물에 빠져 죽은 곳이 백령도 앞바다인 인당수이고, 연꽃을 타고 살아난 곳이 연봉바위 또는 연화라고 주장한다. 뺑덕어미가 장촌에서 살았다는 사람도 있고, 심청이 나고 자란 곳도 이곳이라고 주장한다.

최운식(2003)은 각 지자체가 지명이나 기록, 지역주민의 이야기 등을 바탕으로 설화의 사실성을 주장하는 것을 전설 전승의 특징이라고 이야기한다. 이는 내용의 사실성보다는 전승자의 의식을 강조하는 개념이다. 허구적 설화이므로 이 전설을 전파 · 전승해온 지역민이 심청의 효성이 서려 있는 지역이라는 자부심을 가지고 효를 실천해왔을 것이라는 얘기다. 심청 연고설을 강하게 주장하고 있는 곡성도 헌팅된 소재를 통해 재구성한 것으로 보이지만 심청 관련설을 강력하게 주장하고 있고, 현재 대규모 심청축제를 개최하고 있다.

2) 콩쥐팥쥐의 고향 논란

콩쥐팥쥐는 김제시가 전주대에, 완주군이 우석대에 용역을 주어 서로에게 유리한 근거를 내세워 연고를 주장하고 있다. 김제시는 『콩쥐팥쥐전』에 "전주 서문 밖 30리"라는 대목이 있는데, 이 지역이 완주군 이서면 앵곡마을 일대라고 한다. 반면 김제시는 전주 서문 밖 30리는 김제시 금구면 둔산마을 일대라고 맞서며 이곳에 콩쥐 아버지(최만춘) 성씨인 최씨 집성촌과 인근에 팥쥐 어머니인 배씨 집성촌이 있다는 점을 근거로 들고 있다.

콩쥐팥쥐의 고향이 '프랑스 파리'라는 주장도 있다. 이는 17세기 프랑스 민담을 정리한 샤를 페로의 『신데렐라』 유형과 콩쥐팥쥐의 플롯이 비슷하기 때문이다. 이 주장은 프랑스의 루이 14세와 청나라 황제가 교류하면서 페로의 『신데렐라』 이야기와 중국의 『전족 아가씨』 이야기가 조선식으로 각색되었다는 내용이다.

3) 홍길동 논쟁

전남 장성군은 1997년부터 강원도 강릉시와 홍길동 연고권을 두고 갈등하다가 끝내 이겼다. 장성군은 1996년 연세대 국학연구원의 용역 결과와 『조선왕조실록』을 근거로 홍길동이 500여 년 전 장성에서 태어난 실존 인물이라고 주장했고 강릉시는 소설 『홍길동전』의 저자인 허균의 고향임을 강조했지만, 결국 홍길동의 상표권은 장성군이 갖게 되었다.

홍길동을 둘러싼 장성군과 강릉시의 갈등은 지역문화 인물 콘텐츠 개발에 다음과 같은 시사점을 준다. ① 장성군은 학술용역을 통해 홍길동이 실존 인물이라는 학술적 근거를 확보했다. '홍길동 프로젝트'라 불리는 이 용역은 연세대학교 국문과와 사학과의 공동 용역으로 시작되었지만, 추후 장성군, 전남매일신문, 오키나와 관광국, 석원도 문화원 등이 본격적으로 뛰어들면서 홍길동이 실존 인물이고 홍길동이 세운 율도국이 오키나와 남쪽임을 밝혀 오키나와와 관광 연계 콘텐츠를 개발하기도 했다. ② 장성군은 본격적인 지역문화 콘텐츠 개발에 착수하면서 홍길동 생가 복원, 유물 발굴, 테마파크 조성 등의 홍길동 캐릭터 사업을 '장성군 전략산업'으로 채택했다. 장성군의 홍길동 프로젝트는 홍길동 캐릭터 산업을 주축으로 OSMU(One-Source Multi-Use) 개념에서 접근하여 기획 단계부터 출판만화, 애니메이션, 게임 등 한 부분에서 탄생하여 관련 산업 전 분야로 재창조 · 확산하는 강력한 캐릭터 창출이라는 목표 아래 강력하게 추진되었다. 장성군은 홍길동 상품화, 생산 등을 위한 시장의 반응을 지속 점검하는 한편 홍길동 문화콘텐츠자문위원회를 운영하고 혁신리더를 양성하기 위한 각종 시민 교육을 운영했다. 또한 홍길동 애니메이션을 극장 또는 TV 채널을 통해 방영하여 인형 · 완구류, 만화, 모바일게임 등으로 상품화시킴으로써 비즈니스 규모 확대, 온라인 게임과 모바일 게임 등 게임 콘텐츠를 개발하여 소비계층의 다양한 확산, 출판만화 제작으로 지역 이미지를 적극적으로 홍보했다. 반면, ③ 강릉시는 의욕적으로 출발했던 당초 계획과 달리 홍길동 마스코트와 상징물, 조형물 개발 이외에 뚜렷한 후속조치를 취하지 않았다. 즉, 장성군이 문화 콘텐츠산업과 문화축제를 연결시키는 전략적 접근을 시도한 반면 강릉시는 이러한 시각을 등한시했다는 점이다. 『홍길동전』의 작가 허균의 출생지라는 핵심전거를 확보하고 상표권 선점의 우위에 있었던 강릉이 홍길동 콘셉트의 문화 전략적 추진에서 뒤처진 이유는 무엇보다 '강릉단오제'라는 전통 있는 지역문화축제에 총력을 기울인 데 있다. 강릉단오제를 유네스코 세계무형문화유산에 등재하는 대사를 추진하던 강릉시의 문화전략이 같은 지역 내에서 상대적으로 허균 선양사업을 등한시한 관심소홀로 이어진 것이다.

4) 도미부인 선점을 위한 보령시의 노력

다수의 학자들에게 설화 「도미부인」의 배경이 되는 지역은 충청남도 보령시보다는 경기도 하남시, 서울시 송파구, 강동구가 더 설득력 있다고 판단된다. 그럼에도 문화 콘텐츠로서 도미부인의 연고지는 충청남도 보령시로 받아들여지고 있다. 이는 보령시가 설화 「도미부인」을 지역의 인물로 선점하기 위해 다음과 같이 노력해온 덕분이다.

① 보령시는 1990년대 초 오천면 소성리에 도미부인 사당인 '정절사'를 지었다. 또한, 1995년에는 정부 인증 도미부인 표준영정도 제작했으며 매년 보령시 여성단체협의회 주관으로 경모제를 올리고 있다.

② 성주 도씨 문중이 2003년 경남 진해시의 도미 부부 추정 묘를 보령시로 이

장했다.

③ 본격적으로 설화 「도미부인」을 지역문화 콘텐츠로 대중에게 인식시키기 위해 '도미부인 솔바람길'을 개발하고 도미부인을 통해 지역의 다른 문화 관광지를 알리기 위한 스토리텔링 책자를 개발 · 배포했다.

5) 지자체 간의 연대로 이뤄지는 '허왕후 신행길 축제'

지방자치제도가 정착되면서 지자체는 자기 지역에서 새롭고 신선한 문화자원을 갈망하게 되었고, 그러한 수요에 부응하여 소설의 주인공들이 새삼스럽게 조명되고 있다. 그 과정에서 자기 지역과 관련 있는 고전소설의 주인공 또는 소설 배경지라는 소재를 놓고 지자체 간의 연고권 분쟁이 야기되었다. 같은 작품을 연고로 가지고 있는 경우 자칫 과도한 경쟁으로 인해 예산 낭비 문제를 불러일으킨다. 이 경우 지역연대라는 방향으로 문화 콘텐츠를 서로 공유하고 상보적으로 운영하여 갈등을 조율하는 것이 필요하다.

경상남도 김해군과 부산광역시는 김수로왕과 허황옥 공주의 혼례식을 재현하는 '허왕후 신행길 축제'를 공동으로 개최한다. 이는 허황옥 공주가 가야국에 입성하는 길목에 착안한 것으로, '걷기대회'와 뮤지컬 「사랑의 제국」 공연으로 구성되어 있다. 허왕후 신행길 축제는 두 지자체가 협력하여 가야 역사와 문화를 이용한 관광자원을 공동 활용한다는 점에서 긍정적인 시도로 판단된다. 각 지자체 간의 역할과 효과 등에 대한 논쟁은 여전히 존재하지만, 공동 콘텐츠를 공유하는 인접 지자체에 시사점을 제시하고 있다.

3장

소래와 인근 지역 지명 유래

1.
지명과 이야기

'지명'은 '땅'으로부터 시작된다. 땅이 있어야 사람이 살게 되고, 그렇게 살게 된 사람이 그 땅의 이름을 짓게 되는 것이니 땅이 없으면 지명도 없다. 따라서 실체로서의 땅은 과거 · 현재 · 미래를 잇는 시간 축에서 늘 존재해왔다. 실체로서의 땅은 지명을 논하는 데 매우 중요하다. 사람들이 그 땅의 이름을 무엇이라 지어 부르든 그 땅은 오랜 옛날부터 있었고, 먼 훗날까지도 있을 것이기 때문이다. 따라서 지명에 대한 논의는 땅에서 시작되어야 한다.

그런데 땅의 이름, 즉 '지명'은 '이야기'의 영역이기도 하다. 어떠한 대상에 이름을 부여하는 순간 왜 그러한 이름을 부여하는가에 대한 이야기가 필요하다. 인위적으로 지명을 바꾸든, 알 수 없는 이유에 의해 지명이 바뀌든 달라진 이름에 대한 새로운 이야기가 필요하다. 때로는 이야기를 먼저 만들어놓고 그에 맞춰 이름을 짓기도 하고 이름을 바꾸기도 한다.

실체로서의 공간인 땅에 대한 이름 짓기는 과거 · 현재 · 미래를 잇는 시간 축에서 반복적으로 이뤄진다. 땅은 이미 존재하는 공간이지만, 이 실체에 대한 이름에는 만들어진 이야기가 붙게 된다. 이는 어느 공간이나 마찬가지다. 실체로서의 땅인 '소래'의 이름과 이에 관련된 이야기 역시 이러한 맥락에서 파악할 필요가 있다. 이미 존재하는 공간에 사람이 살기 시작할 무렵 붙여진 이름, 그 사람들이 만든 이야기, 그리고 세월의 흐름에 따라 바뀐 이름과 그에 따른 이야기의 상호관계 속에서 그 지명을 살펴보아야 한다.

'소래'라는 지명에 대해서는 본래 '소래' 또는 이와 비슷한 소리를 가졌을 것으로 봄이 타당하다. 또한 본래의 지명은 고유어였을 테니 고유한 우리말의 어법과 소리의 변화를 통해 그것을 해석하는 것 또한 필요하다. 이러한 바탕 위에 어떠한 이야기가 만들어졌고 그 이야기가 어떻게 변모되었는가를 살펴보는 것이 지명에 대한 올바른 이해, 특히 소래와 그 인근 지역의 지명에 대해 이해하는 데 필수적일 것이다.

2.
소래 지명 유래

지명으로서의 '소래'에 대해 올바르게 이해하기 위해서는 이전의 지명 풀이와 그와 관련된 이야기를 살펴보는 것이 선행되어야 할 것이다. 이전의 것이 옳았다면 그것을 재확인함으로써 소래 지명에 대한 논의를 끝맺을 수 있을 것이다. 반면에 이전의 것이 옳지 않다면 그것을 비판하고 새로운 가설을 제기함으로써 새로운 논의의 장을 열 수도 있을 것이다. 따라서 소래 지명 유래에 대한 논의는 기존의 설을 소개하고 이에 대해 검증하는 것으로 시작할 것이다. 그리고 기존 설의 오류를 지적하고 가장 기초적인 사실에 입각해 새로운 가설을 제시할 것이다.

1) 소래 지명에 대한 기존의 설

지명으로서의 소래에 대한 기존의 논의는 매우 다양하다. 시사, 군지 등의 공식적인 문서, 지명 연구 논저를 비롯한 믿을 만한 자료가 있는가 하면 시중에 떠도는 이야기, 특히 인터넷상에서 검증 없이 유통되는 이야기 등이 뒤섞여 있다. 이러한 기존의 논의와 자료들은 서로 뒤섞이기도 하면서 다양한 '설'을 만들어내고 있다. 따라서 기존의 논의를 먼저 살펴보는 것이 필요하다.[1)]

소래산(蘇萊山)

옛날 인천도호부의 진산이다. 장수동과 시흥시의 경계를 이루는 높이 299.4m의 산이다. 북쪽으로는 성주산, 남서쪽으로는 상아산(象牙山)과 관모산(冠帽山)이 있다. 소래산의 유래는 소나무[松]와 밀접하다. 송천(松川) → 솔내 → 소래 → 소래산으로 바뀌었을 것이다.[2)]

소래섬(蘇萊, 노렴, 獐島)

논고개 남동쪽에 있던 섬. '노렴', '장도'라 불렸으며, 소래포구로 알려져 있다. 포대지가 있었다. 어떤 향토 사학자들은 '소래'라는 지명의 유래를 신라가 백제를 공격하던 당시의 전설과 연결지어 이야기하기도 한다. 즉, 신라 무열왕 7년(660) 나당연합군이 백제를 공격할 때 신라를 도우러 당나라 장수 소정방이 군사를 이끌고 황해를 건너와 상륙한 곳이기 때문이라는 것이다. "소정방의 군대가 왔다"는 뜻에서 소정방의 첫 '소(蘇)' 자와 오다라는 뜻의 '래(來)'가 합쳐져 '소래'라 불리게 되었다는 이야기다. 하지만 그 당시 소정방이 이곳으로 상륙했다는 내용은 옛 문헌에

---

1) 소래의 지명 유래에 대한 공식적인 자료로는 다음과 같은 것들이 있다.
인천광역시 문화예술과(1998), 『인천의 지명 유래』, 인천광역시.
이형석(1998), 『인천의 땅 이름』, 가천문화재단.
인천시 시사편찬위원회(2002), 『인천시사』, 인천광역시.
인천광역시 시사편찬위원회(2015), 『인천광역시사 6—인천의 지지와 지도』, 인천광역시.
인천광역시 시사편찬위원회(2015), 『인천광역시사 5—인천의 지명』, 인천광역시.

2) 인천광역시 시사편찬위원회(2015), 『인천광역시사 5—인천의 지명(상)』, 인천광역시, p. 173.

나와 있지 않으며, 금강 하구인 기벌포를 통해 상륙했다는 기록만이 있을 뿐이다. 결국 소정방이 소래에 상륙했다는 이야기는 증명되지 않는데, 이것은 누군가가 지어낸 이야기로 볼 수밖에 없다는 점이다.

이러한 설화와는 다르게 어학적 측면에서 소래의 지명에 대해 설명하는 해석도 있다. 소래가 산처럼 '뾰족하게 튀어나온 곳'을 뜻하는 우리의 옛말 '솔'에서 나온 지명이라는 해석이 그것이다. 그 산이 바로 해발 299m의 소래산이니 그럴 듯한 얘기라고 할 수 있는데, 여기에 좀 더 살을 붙여 산과 냇가에 소나무가 많기 때문에 '솔내'로 불리다가 소래가 됐다는 설명을 하기도 한다. 그러나 소래는 이보다 '높은 곳'을 뜻하는 우리말 '수리'에서 모양이 바뀐 것으로 봄이 타당할 것이다. 이렇게 본다면 소래라는 이름은 결국 순수한 우리말이 변화된 형태일 뿐 지금 쓰이는 한자의 뜻과는 아무 관계가 없는 셈이 된다. 문헌상에는 대부분 '소래(蘇來)'라고 표시돼 있는데, 언제부터 우리말 소래가 이 같은 한자로 쓰이게 됐는지는 알 길이 없다. 또한 그것이 언제 어떤 이유로 지금과 같이 소래(蘇來)로 쓰이게 됐는지도 알 수 없다.[3]

논현동 소래(蘇萊)

인천시 남동구 논현동 소래(蘇萊)는 새우젓으로 유명한 포구(浦口)이며 인기 있는 관광지이기도 하다. 김장철이 되면 서울에서까지 새우젓을 사려는 주부들이 몰려와 북새통을 이루는 이곳은 이제는 없어진 꼬마열차[狹軌列車] 때문에 더 많이 알려지기도 했다. 일부 향토사학자들은 '소래'라는 이름의 유래를 고대 신라의 삼국통일 과정과 관련된 전설에서 찾고 있다. 신라 무열왕 7년(660) 신라와 중국 당나라의 연합군이 백제를 공격할 때 당나라 장수 소정방(蘇定方)이 군사를 이끌고 황해를 건너와 이곳에 주둔했기 때문에 "소정방이 왔다"는 뜻에서 '소래(蘇萊)'라 불리게 됐다는 얘기다. 또는 당시 소정방이 지금의 중국 산동성 봉래(蓬萊)로 추정되는

3) 인천광역시 시사편찬위원회(2015), 『인천광역시사 5—인천의 지명(상)』, 인천광역시, pp. 192-3.

래주(萊州)를 출발해 덕적도를 거쳐 이곳으로 왔기 때문에 소래(蘇萊)로 불리게 됐다고 설명하기도 한다. 하지만 옛 문헌의 기록을 봐도 당시 소정방이 이곳으로 상륙했다는 내용은 없으며, 금강[白江] 하구인 기벌포(伎伐浦)를 통해 상륙했다는 기록이 있을 뿐이다. 결국 소정방과 연관을 지어 설명하는 것은 재미는 있어도 타당성은 없다고 볼 수밖에 없다. 이와는 달리 소래가 산처럼 '뾰족하게 튀어나온 곳'을 뜻하는 우리의 옛말 '솔'에서 나온 지명이라는 해석도 있다. 이곳에 소래산이 있으니 그럴듯한 얘기인데, 여기에 좀 더 살을 붙여 산과 냇가에 소나무가 많기 때문에 '솔내'로 불리다가 소래가 됐다는 설명을 하기도 한다. 그러나 소래는 이보다 '높은 곳'을 뜻하는 우리말 '수리'에서 모양이 바뀐 것으로 봄이 타당할 것이다. '수리봉'처럼 우리나라 산이나 고개 이름에 자주 쓰이는 수리는 사라, 사리, 서리, 소리, 솔, 수락, 술, 시루, 시라 등의 다양한 변형을 갖고 있으며 그 가운데에 소래도 끼어 있다. 이렇게 본다면 '소래'라는 이름은 결국 순수한 우리말의 변형일 뿐 지금 쓰이는 한자의 뜻과는 아무 관계가 없는 셈이 된다. 문헌상으로는 1486년 발간된 『동국여지승람』이나 1861년 제작된 『대동여지도』, 1919년 조선총독부가 발행한 지형도 등에 모두 소래(蘇來)라고 표시돼 있는데 언제부터 우리말 소래가 이 같은 한자로 쓰이게 됐는지는 알 길이 없다. 또한 그것이 언제 어떤 이유로 지금과 같은 소래(蘇萊)로 쓰이게 됐는지도 알 수 없다.[4)]

조선 성종 때(1486) 편찬된 『동국여지승람』에 "소래산(蘇萊山)은 인천도호부 동쪽 24리 되는 곳에 있으며 진산이다"라고 기록된 것을 비롯해 『경기지』 인천 편(1842~43 간), 『여지도서』(1760 간), 『경기읍지』 인천 편(1871 간) 등에도 같은 내용이 기록되어 있다. 그리고 같은 책에 뱀내[蛇川]를 동방천(東方川)이라 하여 인천도호부의 영역으로 기록, 현 시흥시의 중심부가 인천도호부 지역임을 알 수 있게 한다.

4) 인천시 시사편찬위원회(2002), 『인천시사』, 인천광역시.

시흥시에서 세운 소래산의 안내판에는

> 소래산은 시흥시와 인천시 사이에 위치한 높이 299.4m의 바위산이다. 산을 중심으로 북쪽으로는 계양산, 남쪽으로는 수암봉, 군자봉과 함께 장관을 이룬다. 산 이름의 유래는 신라 무열왕 7년(660), 당나라 소정방이 백제를 정발하기 위하여 중국 산동성의 래주(萊州)를 출발, 덕물도(德積島)를 거쳐 이 산에 왔다고 하여 소정방의 '소(蘇)' 자와 래주의 '래(萊)' 자를 따서 정해졌다 한다.

고 기록되어 있다. 소래산 명칭의 유래를 소정방과 관련짓고 있다.

전북 부안군 변산반도 남부에 위치한 '내소사(來蘇寺)'도 소정방이 찾아왔다는 전설에 따라 절 이름을 바꿨다고 하며, 경기도 양주군은 소정방이 왔다 하여 한때 내소군(來蘇郡: 신라 경덕왕 때)이었다. 그러나 소정방 설화를 소래산 지명 유래에 결부시키는 것은 문제가 있다.

(중략)

당시 소래산 일대는 신라의 영역으로 상륙하는 데 무리가 없었을 것으로 생각되나 이곳에서 육로로 부여까지 가는 데는 많은 기간이 소요되었을 것이다. 그리고 육로로 백제의 도성에 접근한 기록은 찾을 수 없고, 금강 하구인 기벌포(伎伐浦)를 통하여 접근하였다는 기록으로 보아 덕적도에서 직접 금강하구로 진군했을 가능성이 더 높다. 따라서 소래포구나 소래산에 소정방의 설화를 결부시킨다는 것은 무리가 많다.

소래산의 지명 유래는 소나무[松]에서 비롯되었을 가능성이 더 높다. 즉, 산과 냇가에 소나무가 많아 '송천(松川) → 솔내 → 소래(蘇來=蘇萊)'로 변화되었으리라 추정된다. 또 소래포구에 송천(松川)교회가 있었는데, 이는 단적으로 '솔내' → '소래'로 변천되었음을 알 수 있게 한다. 또 소래마을은 김포군 대곶면을 비롯해 전국에 8개처가 있는데, '지형이 소라처럼 생겼거나 지형이 좁다(솔다=좁다)'에서 비롯되었을 가능성도 있다. 덕적도 동쪽 대이작도 최고봉은 소나무가 많아 '솔봉 → 소리봉' 또는 '松峯 → 송봉 → 송이봉'이라 부르고 있다.

(중략)

현재의 지도와 문헌에는 '蘇萊(山)'이라고 기록되었으나 1486년에 발간된 『동국여지승람』을 비롯하여 1861년에 제작된 『대동여지도』에도 모두 '蘇來(山)'이라고 기록되었으며, 1919년에 발간된 지형도에도 '蘇來(山), 蘇來面'이라고 기록되었는데 어느 때 어떤 까닭으로 '蘇來(山)'으로 바뀌었는지 알 수 없다.[5)]

소래는 지명과 관련해 여러 이야기가 전해진다. 소라처럼 생긴 모습에서 비롯됐다는 설, 냇가에 숲이 많다는 뜻의 '솔내[松川]'에서 유래했다는 설, 좁은 지형을 의미하는 형용사 '솔다'에서 생겨났다는 설 등이다. 그리고 또 하나 유쾌하지 않은 내용도 있다. 신라 무열왕 7년(660년)에 당나라 소정방이 나당연합군의 일원으로 백제를 치기 위해 중국 산둥성의 라이저우(萊州)를 출발해 덕적도를 거쳐 이곳에 왔다고 해서 소정방의 '소(蘇)' 자와 래주의 '래(萊)' 자를 합쳐 '소래'라 불렀다는 이야기다. 마지막 유래설은 부끄러운 역사를 안고 있어 눈살이 절로 찌푸려진다.

지명과 관련해 소래포구 관할청인 인천시 남동구청에 문의한 결과 이 같은 대답을 들을 수 있었다. "2011년 발간한 『남동구 20년사』에 소정방과 관련한 소래 지명의 유래설이 기록돼 있다. 중등 교사 등 전문가들이 쓴 내용이다. 여러 유래 설 가운데 하나이므로 한자 등 내용을 개선할 계획은 없다. 역사적 사실이므로 받아들이는 것이 맞다고 본다." 하지만 옛 문헌 어디에도 소정방이 이곳에 상륙했다는 내용은 나와 있지 않다. 금강하구인 기벌포를 통해 상륙했다는 기록만이 존재한다. 언제부터 지금의 소래(蘇萊)로 한자가 쓰였는지도 뚜렷한 이유를 알 수 없다. 결국 이

---

5) 이형석(1998), 『인천의 땅 이름』, 가천문화재단, pp. 157-163.

는 누군가 지어낸 이야기로밖에 볼 수 없다.

그렇다면 소래의 지명을 언어적 측면에서 접근하는 것은 어떨까? 높은 곳, 맨 꼭대기를 뜻하는 순 우리말 '수리'가 '소래'로 변했다는 설이 설득력 있다. 더불어 '뾰족하게 튀어나온 곳'을 의미하는 우리의 옛말 '솔'에서 왔다는 이야기도 솔깃하다. 소래에 자리한 소래산이 해발 299미터이니 참으로 그럴듯하다.

금빛 석양의 낭만은 물론 싱싱한 해산물을 즐길 수 있는 소래포구는 여름철이면 휴가객들로 불야성을 이룬다. 무의도를 비롯해 을왕리해수욕장, 대명항 등 인근 휴가지를 다 섭렵할 수 있기 때문이다. 그 높은 인기만큼 소래라는 지명의 유래가 명확해졌으면 한다.[6)]

인터넷상이나 시중에 떠도는 소래 지명 유래는 대개 위와 같은 공식적인 자료를 바탕으로 하고 있다. 따라서 출처가 분명한 자료만으로도 소래 지명 유래에 대한 검토가 가능하다. 이상에서 살펴본 자료를 바탕으로 하면 소래 지명 유래는 다음의 다섯 가지로 정리할 수 있다.

- 소정방 설: 당나라 장수 소정방(蘇定方)이 이 지역으로 상륙해서 그의 성인 '蘇'와 소정방이 출발한 중국 땅 래주(萊州)의 '萊'를 각각 따서 '蘇萊'가 되었다.
- 소라 설: 이 지역의 지형이 소라와 비슷하게 생겨 '소라'라 부르던 것이 말이 변해 '소래'가 되었다.
- 수리 설: 높은 곳을 뜻하는 '수리'가 변하여 '소래'가 되었다.
- 솔다 설: 공간이 좁다는 뜻의 고유어 '솔다'에서 '솔'을 따서 '소래'가 되었다.

6) 노경아, "소래포구의 지명 유래가 이상야릇해!", 「이투데이」 2015년 8월 5일 자.

• 솔내 설:　소나무 숲이 우거진 곳에 냇가가 있어 '솔내[松川]'라고 하다가 말이 변해 '소래'가 되었다.

2) 소래 지명에 대한 기존의 설에 대한 비판적 검토

특정 지역의 지명 유래에 대해 이처럼 다양한 설이 제기된 것은 매우 흥미로운 사실이다. 전국의 여러 포구와 견줘봤을 때 소래가 그리 특별할 것이 없다는 점을 감안해보면 더욱 그러하다. 소래 지명에 대한 다양한 설의 근저에는 '소정방 설'이 있다. 삼국의 통일 과정에서 당나라 장수 소정방이 중요한 역할을 하기는 했지만, 그리 달갑지 않은 인물이 소래의 지명 유래에 끼어든 것이 못마땅했기 때문에 어떻게든 다른 방식으로 소래의 지명 유래를 밝혀보자 한 것으로 볼 수 있다.

(1) 소정방 설

소정방 설은 이미 여러 차례 비판이 제기되었다. 과거의 기록과 정황상 소정방이 소래 지역으로 상륙한 근거를 찾을 수 없다. 문헌에는 소정방이 금강[白江] 하구인 기벌포(伎伐浦)를 통해 상륙했다는 기록이 있을 뿐이다. 더욱이 소래로 상륙한 뒤 육로를 통해 백제의 수도인 부여까지 이동했다고 보는 것은 합리적인 설명이 아니다. 지명에 역사적인 사실을 억지로 엮어보려는 시도에서 나온 지명 유래일 뿐이다.

기존의 논의에서 지적되지 않았지만, 소정방 설은 언어적인 면에서도 타당성이 전혀 없다. 우리의 지명에서 특정인의 이름과 지역의 일부를 딴 뒤 이를 합쳐서 지명으로 삼은 예는 찾기가 어렵다. 한 지역의 이름을 지으면서 역사적인 사실을 고려해 소정방에서 '소'를 따고, 그가 출발한 지역까지 찾아보아 '래'를 딴 뒤 이를 합쳐서 '소래'라 했다는 것은 상상하기 어렵다. 그저 심심풀이로 할 수 있는 이야기로나 가능한 설명이다. 이처럼 소정방 설이 역사적으로나 언어적으로 근거가 빈약하기 때문에 다른 여러 설이 제기되는 계기가 되었다.

(2) 소라 설

소라 설은 '소라'와 '소래'의 발음이 비슷하다는 점에서 제기된 설로 보인다. '소라'는 고어에서는 '쇼라'다. 이것이 '소라'로 변하는 것은 자연스러운 변화다. 그러나 '소라'가 '소래'가 되는 것은 설명하기 어려운 변화다. 말소리의 변화에는 이유가 있기 마련인데 '라'가 '래'가 되는 변화의 이유를 찾기 어렵고, 다른 예도 발견되지 않는다. '소라'가 '소래'와 말소리가 비슷하기는 하지만, '소라'가 '소래'가 되는 것은 불가능에 가깝다.

지명의 일반적인 작법에 비춰봐도 소라 설은 설득력이 떨어진다. 동물명인 '소라' 그대로를 특정 지역의 지명으로 쓰는 사례는 없다. 지역의 생김새나 형세가 동물과 유사해 지명으로 쓸 수는 있으나 대개 '골, 촌, 마을, 포구' 등이 뒤에 붙는다. 소래 지역이 포구이니 '소라포구'도 가능하기는 하지만 동의를 얻기는 어렵다. 그저 '소래'와 '소라'가 말소리가 비슷하다는 데 착안한 설일 뿐이다.

(3) 수리 설

높은 곳을 뜻하는 '수리'가 변하여 '소래'가 되었다는 이 설은 의미 면에서도 타당하지 않고 말소리의 변화 면에서도 그 근거를 찾을 수 없다. '수리'가 높은 곳을 뜻한다는 것 자체도 분명하게 확인되지는 않는다. 적어도 사전에서는 이러한 뜻을 가진 '수리'가 확인되지 않고, 방언 자료를 뒤져봐도 역시 확인되지 않는다. 더욱이 바닷물이 수시로 드나드는 이 지역이 다른 곳에 비해 높은 곳으로 상정되어야 할 이유를 찾기 어렵다. 따라서 어휘적으로는 확인이 안 되는 설일 뿐이다.

이 설은 말소리의 변화 면에서도 타당하지 않다. '수리'가 '소래'가 되는 변화는 어떠한 근거도 찾기 어렵고 비슷한 사례도 없다. 우리말에서 모음 '오'가 '우'로 바뀌는 사례나 반대의 사례가 종종 나타나지만 대개는 단어의 끝머리에서 나타난다. 또한 대개의 경우 '오'가 '우'로 바뀌는 변화가 나타난다. 따라서 단어 첫머리의 '수'가 '소'로 바뀌는 것은 타당하지 않다. 더욱이 '리'가 '래'로 바뀌는 변화는 상정하기 어렵다. 정상적인 변화과정으로는 '리 > 래'의 변화를 고려하기 어려울 뿐만 아니라 비언어적인 어떠한 요인도 찾을 수 없다. 이 또한 '수리'가 '소래'와 말소리의 유사성이 있다는 데서 착안한 설일 뿐이다.

(4) 솔다 설

이 설은 충분한 설명이 없기 때문에 기본적인 단어 구성의 원리를 충족시키는지 확인하기 어렵다. '솔다'가 공간이 좁다는 의미의 형용사인 것은 맞다. 그런데 무엇이 좁다는 것인지 불분명하다. 땅이 좁은 것인지 바닷길이 좁은 것인지 알 수 없다. '솔다'는 형용사이기 때문에 무엇인가를 수식해야 하는데 수식의 대상이 없다. 수식의 대상이 없는 상태에서 '솔다' 혹은 그것의 어간 '솔-'이 '소래'가 될 수는 없다.

'솔다'가 수식하는 대상을 상정한다면 어느 정도 설득력을 가질 수 있다. '소래'라는 지명을 고려해본다면 '솔다'의 수식 대상은 '애' 또는 이와 비슷한 발음을 가진 단어여야 한다. 나아가 음운변화의 결과 '애'로 바뀔 수 있는 단어여야 한다. '솔다'와 '애'가 결합된다면 '솔애'가 되고, 이는 '소래'와 말소리가 같기 때문에 어느 정도 설득력이 있다. 그러나 고유어에서는 '창자'의 뜻을 가진 '애' 정도가 확인되고, 한자는 언덕이나 벼랑을 뜻하는 '崖' 정도가 가능하다. 그러나 소래 지역은 '창자' 혹은 '벼랑'과 관련이 없기 때문에 '솔다'가 수식하는 것이 무엇인지 특정해야 한다는 문제가 있다.

(5) 솔내 설

소나무 숲이 우거진 곳에 냇가가 있어 '솔내[松川]'라고 하다가 말이 변해 '소래'가 되었다는 이 설은 나름대로 설득력을 갖추고 있다. 우리의 지명에서 '솔내'와 '송천(松川)'은 여러 곳에서 확인된다. 황해도 용연군, 평안북도 영변군, 제주, 강릉 등 전국적으로 이 지명이 분포한다. 그리고 소나무를 뜻하는 '솔'과 작은 물줄기를 뜻하는 '내'는 사용 빈도가 높은 단어여서 이 둘이 결합된 '솔내'가 지명에서 나타나는 것은 자연스러운 일이라 할 수 있다.

그런데 지명으로서 '솔내'가 가능하려면 식생과 지형을 함께 고려해야 한다. 말 그대로 소나무가 우거져 있고, 근처에 물줄기가 있어야 이 지명에 부합되기 때문이다. 이런 점을 고려한다면 소래 지역의 식생과 지형이 '솔내'에 부합하는지 다소 의문이 든다. 현재의 소래 지역에서는 대규모의 소나무 숲이나 특징적인 소나무를 찾기 어렵다. 그러나 소나무는 전국 어디에서나 발견될 뿐 아니라 바닷가의 해송 군락도 흔히 발견되기 때문에 이 지역에 소나무 숲이나 특징적인 소나무가 있었다는 가정은 충분히 가능하다.

문제는 '내'인데, 소래 지역의 물줄기를 '내'로 볼 수 있는가가 남는다. '내'는 "시내보다는 크지만 강보다는 작은 물줄기"를 뜻한다. 그런데 소래 지역의 물줄기는 상류에서 기원한 '내'가 아닌 바닷물이 좁은 물줄기를 타고 드나드는 것이다. 따라서 이 지역의 물줄기를 '내'로 보는 것은 다소 무리가 있다.

말소리의 변화 면에서도 '솔내'는 고려해보아야 할 문제가 남는다. '솔'과 '내'가 결합되어 '솔내'가 되는 것은 어렵지 않지만, 표기와 달리 말소리는 [솔래]가 될 수밖에 없다. 우리말에서 'ㄹ'과 'ㄴ'은 나란히 놓일 수 없기 때문에 'ㄴ'이 'ㄹ'로 바뀌는 변화는 필연적인 변화다. 따라서 표기상으로는 '솔내'일지라도 발음은 [솔래]이고, 이것이 본래 지명이었다면 모두가 '솔래'라고 불렀을 것이다.

'솔래'가 '소래'가 되려면 말소리의 탈락이 전제가 되어야 한다. 즉, 연쇄를 이루고 있는 'ㄹㄹ'에서 'ㄹ' 하나가 떨어져야만 '솔래'가 '소래'가 될 수 있다. 'ㄹㄹ'의 연쇄에서 'ㄹ' 하나가 떨어지는 것은 어느 정도 가능성이 있다. 동일한 자음이 연속될 때 하나가 떨어졌다고 보는 것은 개연성이 그리 낮은 것은 아니다.

그렇다고 본래 '솔내[솔래]'였던 것이 '소래'로 바뀌었다고 보는 것이 충분한 설명력을 갖는 것도 아니다. 이 설이 타당하려면 소나무, 내, 'ㄹ' 탈락 세 가지를 모두 증명해야 한다. 소나무가 이 지역의 중요한 특성인지 확인하기 어렵고, 이 지역의 물줄기를 '내'라고 보기 어려운 상황에서 'ㄹ' 탈락까지 상정해야 하는 것은 불확실한 요소 여럿이 우연히 겹쳤다고 봐야 하는 문제가 있다.

이상에서 살펴보았듯이 '소래'의 지명에 대한 기존의 설은 모두 문제가 있다. 소정방 설은 이미 여러 차례 비판이 제기되었기 때문에 재론의 여지가 없다. 나머지 설 또한 의미적으로 타당하지 않고, 단어구성 면에서도 근거가 없다. 더욱이 말소리의 변화 면에서는 개연성이 없기 때문에 모두가 올바른 지명 풀이라 보기 어렵다. 다만 '솔다'에서 유래했다는 설과 '솔내'가 바뀌었다는 설은 참고할 만하다.

3) 소래 지명의 성립과 변화

지명 유래에 대해서는 상식적인 접근이 필요하다. 특정한 지역에 사람이 거주하게 되면 그 지역에 대한 이름이 지어지게 된다. 이때 지어지는 이름은 자연스럽고도 상식적인 이름일 수밖에 없다. 위치, 지형적인 특징, 식생 등의 자연지리적인 요소와 거주민, 생활 풍습, 문화 등의 인문지리적인 요소가 고려되어 그 지역의 특성이 가장 잘 드러나는 이름이 붙여지게 된다. 이렇게 자연발생적으로 붙여지는 최초의 지명은 고유어일 가능성이 크다. 책상머리에서 지어진 이름이 아닌, 삶 속에서 자연스럽게 지어진 이름이니 일상의 언어가 반영되는 것이 당연하다.

문제는 이렇게 자연발생적으로 지어진 이름이 공식적으로 '기록'되거나 '정리'될 때 나타난다. 고유지명을 기록할 문자가 없는 상태에서 지명은 입에서 입으로 전해진다. 이렇게 전해진 지명을 기록으로 남기려면 한자를 빌려 쓰는 방법밖에 없다. 또한 지명을 정리할 때도 한자로 일정한 체계를 만들어놓고 정리하기 때문에 한자로 기록된다. 한자를 이용해 지명을 기록하거나 정리하는 것은 한글이 창제되기 이전에 이미 널리 이뤄졌기 때문에 한글이 창제되고 난 이후에도 한자에 기대어 우리의 지명을 기록하거나 정리하는 것은 관행으로 자리를 잡는다.

고유한 지명이 한자를 이용해 어떻게 기록되고 정리되는가는 다음의 자료가

잘 보여준다.[7)]

장쑴이들	장몽평(長夢坪)
ᄇᆡ들	이평리(梨坪里)
바람부리	풍취리(風吹里)
소라이	성족리(聲足里)
누밋	누저리(樓底里)
달안이	월안리(月岸里)
밤ᄭᅡ울	율지리(栗枝里)
무쇠목고ᄀᆡ	수철령(水鐵嶺)
무슈목ᄌᆡ	무수령(舞袖嶺)
베락경이	벽력곡(霹靂谷)
각씨쇼	낭자소(娘子沼)
들푸골	평포동(坪浦同)
ᄭᅡ치목고ᄀᆡ	작항치(鵲項峙)
논건너산	답월산(畓越山)
ᄭᅩᆺ다리골	화전곡(花煎谷)
ᄎᆞ돌ᄇᆡᆨ이	백석치(白石峙)
쇠푼이	금굴리(金堀里)
잣밧고ᄀᆡ	백전현(栢田峴)
잔뫼	산성리(山城里)

7) 편찬자, 시기, 펴낸 곳 등이 미상인 필사본 『조선지지자료(朝鮮地誌資料)』에서 인용. 국립중앙도서관 소장 자료로서 1910년경의 조선 지명을 정리하여 편찬한 것이다.

비교적 늦은 시기에 작성된 자료이기는 하지만, 고유지명이 한자로 어떻게 기록되는가를 잘 보여준다. 뜻글자인 한자의 특성상 고유지명의 의미를 고려하여 비슷한 의미의 한자로 바꾸는 것, 즉 의역이 주류를 이룬다. 그리고 뜻이 분명하지 않거나 비슷한 의미의 적당한 한자를 찾기 어려운 것은 음차로 기록한다. 여기에 '里, 同, 谷, 嶺, 峙, 山, 峴, 坪, 沼' 등의 지명에 쓰이는 한자계 접사를 붙여 한자어 지명을 완성한다.

한자에 기댄 지명의 '기록'과 '정리'의 역사는 '부회'로까지 나아가게 된다. 고유어 지명이 먼저이고 이것을 한자로 의역 또는 음역한 것인데, 고유어 지명을 한자에서 유래를 찾거나 본래 한자어 지명이었으리라고 보는 것이다. 음차로 기록된 지명까지 그 한자의 뜻을 다시 고려해 고유지명의 의미를 역으로 해석하려는 시도도 나타나게 된다. 나아가 이러한 해석에 역사적인 사실까지 덧보태어 이야기를 만들어내기도 한다. 그 과정에서 고유지명은 사라지고 부회된 한자나 왜곡된 이야기만 남게 된다.

소래의 지명 유래는 이러한 부회와 왜곡의 양상을 잘 보여준다. '소래'는 고유어 지명이었을 것으로 보는 것이 가장 상식적이다. 오늘날 한자로 어떻게 기록되든, 어떠한 이야기가 덧붙여져 있든 본래의 이름은 고유어 '소래'나 이와 유사한 말소리의 고유어였을 것이다. 그런데 이것이 한자를 빌려 '蘇萊'로 기록되면서부터 왜곡 혹은 와전된 이야기가 만들어지기 시작한다. 한자 '蘇'와 '萊'는 풀이름을 뜻하는데, 성씨나 지명 등의 고유명사를 제외하고는 잘 쓰이지 않는 한자다. 따라서 이 한자의 뜻은 무시한 채 소리만을 따서 기록한 것일 가능성이 크다.

문제는 고유어의 소리를 적은 이 한자를 엉뚱하게 해석하는 데서 시작된다. '蘇萊'를 구성하는 각각의 한자가 풀이름이므로 이 뜻에 기댄 풀이는 나타나지 않는다. 그런데 역사적인 사실을 고려하여 '蘇'를 사람의 성씨로 보고 '萊'를 지명의 일부로 보는 견해가 나타나기 시작한다. 소정방 설에서 이미 살펴보았듯이 당나라 장수 蘇定方이 중국의 萊州에서 출발하여 이 지역으로 들어왔기 때문에 각각의 첫 글자를 따서 蘇萊가 되었다는 것이다.

이렇게 만들어진 '이야기'는 또 한 차례 변화를 겪게 된다. 우리의 지명에 '소래'가 들어가 있거나 한자 蘇가 들어가 있는 지명과 엮여 또 다른 해석이 이뤄지게 되는 것이다. 특히 전북 부안의 '來蘇寺'와 관련지어 '蘇萊'가 아닌 '蘇來'로 생각하게 된다. '蘇萊'는 '萊州에서 온 蘇定方'이라는 다소 억지스러운 설명인 데 반해 '蘇來'는 '소정방이 왔다'는 훨씬 더 자연스러운 설명이 가능하다. 그리하여 이 지역으로 소정방이 들어와서 지명이 '소래'가 되었다는 그럴듯한 이야기가 완성되는 것이다.

그러나 '소래'의 지명 유래를 한자에 기대어 설명하려는 것은 전혀 설득력이 없다. 한자어 지명이라 할지라도 '래주에서 온 소정방'과 같은 구성을 상정해 각 단어에서 한 글자씩 따서 지명을 정하거나 정리한 사례는 찾아보기 어렵다. 소정방 설이 역사적으로도 옳지 않다는 것은 여러 차례 지적되었지만, 언어적인 면에서도 타당성이 없다. '소정방이 왔다'는 의미의 '蘇來'는 더더욱 불가능하다. 우리의 지명에서 특정 인물의 성이 들어간 사례가 없을 뿐만 아니라 '○○○가 오다'와 같은 통사적 구성을 지명으로 그대로 옮겨놓은 사례도 없다.

따라서 '소래'는 그것을 기록한 한자 또는 부회된 이야기와 관계없이 본래 '소래'였을 것이라 보는 것이 가장 합리적이다. 그것이 본래 하나의 단어였든 둘 이상의 단어가 합쳐져 만들어졌든 '소래' 혹은 그와 유사한 말소리를 가진 고유어 지명이라 전제하고 그 유래를 풀어나가는 것이 가장 합리적인 방법이 될 것이다.

4) 소래 지명 유래에 대한 새로운 해석

소래의 지명 유래는 크게 소정방 설과 고유어 설로 나뉠 수 있다. 소정방 설은 역사적 사실로 보나 언어적으로 보나 타당성이 전혀 없다. 따라서 고유어로 보고 그 유래를 재검토해볼 필요가 있다. 소라 설이나 수리 설이 근거가 부족하다는 것은 앞에서 이미 지적했다. 따라서 남은 것은 솔다 설이나 솔내 설 정도다.

'솔다'에서 유래했다는 설은 왜 '좁다'는 의미의 '솔다'를 썼는지 문제가 된다. '솔다'는 그리 많이 쓰인 형용사가 아니고 오늘날에는 사어가 되었다. 지명에서도 '솔다'가 사용된 것이 많지 않다는 점에서 의문을 자아낸다. 또한 무엇이 좁다는 것인지 수식의 대상이 분명하지 않은 문제점이 있다.

'소나무'와 '물줄기'의 합성어로 보는 '솔내'는 말소리의 변화 면에서는 어느 정도 타당성이 있다. '솔내'의 실제 발음은 [솔래]인데, 중복되는 ㄹ 중 하나가 탈락되는 것은 개연성이 있는 변화다. 다만 이 지역의 물줄기가 '내'인가 하는 의문이 남는다. 소래 지역의 자연지리적인 특징은 민물이 흐르는 물줄기 '내'에 있지 않다. 오히려 바닷물이 육지 깊숙이 들어온다는 것, 그리고 넓은 갯벌이 펼쳐져 있다는 것이 특징적이다.

솔다 설과 솔내 설은 부분적인 문제점이 있지만, 소래의 지명 유래를 푸는 데 어느 정도의 단서를 제공하기는 한다. '소래'가 단일어일 가능성은 그리 크지 않다. 단일어일 경우에는 뜻이 어느 정도 파악되어야 하는데, '소래'를 단일한 고유어로 보았을 때 무슨 뜻인지 전혀 파악되지 않는다. 결국 둘 이상의 단어가 합쳐진 것으로 보아야 하는데, 2음절인 '소래'는 당연히 두 단어가 결합된 것으로 파악된다.

새롭게 제안될 수 있는 소래의 지명 유래로는 '솔개'가 있다. '솔개'는 '솔'과 '개'가 결합된 것인데, '개'는 소래 지역의 특성에 매우 잘 부합된다. '개'는 사전에서 다음과 같이 풀이된다.

개01

「명사」
강이나 내에 바닷물이 드나드는 곳
¶ 재 넘고 개 건너 잘도 간다(김동리, 『무녀도』).
【개〈두시-초〉】

또한 '개'의 합성어인 '갯벌'도 소래 지역의 특성과 잘 부합된다.

갯벌

「명사」
밀물 때는 물에 잠기고 썰물 때는 물 밖으로 드러나는 모래 점토질의 평탄한 땅. 펄 갯벌, 혼성 갯벌, 모래 갯벌 따위가 있으며 생물상이 다양하게 분포한다. ≒간석01(干潟) · 간석지 · 개펄 · 펄01「1」 · 해택(海澤)
¶ 갯벌에 나가 조개를 줍다/썰물로 바닷물이 빠져나가자 꺼멓게 갯벌이 드러났다.

'개'의 일반적인 쓰임이나 뜻풀이를 감안해볼 때 소래의 지역적 특성과 '개'를 연관 짓는 것은 매우 자연스럽다. 본래의 고유지명이 자연적 · 지역적 특성을 반영하는 것이 많기 때문에 '개'가 이 지역의 지명에 포함되는 것은 매우 자연스럽다고 볼 수 있다.

문제는 '개' 앞에 붙는 '솔'인데, 이때의 '솔'은 소나무를 뜻하는 것이든 좁다는 의미의 형용사 '솔다'에서 온 것이든 문제가 될 것은 없다. '솔다'에서 온 것이라 보는 것은 '솔다'의 의미와 이 지역의 특성이 부합되지 않는다는 문제가 있음은 앞에서 이미 지적했다. 넓은 '개'가 펼쳐져 있는 것이 이 지역의 특성인데, 굳이 '좁은 개'라고 해야 할 이유를 찾기 어렵다.

이에 비해 '솔'은 가능성이 높다. 오늘날 소래 지역에서는 대규모 소나무 숲이나 특징적인 소나무가 보이지 않는다. 그러나 소나무는 전국적으로 분포되어 있기 때문에 지명에서도 전국적으로 쓰이고 있다. 이 지역의 지명이 처음 만들어졌을 때 이 지역의 자연경관이나 식생을 알 수는 없으나 소나무를 상정하는 것은 그리 어렵지 않다.

이상의 방법으로 만들어진 '솔개'는 오늘날의 지명 '소래'와 다소 거리가 있어 보인다. 그러나 '솔개'가 '소래'가 되는 것은 자연스러운 말소리의 변화로 설명된다. 우리말에서 'ㄹ'과 'ㄱ'이 나란히 놓이게 될 때 뒤에 놓인 'ㄱ'이 약화되거나 탈락되는 사례가 흔히 발견된다.[8)]

*몰개 > 몰애 > 모래[9)]

날개 > 나래

말국 > 마룩

오늘날의 '모래'는 15세기 문헌에는 '몰애'로 나타난다. 이것이 '모래'가 아닌 '몰애'로 기록된 것은 '애'의 첫소리에 아무런 소리가 없는 것이 아니라 본래 '몰개'였다가 'ㄱ'이 약화된 소리가 남아 있기 때문이라고 본다. 즉, 문헌상으로는 '몰개'가 확인되지 않지만 '몰애'를 통해 '몰개'를 상정할 수 있다. 본래 '몰개'였던 것이 'ㄹ' 뒤에서 'ㄱ'이 약화된 후 결국에는 탈락되어 오늘날 '모래'가 된 것이다.

표준어는 아니지만 '나래'와 '마룩'도 'ㄹ'과 'ㄱ'의 연쇄에서 'ㄱ'이 탈락될 가능성을 보여준다. 표준어로는 '날개'이지만 구어에서는 '나래'라고도 많이 쓰는 이유 역시 '날개'에서 'ㄱ'이 약화되거나 탈락된 결과다. 또한 맑은 국물을 뜻하는 '말국'이 경기도나 황해도 방언에서 '마룩'이 되는 것도 같은 기제에 의해 설명된다.

8) 이기문(1972), 『국어사개설』.

9) 어형 앞의 '*'는 문헌상 실증되지는 않았지만, 여러 자료를 종합해 재구(再構)한 것임을 뜻한다. 이하 같음.

이러한 사례에 비춰보면 '솔개'는 다음과 같은 변화 과정을 겪었을 것으로 추정할 수 있다.

*솔개 > 솔애 > 소래

우리의 지명에서 '솔개'는 종종 확인된다. 평안남도 맹산군의 '솔개[松洞]', 황해도 배천군의 '솔개[松川]', 강원도 회양군의 '솔개[松洞]' 등 전국적으로 소나무와 개울이 결합된 지명이 나타난다. '솔개'를 이루는 요소의 의미가 개연성이 있고, 단어 구성법 및 말소리의 변화 면에서 무리가 없다는 점에서 '소래'의 지명 유래를 '솔개'에 두는 것이 현실적으로 가장 가능성이 높다고 볼 수 있다.

3. 소래 인근 지역 지명 유래

여느 지역과 마찬가지로 소래 인근 지역은 큰 단위부터 가장 작은 단위에 이르기까지 모두 지명이 있고, 각각의 지명은 나름대로의 유래를 가지고 있다. 따라서 모든 지역의 지명 유래를 일일이 살펴보는 것은 지면상 불가능하므로 특징적인 지명, 혹은 논란의 소지가 있는 지명, 흥미로운 유래를 가지고 있는 지명 위주로 선별해 살펴볼 필요가 있다. 또한 이 지역의 지명 유래는 이전의 자료에서 여러 차례 언급되어 있다. 따라서 가장 최근의 믿을 만한 자료(2015, 『인천광역시사—인천의 지명』)를 바탕으로 옳고 그름을 따져본 후 가장 합리적인 설명을 제시하는 것으로 소래 인근 지역의 지명 유래를 대신한다.

1) 논현

논현동의 지명 유래에 대해서는 비교적 자세히 설명되어 있는데, 한자와 관련시키는 설명의 오류가 분명히 지적되어 있다.

> 논현동(論峴洞)
>
> 논현동은 원래 인천부 남촌면 논현리 지역으로 고개에 논이 있어서 논고개, 논현이라 했다. 1914년 행정구역 통폐합에 의거 논현리(사리울, 백호뿌리, 서당골, 은봉, 산뒤의 병합)를 부천군 남촌면에 편입, 1940년 논현정(論峴町)으로 인천부에 편입, 1946년 논현리로, 1949년 논현리가 논현동으로 되었다. 1988년 남동구가 신설됨에 따라 남구 논현동에서 남동구 논현동이 되었다.
>
> 오봉산 남서쪽에 위치한 논현동은 고개에 논이 있어 논고개라 부르던 것을 한자 표기로 '논현동'이라 지칭한 것이라 한다. '논현'을 자의(字意)대로 풀이하면 '고개에서 의논하기'인데, 합당한 것은 아니다. '논고개'는 서울 강남구, '노은고개'는 충북 중원에 발견할 수 있는데, '고개에서 의논하기'와는 무관하다.
>
> 인천 남동구 논현동과 관련해 '논(論)'은 고유어 지명형태소인 '늘+은 → 는'이 발음이 유사한 한자로 표기된 것으로 '論峴'은 '는고개', 곧 '늘어진 고개' 또는 '긴 고개'의 의미라 한다. 흔히 전국에 산재하는 '능골'도 '무덤+고을'의 결합이 아니라 '늘어진 골'을 가리키는 '는골'에서 출발한 것이다. 정조 13년(1789)에 발간한 『호구총수』에는 해당 지명을 발견할 수 없지만, 1843년 『경기지』와 1871년 『인천부읍지』에는 남촌면에 '논현리'가 등장하고 있다.[10]

소래포구를 품고 있는 논현동의 '논현'은 꽤나 흥미로운 지명이다. 한자로는

10) 인천광역시 시사편찬위원회(2015), 『인천광역시사 5—인천의 지명(상)』, 인천광역시, p. 189.

'論峴'이라고 쓰는데, 음차와 의역이 결합된 전형적인 지명이다. '논현'의 본래 지명은 '논고개'였는데, '논'은 음차를 해서 論으로 적고 '고개'는 의역을 해서 峴으로 한 것이다. 본래 있던 고유어 지명을 일제강점기에 한자화하면서 오늘날의 지명이 된 것은 널리 알려진 사실이다.

그런데 '논고개'는 우리 땅 어디에나 있을법한 지명이다. 논농사를 주로 하는 우리나라의 특성상 논은 전국 어디에나 분포한다. 또한 우리나라는 산지가 많은 지형이므로 고개도 어디에나 있을 수 있다. 따라서 '논고개'가 지역적 특성이 되기도 어렵고 그것이 지명으로까지 발전하기 어려울 수도 있다.

이러한 이유로 論峴이라는 한자에 기대어 지명 유래를 설명하기도 한다. 옛날 이 마을에 중대사가 있을 때 어른들이 마을 뒤의 공터에 모여 의논했기 때문에 의논한다는 의미의 '論'이 마을 이름에 들어갔다는 것이다. 어느 마을이든 어른들이 있었고, 어느 마을이든 중대사가 있었으며, 어느 마을이든 모일 만한 공터가 있었음을 감안하면 논현은 흔하디흔한 이름이 될 수밖에 없다. 이 설명 역시 한자에 기대어 억지로 짜 맞춘 것일 뿐이다.

전국적으로 분포하는 '논현' 혹은 '논고개'라는 지명을 고려해볼 때 '논현'이 '논고개'를 한자로 적으면서 만들어졌다는 것은 분명해 보인다. 서울에도 '논현'이 있는데 이 역시 '논고개'에서 기원한 것으로 보고 있다. '논고개'라는 지명은 평안도, 강원도, 황해도 등 여러 지역에서 나타난다.

2) 사리울

사리울 마을의 지명 유래는 다소 부정확하다.

> 사리울 마을
>
> 시리월, 사리골말, 사리동(沙里洞)이라 부른다. 바닷가에 위치해서 모래가 많아 붙여진 이름이다. 지명 유래의 보편적 경우에 기댈 때, '모래'와 관련된 지역은 '모래골', '모래실'로 불린다. 한자와 관련하여 '沙坪', '沙川', '沙村', '沙溪', '沙里', '沙田', '沙峴' 등이 있다.[11]

'사리울'은 소래포구를 품고 있는 이 지역의 특성을 잘 드러내주는 지명이다. '사리울'은 '사리원', '사리골말', '사리동'이라 불리기도 한다. 한자로는 '沙里'로 쓰는데, 한자만 고려하면 모래와 관련이 있어 보인다. 인천시에서 편찬한 『인천의 지명 유래』에서도 이 지역이 바닷가에 위치하여 모래가 많기 때문에 붙여진 이름이라 풀이하고 있다. 그러나 고유어 지명의 일반적인 속성을 감안하면 한자에 기댄 이 설명은 타당하지 않은 것일 가능성이 있다.

어떤 지역이 모래가 특징적이라면 '모래'가 그대로 지명에 반영된다. 서울과 인천을 비롯해 전국적으로 나타나는 '모래내'라는 지명이 대표적인 사례라 할 수 있다. 그런데 고유어 지명에 모래가 아닌 '沙'가 포함된 것은 타당한 설명이라 보기 어렵다. 또한 '사리울'에서 '울'을 설명하지 않는 것도 문제가 된다. 더욱이 이 지역에 모래가 많았을까 하는 의문도 남는다.

다른 지역에도 '사리울'과 비슷한 지명이 나타나는데, 그 기원을 물살이 급하게 흐른다는 의미의 '살여울'에 두고 있다. '살여울'이 '사리울'로 말소리가 바뀌는 것은 가능한 변화이기도 하다. 따라서 소래포구 인근의 '사리울'도 '살여울'과 관련을 지어 설명하는 것이 타당해 보인다. 보통 여울은 내나 강에 쓰는데, 이 지역에 내나 강은 없고 바닷물이 좁은 수로를 따라 흐른다는 점에서 특이한 용례라고 할 수 있다.

---

11) 인천광역시 시사편찬위원회(2015), 『인천광역시사 5—인천의 지명(상)』, 인천광역시, pp. 189-190.

3) 호구포

‘호구포’에 대해서는 꽤나 설득력이 있지만, 좀 더 고려해봐야 하는 설명이 포함되어 있다.

> 범아가리[虎口浦] 마을
>
> 논고개 서남쪽에 위치한 마을로 호구(虎口), 호구포, 호구포말이라 한다. 지형이 범의 아가리처럼 생겨서 유래한 마을이다. ‘호구(虎口)’가 범아가리를 가리키는 한자이되 ‘호’ 자의 부수 ‘虍’는 고양잇과 동물들의 불규칙한 이빨 상태를 가리키기에 ‘범아가리’라는 지명은 매립되기 이전의 구불구불하게 형성된 갯고랑과 관련해 이해해야 한다.[12]

‘호구포’ 또한 소래포구 인근의 특징을 잘 드러내주는 지명이다. 한자로는 ‘虎口浦’라 쓰는데, 말 그대로 ‘범아가리 포구’라는 의미다. 포구의 형세가 범의 아가리와 비슷하게 생겨서 유래된 이름이라 보고 있다. 지금은 매립되어 포구의 모습을 찾을 길 없으나 충분히 개연성이 있는 설명이다.

시사의 설명은 매립되기 이전의 이 지역 형세와 관련 있어 설득력이 있어 보이기는 한다. 즉, 지형이 범의 아가리와 유사한 것이 아니라 구불구불한 갯고랑이 범의 이빨과 비슷하다는 설명이 그것이다. 그러나 ‘아가리’와 ‘이빨’은 명확하게 구별된다. 이 지역의 지명이 실제로 범 이빨과 유사한 지형 때문에 만들어졌다면 지명에 ‘이빨’이 반영되었을 것이라는 점에서 문제가 있는 설명이다.

---

12) 인천광역시 시사편찬위원회(2015), 『인천광역시사 5—인천의 지명(상)』, 인천광역시, pp. 190-191.

4) 고잔

'고잔'에 대해서는 비교적 자세하게 설명되어 있는데, 핵심적인 부분에서 오류가 발견된다.

> 고잔동(古棧洞)
>
> 연혁: 고잔동은 곶(串) 지형이다. 1914년 행정구역 통폐합에 의거, 고잔리(고얏말, 돌우물, 갈매의 병합)를 부천군 남동면에 편입시켰다가 1940년 일향정(日向町)으로 인천부에 편입되었다. 1946년 고잔리로, 1949년 고잔동, 1968년 인천시 남구 고잔동, 1988년 인천직할시 남동구 고잔동이 되었다.
>
> 고잔(古棧)을 자의(字意)로 풀이하는 유래는 오류에 해당한다. '오래된 다리[棧橋]'가 아니라 '곶(串)'은 육지의 내[川]가 튀어나온 지형을 가리킨다. 외형이 뾰족하게 나온 것이 '곶'과 결부돼 있는데, 고깔(곳갈), 고드름(곳어름), 곡괭이(곳광이), 꽂게(곳궤) 등이 이에 해당한다. 그래서 곶의 안쪽은 '곶안 → 고지안 → 고잔 → 古棧(高棧)'으로 변화한 것이다. 곶의 바깥의 경우, '곶밖 → 꽃밖 → 꽃밭'으로 발음하기에 한자로 '화전(花田)'이다. 화전동은 북구 작전동의 '화전'과 산곡동의 화전곡(花田谷 → 꽃밭골 → 고박골), 검암동의 화산(花山: 꽃메산) 등이 있다. 또한 나루터로 가능할 수 있도록 '배[船]가 닿는 곳'이라는 뜻으로 '배곶'은 '배곶 → 배꽃 → 이화(梨花)'로 바뀌는데, 산곡동의 '배꼬지고개'가 그것이다. 흔히 '고지[串]'가 경음화하여 '꼬지 → 꽃'으로 변화된 뒤에 '花 · 華'로 표기된다. 그리고 이 '꼬지'의 별칭으로 '꼬장배기[花粧]'가 쓰이기도 하는데, 이는 '조리+앙이 → 조랭이', '꼬치+앙이 → 꼬챙이' 등과 같은 조어법이다. 오늘날의 중구와 동구의 일부분은 인천부 다소면 고잔리(古棧里)였으나, 1883년 개항 이후 원래의 명칭이 사라졌다.[13]

13) 인천광역시 시사편찬위원회(2015), 『인천광역시사 5—인천의 지명(상)』, 인천광역시, pp. 194–195.

'고잔'도 바다와 인접한 지역에서 나타나는 지명인데, 한자 표기와 그 유래가 흥미롭다. 한자로는 '古棧'으로 쓰는데, 한자의 뜻만 본다면 '오래된 사다리' 정도의 의미다. '棧'이 절벽과 절벽 사이에 놓이는 잔교(棧橋)에 쓰이는 한자임을 감안하면 이 지역의 특성과는 전혀 관련 없는 엉뚱한 지명이 아닐 수 없다. 따라서 '고잔'의 한자 표기는 음차로 보는 것이 합리적이다.

오늘날의 표기는 한자 표기를 따라 '고잔'이지만, 본래 '곶안'으로 보고 있다. 바다로 돌출한 육지를 '곶'이라 하니 '곶안'은 '곶의 안'이라는 의미다. 바닷가에 흔히 있을법한 지명인 '고잔'의 유래를 '곶안'이라고 보는 것은 타당해 보인다.

그런데 '곶안'이라고 볼 때 그 발음이 문제가 된다. '곶안'의 발음은 [고단]이지 [고잔]이 될 수 없기 때문이다. 우리말에서 실질적인 의미를 가지는 두 단어가 연속될 때 그 받침의 소리가 바뀌는 경우가 있다. '옷의 안쪽'이라는 의미의 '옷안'은 [오산]이 [오단]이 되고, '잎의 안쪽'이라는 의미의 '잎안'은 [이판]이 아닌 [이반]이 된다. 이러한 변화에서 '곶안'만 예외가 될 수 없다.

이 문제는 본래 '곶안'이 아닌 '곶의 안'이었다고 보면 해결이 가능하다. '곶'과 '안' 사이에 '의'가 개입되면 [고즤안] 또는 [고제안]으로 발음될 수 있다. '고즤안'이든 '고제안'이든 '고잔'으로 바뀌는 것은 충분히 있을 수 있는 변화다. 둘 다 명사인 '곶'과 '안'은 '곶안'으로 결합되는 것이 자연스러운데, '곶'의 발음을 살리기 위해 '곶의 안'과 같이 결합되어 오늘날까지 남아 있는 것이다. 다른 지역에서도 '고잔'이라는 지명이 나타나는데, 모두 이와 같은 변화를 겪은 것으로 보인다.

시사에서 장황하게 설명하고 있지만 핵심은 '고지안'이다. 그러나 '곶'과 '안'이 결합될 때 '이'가 개입되어야 할 이유가 없다. 이 환경에서는 처격조사가 결합되어야 하므로 '곶의 안'으로 보는 것이 합리적이다.

5) 소결

소래와 소래 인근 지역의 지명 유래에 대한 설명에서 가장 문제가 되는 것은 한자 표기에 기대는 것이다. 우리의 고유 지명은 고유어를 기반으로 해서 만들어졌다. 우리말을 기록할 문자가 없는 상황에서 한자로 기록하는 것은 어쩔 수 없는 선택이다. 이때 의역과 음차가 동시에 이뤄지는데, 지명의 상당수는 음차로 기록된다. 한자의 음을 빌려 우리의 고유 지명을 적었을지라도 각각의 한자는 모두 고유한 뜻을 가지고 있다. 따라서 음차로 적은 지명을 다시 한자의 뜻에 기대어 풀이하려는 오류가 반복적으로 나타나는 것이다.

소래를 한자와 관련지어 설명하려는 시도의 대표적인 사례는 소정방 설이다. 논현과 고잔 또한 한자에 기대어서는 정확하게 이해하기 어렵다. 사리울도 한자 그대로 풀이해서는 정확한 지명 유래를 찾기 어렵다. 결국 소래와 소래 인근 지역의 지명은 애초에 지명이 만들어졌을 때의 상황을 역추적하는 방법으로 새롭게 이해할 필요가 있다. 이 지역의 자연적 · 인문적 특성과 역사적 변화를 고려하여 지명의 기원을 추적해가야만 비로소 정확한 추정이 가능하다.

소래의 지명 유래에 관한 설 중에서 가장 확실하게 부정할 수 있는 설은 소정방 설이다. 소정방이 소래 지역으로 들어왔다는 근거가 희박하다는 것은 소정방 설을 부정할 분명한 근거가 될 수 있다. 또한 언어적인 면에서도 소정방 설은 성립되기 어렵다. 특정한 인물과 지역에서 한 글자씩 따서 '蘇萊'라는 지명을 만들었다는 것도 부자연스럽고, '소정방이 왔다'는 통사적 구성으로서 '蘇來'라는 지명을 만들었다는 것도 성립되기 어렵다.

그럼에도 소래의 지명 유래 중에서 사람들의 입에 가장 많이 회자되고 사람들의 머리에 가장 많이 기억되는 것이 소정방 설이다. 소정방 설이 성립되기 어렵다는 사실이 어느 정도 알려지고 난 뒤에도 소정방 설은 여전히 위력을 발휘하고 있다. 이는 지명이 단순히 역사적인 사실, 혹은 언어적인 타당성의 문제가 아니라는 반증이 된다. 사람들이 지명에 대한 객관적인 사실 위에 덧씌워진 '이야기'에 천착하고 있다는 사실을 말해주는 것이기도 하다.

'이야기'의 측면에서 볼 때 소정방 설은 매력적인 요소가 많이 있다. 비록 거짓일 가능성이 높지만, 역사적인 사실을 끌어들인 것은 다른 설에 비해 사람들의 흥미를 끌기에 충분하다. 지명의 일반성과 소래 지역의 여러 특성을 고려했을 때 '솔개'가 가장 타당한 유래라고 할지라도 이야깃거리로서는 소정방 설이 더 끌리는 것이다. 사람들에게는 '솔개'의 언어학보다는 소정방의 허구가 더 와 닿는다.

이러한 면을 고려할 때 소래의 지명을 소서노와 연결 짓는 것은 '이야기'의 세계에서 충분히 가능성이 있고 현실적인 효용성도 있다. 객관적인 사실의 세계에서는 '소정방이 왔다'는 의미의 '蘇來'가 불가능하듯이 '소서노가 왔다'는 의미의 '召來'도 타당하지 않다. 그러나 허구임을 전제로 한 이야기 세계에서는 '소서노가 왔다'는 의미의 '소래'가 얼마든지 가능하다. 이야기 세계에서는 어떤 이야기를 어떻게 만들어 전파하느냐가 중요하다.

소래 지명 유래에서 소서노 스토리텔링이 가능하고 또 필요한 이유가 여기에 있다. 실체로서의 소래는 과거와 현재 그리고 미래를 가릴 것 없이 늘 같은 모습이다. 지명으로서의 소래도 본래 '소래' 혹은 그와 유사한 말소리로서 유지되어왔고, 앞으로도 유지되어야 한다. 다만 실체로서의 공간과 그 공간을 부르는 이름으로서의 지명에 흥미로운 이야깃거리가 만들어지는 것은 그 지역과 그 지명을 널리 알리는 방법이 될 수 있다.

4장

소서노 스토리텔링

1. 소서노에 대한 기록
2. 소서노 스토리텔링

1.
소서노에 대한 기록

소서노(召西奴, B. C. 66~B. C. 6)는 졸본부여 사람으로 고구려왕 주몽의 아내이자 백제왕 비류 · 온조의 어머니다. 소서노에 대한 국내 최초의 기록물은 『삼국사기』로 다음과 같다.

一云, 始祖沸流王, 其父優台, 北扶餘王解扶婁庶孫, 母召西奴, 卒本人延陁勃之女. 始歸于優台, 生子二人, 長曰沸流, 次曰温祚. 優台死, 寡居于卒本. 後朱蒙不容於扶餘, 以前漢建昭二年春二月, 南奔至卒本, 立都, 號高句麗, 娶召西奴爲妃. 其於開基創業, 頗有内助, 故朱蒙寵接之特厚, 待沸流等如己子. 及朱蒙在扶餘所生禮氏子孺留來, 立之爲大子, 以至嗣位焉. 於是, 沸流謂弟温祚曰, "始大王避扶餘之難, 逃歸至此, 我母氏傾家財, 助成邦業, 其勤勞多矣. 及大王猒世, 國家屬於孺留. 吾等徒在此, 鬱鬱如疣贅, 不如奉母氏南遊卜地, 別立國都." 遂與弟率黨類, 渡浿 · 帶二水, 至彌鄒忽以居之. 北史及隋書皆云, "東明之後有仇台, 篤於仁信. 初立國于帶方故地, 漢遼東大

校勘 守公孫度, 以女妻之, 遂爲東夷強國. 未知孰是. (三國史記 卷第二十三 百濟本紀 第一)

위의 내용을 해석하면 다음과 같다.

시조 비류왕(沸流王)은 그 아버지는 우태(優台)로 북부여왕(北夫餘王) 해부루(解夫婁)의 서손(庶孫)이었고, 어머니는 소서노(召西奴)로 졸본(卒本) 사람 연타발(延陀勃)의 딸이었다. 처음에 우태에게 시집가서 아들 둘을 낳았는데, 큰아들은 비류라 하였고, 둘째는 온조라 하였다. 우태가 죽자 졸본에서 과부로 지냈다. 뒤에 주몽이 부여(扶餘)에서 용납되지 못하자 전한(前漢) 건소(建昭) 2년 봄 2월에 남쪽으로 도망하여 졸본에 이르러 도읍을 세우고 국호를 고구려(高句麗)라고 하였으며, 소서노를 맞아들여 왕비로 삼았다. 주몽은 그녀가 나라를 창업하는 데 잘 도와주었기 때문에 총애하고 대접하는 것이 특히 후하였고, 비류 등을 자기 자식처럼 대하였다. 주몽이 부여에 있을 때 예씨(禮氏)에게서 낳은 아들 유류(孺留)가 오자 그를 태자로 삼았고, 왕위를 잇기에 이르렀다. 이에 비류가 동생 온조에게 말하였다. "처음 대왕께서 부여의 난을 피하여 이곳으로 도망하여 왔을 때, 우리 어머니가 가산을 내주어 나라의 기초를 세우는 위업을 도와주었으니 어머니의 조력과 공로가 많았다. 그러나 대왕께서 돌아가시자, 나라가 유류에게 돌아갔다. 우리가 공연히 여기에 있으면서 쓸모없는 사람같이 답답하고 우울하게 지내는 것보다는 차라리 어머님을 모시고 남쪽으로 가서 살 곳을 선택하여 별도로 도읍을 세우는 것이 좋겠다"라 하고, 마침내 그의 아우와 함께 무리를 이끌고 패수(浿水)와 대수(帶水)를 건너 미추홀에 와서 살았다고 한다. 『북사(北史)』와 『수서(隋書)』에는 모두 "동명의 후손 중에 구이(仇台)라는 사람이 있었는데, 사람이 어질고 신의가 있었다. 그가 처음으로 대방(帶方) 옛 땅에 나라를 세웠는데, 한(漢)의 요동태수 공손도(公孫度)가 자기의 딸을 구이(仇台)에게 시집보냈고, 그들은 마침내 동이의 강국이 되었다"라고 기록되어 있으니 어느 주장이 옳은지 알 수 없다. [국사편찬위원회, 한국사데이터베이스(http://db.history.go.kr/item/level.do?levelId=sg_023r_0020_0010)]

국내에서 소서노를 주제로 이뤄지는 연구, 저작물 등은 대부분 위의 『삼국사기』를 근거로 만들어지고 있다.

국내 자료로는 고려 초에 편찬된 이른바 『구삼국사(舊三國史)』를 포함한 고기류(古記類)가 주종을 이루고 있다. 이들 국내 자료는 현재 남아서 전하는 것이 없어 어떤 책들이 어느 정도로 활용되었는지 알기 어렵다. 그렇지만 『삼국사기』가 나오기 전까지 대표적인 역사서로 인정되었을 『구삼국사』가 가장 비중 있게 다루어졌을 것은 의심의 여지가 없다.

중국 측 자료로는 『북사(北史)』, 『수서(隋書)』, 『양서(梁書)』, 『책부원구(冊府元龜)』 등의 서명이 「백제본기」의 본문 및 분주에서 직접 거론되고 있는데, 이들 외에도 『후한서(後漢書)』, 『진서(晉書)』, 『위서(魏書)』, 『구당서(舊唐書)』, 『신당서(新唐書)』 등의 정사류(正史類)와 『자치통감(資治通鑑)』이 활용된 것으로 파악된다. 특히 『책부원구』나 『신당서』, 『자치통감』 등은 11세기에 편찬된 책이므로 『구삼국사』나 그 이전에 만들어진 사서에서는 내용이 참고되거나 반영될 수 없었을 것이며, 『삼국사기』 단계에서 처음으로 이용되었다고 여겨진다(강종훈, 2006).

『삼국사기』에 기록된 초기 기록, 백제의 초기사를 사료로 받아들이는 범위는 학자들마다 다르다.

비류 설화는 당연히 온조 설화와는 별개의 자료에서 나온 것일 텐데, 근본을 거슬러 올라가면 최종적으로 백제 계통의 사서에까지 가서 닿겠지만, 현재 『삼국사기』에 전하는 형태의 기록은 작성 시점이 상대적으로 떨어질 가능성이 크다. 그것은 시조와 고구려 사이의 연관성을 숨기고자 했던 온조 설화와 달리, 비류 설화에서는 "주몽이 부여로부터 졸본으로 내려와 도읍을 세우고 그 이름을 '고구려'라고 하였다"고 하여 고구려를 노출시키고 있다는 점에서 단서가 찾아진다. 백제의 시조가 고구려로부터 내려온 인물임을 굳이 은폐하지 않았다는 것은 백제인이 아니면서 비교적 객관적인 입장에 서 있던 역사가에 의해 기사가 작성되었을 가능성을 보여주는 것이다. 아마도 후대의 신라인이 그 장본인일 가능성이 큰데, 비류 설화 또한 한산주와 관련이 있음을 고려한다면 이 역시 본래 『한산기』에 실려 있던 것을 따왔을 가능성을 점칠 수 있다(강종훈, 2006).

『삼국사기』 초기 기록 불신론이 있는가 하면 초기 기록 수정 · 분해론이 있기도 하다. 신채호의 『조선상고사』 역시 사실성에 대한 논쟁이 큰 저서다.[1] 『조선상고사』는 대단군조선 · 3조선 · 부여 · 고구려 중심의 역사인식체계를 수립했지만, 교설적(教說的)인 성격이 많이 나타난다는 평가를 받고 있다. 이 때문에 민족주의 의식이 지나치게 투영되어 역사서술과 가치 평가의 공정성이 감소되었다(한민족문화백과, 2016년 12월 검색). 『조선상고사』에는 '소서노'를 다음과 같이 기록하고 있다.

고구려 시조 추모(鄒牟: 혹 朱蒙)는 천생으로 용맹과 힘과 활 쏘는 재주를 타고나서 과부 소서노(召西奴)의 재산으로 영웅호걸을 불러 모아 교묘하게 왕검 이래의 신화를 이용하여 하늘의 알에서 강생(降生)하였다 자칭하고 고구려를 건국하였다.

(중략)

1) 이와 같은 것의 진위를 가리는 것은 본 연구의 목적이 아니므로 이에 대한 논의는 본격적으로 진행하지 않기로 한다.

졸본부여에 이르니 이곳의 소서노(召西奴)라는 미인이 아버지 연타발(延陀渤)의 많은 재산을 물려받아서 해부루왕의 서손(庶孫) 우태(優台)의 아내가 되어 비류(沸流)·온조(溫祚) 두 아들을 낳고 우태가 죽어 과부로 있었는데, 나이 37살이었다. 추모를 보자 서로 사랑하여 결혼하였는데, 추모는 그 재산을 가지고 뛰어난 장수 부분노(扶芬奴) 등을 끌어들이고 민심을 거두어 나라를 경영하여 흘승골의 산 위에 도읍을 세우고 나라 이름을 '가우리'라 하였다. '가우리'는 이두자(吏讀字)로 고구려(高句麗)라 쓰니, 중경(中京) 또는 중국(中國)이라는 뜻이었다.

(중략)

전사(前史)에 왕왕 송양(松讓)을 나라 이름이라고 하였는데, 『이상국집(李相國集)』 동명왕 편(東明王篇)에 인용한 『구삼국사(舊三國史)』를 상고해보면 비류왕 송양(沸流王松讓)이라고 하였으니 비류는 곧 부여로 졸본부여를 일컬은 것이므로 송양은 나라 이름이 아니라 졸본부여왕의 이름이다. 또 추모가 졸본부여의 왕녀에게 장가들었는데, 왕이 아들이 없었으므로 왕이 죽은 뒤 그 자리를 이어받았다고 하였으나 졸본부여의 왕녀 곧 송양의 딸에게 장가든 사람은 추모의 아들 유류(儒留)요, 추모가 장가든 소서노는 졸본부여의 왕녀가 아니다. 추모왕을 본기(本紀)에 '동명성왕(東明聖王)'이라 하였으나, 동명(東明)은 '한몽'으로 읽을 것이니 '한몽'이란 신수두 대제(大祭)의 이름이다. 추모 왕을 신수두 대제에 존사(尊祀)하므로 한몽(동명)이라는 칭호를 올린 것이고, 성왕의 성(聖)은 '주무'의 의역(義譯)이다.

소서노(召西奴) 여대왕(女大王)의 백제 건국

「백제본기(百濟本紀)」는 「고구려본기」보다 더 심하게 문란하다. 백몇십 년의 감축은 물론이고, 그 시조와 시조의 출처까지 틀리다. 그 시조는 소서노 여대왕(召西奴女大王)이니 하북(河北) 위례성(慰禮城: 지금의 한양)에 도읍을 정하고, 그가 죽은 뒤에 비류(沸流)·온조(溫祚) 두 아들이 분립하여 한 사람은 미추홀(彌鄒忽: 지금의 仁

川)에, 또 한 사람은 하남(河南) 위례홀(慰禮忽)에 도읍하여 비류는 망하고 온조가 왕이 되었는데, 본기에는 소서노를 쑥 빼고 그 편(篇) 첫머리에 비류 · 온조의 미추홀과 하남 위례홀의 분립을 기록하고, 온조왕 13년에 하남 위례홀에 도읍하였음을 기록하였으니, 그러면 온조가 하남 위례홀에서 하남 위례홀로 천도한 것이 되니 어찌 우스갯소리가 아니랴? 이것이 첫째 잘못이요, 비류 · 온조의 아버지는 소서노의 전남편인 부여사람 우태(優台)이므로 비류 · 온조의 성도 부여요, 근개루왕(近蓋婁王)도 백제가 부여에서 나왔음을 스스로 인정하였는데, 본기에는 비류 · 온조를 추모(鄒牟)의 아들이라 하였음이 둘째 잘못이다. 이제 이를 개정하여 백제 건국사를 서술한다.

소서노가 우태의 아내로 비류 · 온조 두 아들을 낳고 과부가 되었다가 추모 왕에게 개가하여 재산을 기울여서 추모 왕을 도와 고구려를 세우게 하였음은 이미 앞에서 말하였거니와 추모 왕이 그 때문에 소서노를 정궁(正宮)으로 대우하고, 비류 · 온조 두 아들을 친자식같이 사랑하였는데, 유류(孺留)가 그 어머니 예씨(禮氏)와 함께 동부여에서 찾아오니 예씨가 원후(元后)가 되고 소서노가 소후(小后)가 되었으며, 유류가 태자가 되고 비류 · 온조 두 사람의 신분이 덤받이자식 됨이 드러났다. 그래서 비류와 온조가 의논하여 "고구려 건국의 공이 거의 우리 어머니에게 있는데, 이제 어머니는 왕후의 자리를 빼앗기고 우리 형제는 의지할 데 없는 사람이 되었다. 대왕이 계신 때도 이러하니, 하물며 대왕께서 돌아가신 뒤에 유류가 왕위를 이으면 우리는 어떻게 되겠는가? 차라리 대왕이 살아 계신 때에 미리 어머니를 모시고 딴 곳으로 가서 딴살림을 차리는 것이 옳겠다" 하여 그 뜻을 소서노에게 고하고 소서노는 추모 왕에게 청하여 많은 금 · 은 · 주보(珠寶)를 나누어 가지고 비류 · 온조 두 아들과 오간(烏干) · 마려(馬黎) 등 18사람을 데리고 낙랑국을 지나서 마한으로 들어갔다.

마한으로 들어가니 이때의 마한 왕은 기준(箕準)의 자손이었다. 소서노가 마한 왕에게 뇌물을 바치고 서북쪽 백 리의 땅 미추홀(지금의 인천)과 하북 위례홀(지금의 한양) 등지를 얻어 소서노가 왕을 일컫고, 국호를 백제라 하였다. 그런데 서북의 낙랑국 최씨가 압록강의 예족(濊族)과 손잡아 압박이 심하므로 소서노가 처음엔 낙랑국과 친하고 예족만 구축하다가 나중에 예족의 핍박이 낙랑국이 시켜서 하는 것임을 깨닫고, 성책을 쌓아 방어에 전력을 다했다. 「백제본기」에 낙랑왕(樂浪王)이라 낙랑태수(樂浪太守)라 기록되어 있는데, 이것은 백몇십 년의 연대를 줄인 뒤에 그 줄인 연대를 가지고 지나의 연대와 대조한 결과로 낙랑을 한군(漢郡)이라 하여 낙랑태수라고 쓴 것이며, 예(濊)라 쓰지 않고 말갈(靺鞨)이라 썼는데, 이것은 신라 말엽에 예를 말갈이라고 한 당(唐)나라 사람의 글을 많이 보고 마침내 고기(古記)의 예를 모두 말갈로 고친 것이다.

소서노가 죽은 뒤 두 아들의 분국(分國)과 그 흥망

소서노가 재위 13년에 죽으니, 말하자면 소서노는 조선 사상 유일한 여성 창업자일 뿐 아니라 곧 고구려와 백제 두 나라를 건설한 사람이었다. 소서노가 죽은 뒤에 비류 · 온조 두 사람이 의논하여 "서북의 낙랑과 예가 날로 침략해오는데 어머니 같은 성덕(聖德)이 없고서는 이 땅을 지킬 수 없으니 차라리 새 자리를 보아 도읍을 옮기는 것이 좋겠다" 하고, 이에 형제가 오간 · 마려 등과 함께 부아악[負兒岳: 지금 한양의 북악(北岳)]에 올라가 서울 될 만한 자리를 살폈는데, 비류는 미추홀을 잡고, 온조는 하남 위례홀을 잡아 형제의 의견이 충돌되었다.

오간 · 마려 등이 비류에게 간하기를, "하남 위례홀은 북은 한강을 지고, 남은 기름진 평야를 안고, 동은 높은 산을 끼고, 서는 큰 바다를 둘러 천연의 지리가 이만한 곳이 없겠는데, 어찌하여 다른 데로 가려고 하십니까?"라 하였으나 비류는 듣지 아니하므로 하는 수 없이 형제가 땅과 백성을 둘로 나누어 비류는 미추홀로 가고, 온조는 하남 위례홀로 가니, 이에 백제가 나뉘어 동 · 서 두 백제가 되었다.

본기에 기록된 온조의 13년은 곧 소서노의 연조요, 그 이듬해 14년이 곧 온조의 원년이니, 13년으로 기록된 온조 천도의 조서는 비류와 충돌된 뒤에 온조 쪽의 백성에게 내린 조서이고, 14년 곧 온조 원년의 "한성의 백성을 나누었다(分漢城民)"고 한 것은 비류 · 온조 형제가 백성을 나누어 가지고 각기 자기 서울로 간 사실일 것이다. 미추홀은 '메주골'이요, 위례홀은 '오리골(본래는 아리골)'이다. 지금의 습속에 어느 동네이든지 흔히 동쪽에 오리골이 있고 서쪽에 메주골이 있는데, 그 뜻은 알 수 없으나 그 유래가 또한 오래다. 그런데 비류의 미추홀은 땅이 습하고 물이 짜서 백성이 살 수 없어 많이 흩어져 달아났지만, 온조의 하남 위례홀은 수토가 알맞고 오곡이 잘 되어 백성이 편안히 살아가므로 비류는 부끄러워서 병들어 죽고 그 신하와 백성은 다 온조에게로 오니 이에 동 · 서 두 백제가 도로 하나로 합쳐졌다.

온조(溫祚)의 마한 습멸(馬韓 襲滅)

백제가 마한의 봉토(封土)를 얻어서 나라를 세웠으므로 소서노 이래로 공손히 신하의 예로써 마한을 대하여, 사냥을 하여 잡은 사슴이나 노루를 마한에 보내고 전쟁을 하여 얻은 포로를 마한에 보냈는데, 소서노가 죽은 뒤에 온조가 서북쪽의 예와 낙랑의 방어를 핑계하여 북의 패하(浿河: 지금의 대동강)로부터 남으로 웅천[熊川: 지금의 공주(公州)]까지 백제의 국토로 정하여달라고 해서 마침내 그 허락을 얻고 그 뒤에 웅천에 가서 마한과 백제의 국경에 성책을 쌓았다.

(『주석 조선상고사(註釋 朝鮮上古史)』)

많은 연구자들이 『삼국사기』에 제시된 '소서노'에 대한 내용과 신채호의 『조선상고사』에 기록된 '소서노'의 내용을 바탕으로 '소서노'를 연구하고 있다.

연희원(2011)은 김부식이 『삼국사기』에서 자신의 음양이론적 인간 이해가 곧 우주의 질서임을 절대화하고 자연화함으로써 그 기준에 맞지 않았던 소서노의 정치적 역할을 과소평가하거나 제거했다고 보았다. 또한 서철원(2010)은 백제의 소서노가 고구려와의 관계가 이중적인 탓에 비류와 온조의 모든 계열로부터 환영받지 못하여 신격을 획득하지 못한 것으로 강조했다.

차옥덕(2002)은 한국의 상고시대 자료가 유실된 문제이기도 하지만, 『삼국사기』가 백제보다 신라 중심의 서술이라는 점, 비류보다는 온조 중심의 역사 평가라는 점을 강조하고 있다. 그리고 남성 중심으로 부각시켜 소서노에 대한 평가를 비하함으로써 소서노 관련 자료들이 폐기되거나 사라진 것으로 보았다. 권도경(2008)은 소서노가 두 개의 국가를 세웠지만 고구려는 주몽에 의해 가려지고, 백제는 비류와 온조에 의해 소서노에 관한 역사 기록과 신화를 축소 · 왜곡하고 있다고 해석했다.

이상의 소서노 관련 연구들을 검토한 결과 얻을 수 있는 시사점은 소서노가 고구려와 백제를 건국한 주역일 가능성이 있으며, 그 업적에 비해 학술적으로 주목받지 못하고 있다는 점, 소서노의 한반도 도래와 관련한 역사적 흔적이나 그녀의 활동과 죽음이 가려져 있다는 점을 들 수 있다.

소서노를 소재로 한 소설 등의 단행본들은 『두 국가를 세운 여장부 소서노』, 『두 나라를 세운 여걸 소서노』, 『소서노』, 『역사를 만든 여성 리더십』, 『소서노 1, 2: 고구려를 세운 여인』, 『여제 소서노』, 『잃어버린 백제: 주몽과 소서노, 그 이후 이야기』, 『한반도의 국모 소서노』, 『소서노: 주몽이 사랑한 여걸』 등이 있으며, 특히 요즘 젊은 세대들의 언어적 감각에 호소하는 황근기(2007)의 『엽기 고대왕조실록』에 실린 「철의 여인 소서노의 한과 야망」 같은 글을 들 수 있다. 이와 같은 단행본들의 서지사항을 정리하면 다음 〈표 4-1〉과 같다.

〈표 4-1〉 소서노에 관한 도서 서지사항

저자명	출판연도	도서명	출판사	줄거리
김부식	1145	삼국사기	-	국왕의 명을 받아 김부식의 주도 아래 8명이 유교 정치이념 중심으로 편찬
이기담	1999	대륙을 꿈꾸는 여인	밝은세상	고구려 역사에서 은폐된 '소서노', 치열한 권력투쟁과 사랑의 역사를 들려주는 역사소설
윤영수 김진영	2007	두 나라를 세운 여걸 소서노	한솔수북	주몽의 만남에서 고구려, 백제를 세우기까지 과정을 그린 이야기
이기담	2006	소서노(1, 2) 고구려를 세운 여인	밝은세상	부여에서 시작된 주몽과의 사랑과 비류 태자에 대한 풍파를 겪으며 주몽과 인연을 끊고 남하하여 백제를 건국한 이야기
윤선미	2006	소서노	현대 문화센터	불멸의 여신이 되어 백제를 건국하지만, 결국 골육상쟁의 비극으로 기막힌 최후를 맞는 소서노에 대한 이야기
김용필	2007	잃어버린 백제: 주몽과 소서노, 그 이후 이야기	청아	사라진 백제와 역사학자들의 음모 속에 철저히 감춰져온 고대사의 엄청난 비밀을 파헤치는 과정을 담은 이야기
이재윤 노이정	2007	주몽이 사랑한 여걸 소서노	홍진 P&M	소서노의 일대기를 그린 인물 만화
황근기	2007	엽기 고대왕조실록: 고대사, 감춰진 역사의 놀라운 풍경들	추수밭	'철의 여인' 소서노의 한과 야망이라는 소제목으로 소개
이재윤 노이정	2012	한반도의 국모 소서노	형설아이	주몽과의 만남에서 백제와 미추홀, 마한 정복까지 담고 있음
김은희 루루지	2012	두 국가를 세운 여장부 소서노	북스	역사스페셜 작가들이 쓴 한국사 이야기로, 총 4권으로 된 어린이용 역사서

그뿐만 아니라 소서노에 관한 뮤지컬 「소서노」 등이 여기에 해당하며, 간접적이긴 하나 소서노 콘텐츠가 활용된 드라마 『주몽』, 『근초고왕』 등을 들 수 있다. 이와 같은 작품들의 서지사항을 정리하면 다음 〈표 4-2〉와 같다.

그뿐만 아니라 백과사전식의 정보제공을 위주로 한 인물 콘텐츠 아카이브에서도 여전히 소서노가 등장한다. 이 아카이브의 특징은 각종 역사 자료조사를 통해 수집된 자료와 객관적으로 검증된 자료에만 근거를 둔다. 인물 다큐멘터리이

〈표 4-2〉 소서노에 관한 뮤지컬 및 드라마

유형	제목	연도	간단한 줄거리
뮤지컬	소서노	2014	세계사에서도 유례가 없는 두 나라를 건국한 여성 소서노를 현명한 통치자로 그려 판타지를 가미하여 탄생시킨 뮤지컬
드라마	삼국기	1992	고구려, 백제, 신라를 배경으로 한반도를 가장 강렬하게 비춘 시대의 역사 이야기를 담은 드라마
	주몽	2006	고조선 멸망시기부터 고구려 건국시기를 배경으로 주몽과 소서노의 일대기를 담은 드라마
	근초고왕	2010	강력한 군사력과 경제력을 바탕으로 백제의 정치와 경제, 문화적 전성기를 이룬 근초고왕의 일대기를 그린 드라마

자, 인물 자료의 아카이브라고 할 수 있다. 우선 『한국민족문화대백과사전』에서 '소서노'를 검색하면 다음과 같은 정보를 접할 수 있다.

백제의 건국설화로는 온조왕을 시조로 한 것과 비류를 시조로 한 것 등이 있는데, 그녀는 비류를 시조로 전하는 건국설화에만 등장하고 있다. 이에 의하면 그녀는 졸본인(卒本人) 연타발(延陀勃)의 딸로서 처음 북부여 왕 해부루(解扶婁)의 서손(庶孫) 우태(優台)와 혼인하여 비류와 온조를 낳았다. 우태가 죽은 뒤 한동안 졸본에서 과부로 살다가 부여에서 이곳으로 도망해서 고구려를 건국한 주몽(朱蒙)과 재혼하였고, 고구려의 창업을 위하여 많은 내조를 하였다고 한다.

그러나 주몽이 부여에 있을 때 혼인한 예씨(禮氏)의 소생 유류(儒留, 일명 類利)가 고구려로 와서 태자로 책봉됨에 왕위계승권을 잃어버린 비류와 온조가 새로운 국가의 건설을 위하여 남하하여 미추홀(彌鄒忽)에 정착할 때, 아들들과 동행하였다.

『삼국사기』「백제본기」에 온조왕 13년(서기전 6) 온조왕의 어머니가 61세로 죽었다고 하는데, 만약 이것이 소서노를 가리킨 것이라면 그녀의 생몰년은 서기전 66~서기전 6년이 된다.

(한국민족문화대백과사전)

또한 인천시 남구 디지털향토문화전자대전에서는 소서노에 대해 정의, 개설, 활동 사항 등을 구분하여 기술하고 있다.

[정의]

고대 초기 국가 시대에 현재의 인천광역시 남구를 포함하는 미추홀(彌鄒忽) 지역에 터를 잡은 백제 건국 시조 비류(沸流)·온조(溫祚)의 어머니

[개설]

소서노(召西奴)는 백제를 건국한 비류(沸流)와 온조(溫祚)의 어머니로 건국신화에 나오는 인물이다. 2008년 간행된『역사 속의 인천 여성』에서 소서노는 177명의 인천 여성 중 한 명으로 뽑혔다.

[활동 사항]

『삼국사기(三國史記)』에는 백제의 시조를 온조로 한 것과 비류로 한 것 두 가지가 있다. 소서노는 '일운(一云)[확실한 정설은 아니고 풍문이나 어떤 가설이라는 뜻]'으로 전하는, 비류를 시조로 전하는 건국신화에만 등장한다.

신화를 보면, 시조 비류왕의 아버지는 우태(優台)로 북부여(北夫餘)의 왕 해부루(解夫婁)의 서손이었고, 어머니는 졸본(卒本) 사람 연타발(延陀勃)의 딸이다. 연타발의 딸은 처음 우태와 혼인하여 비류와 온조를 낳았고, 우태가 죽은 뒤 졸본에서 혼자 살았다. 이후 부여에서 남쪽으로 도망하여 졸본에 정착하고 고구려를 세운 주몽(朱蒙)과 혼인하였다.

주몽이 나라의 기초를 마련하고 창업을 할 때 커다란 내조를 하였고, 주몽은 비류와 온조를 극진히 대우하였다. 그러나 주몽이 부여에 있을 때 혼인한 예씨(禮氏)의 아들 유류(儒留)[일명 유리(類利)]가 오자 유류를 태자로 삼아 뒤를 잇게 하였다.

이에 비류가 온조에게 "처음 대왕께서 부여의 난을 피하여 이곳으로 도망하여 왔을 때, 우리 어머니가 집안의 재산을 기울여 가며 도와 방업(邦業)을 이루니 그 노고가 많았다. 그런데 대왕께서 돌아가시자 국가가 유류에게 속하게 되었으니, 우리가 쓸모없이 이곳에 있는 것이 어머니를 모시고 남쪽으로 가서 땅을 택하여 따로 국도(國都)를 세우는 것만 같지 못하다"라고 하였다. 비류와 온조는 무리를 이끌고 패수와 대수를 건너 남쪽으로 와서 미추홀에 정착하였다.

비류의 기록에 앞서 나오는 온조왕의 신화는 그 내용이 조금 다르다. 백제의 시조 온조왕은 아버지가 추모 혹은 주몽이라고도 한다. 주몽은 북부여에서 난을 피하여 졸본부여에 이르렀는데, 아들이 없고 딸만 셋이 있던 부여의 왕이 주몽의 비범함을 보고 둘째딸을 시집보냈다. 부여 왕이 죽어 주몽이 뒤를 이었고, 주몽은 비류와 온조 두 아들을 낳았다고 한다. 이후 비류와 온조가 남쪽으로 내려오는 일은 대동소이하다.

남쪽으로 내려와서 비류는 바닷가에 거주하기를 원하여 백성을 나누어 미추홀[지금의 인천광역시]로 가서 터를 잡았고, 온조는 하남 위례성(河南慰禮城)에 도읍을 정하고 국호를 십제(十濟)라 하였다. 비류가 정착한 미추홀은 토지가 습하고 물에 소금기가 있어 편히 살 수 없었다. 비류가 돌아와 위례성을 보니 도읍이 안정되고 백성이 편안히 살고 있으므로 부끄러워하며 뉘우치다가 죽었고, 비류의 백성은 모두 위례성으로 돌아왔다. 그 후 온조는 국호를 백제(百濟)로 고쳤다.

또, 『삼국사기』에는 온조왕 13년(기원전 6)에 "왕의 어머니가 죽었는데 나이가 61세였다(十三年 春二月 王母薨 年六十一歲)"라는 기록이 있다. 왕의 어머니가 소서노를 가리키는 말이라면, 그녀는 기원전 66년에 태어나 기원전 6년까지 살았던 것으로 추정할 수 있다.

참고문헌

『삼국사기(三國史記)』

『삼국유사(三國遺事)』

이병도, 「백제의 건국 문제와 마한 중심 세력의 변동」(『한국 고대사 연구』, 박영사, 1976)

인천광역시사 편찬위원회, 『인천광역시사』 6: 문화유산과 인물(인천광역시, 2002)

한국민족문화대백과사전(http://encykorea.aks.ac.kr)

한국 역대인물 종합정보시스템(http://people.aks.ac.kr)

(디지털인천남구문화대전)

소서노에 대한 기록들은 소서노가 외부에서 인천에 이주한 여성 인물이라는 사실을 전달해주고 있다. 특히, 소서노와 관련된 2차 저작물들은 소서노의 삶을 재구성하고 그 안에서 도전정신과 타협심, 리더십 등의 가치를 대중에게 강조하고 있다. 이는 역으로 현대사회를 살아가는 우리가 얻고자 하는 삶의 가치라고 볼 수 있다.

2.
소서노 스토리텔링

1) 소서노 스토리텔링 개관

'소서노(召西奴)'라는 이름은 『삼국사기』와 『조선상고사』에서 확인할 수 있다. 『삼국사기』에서는 주몽이 고구려를 건국하는 과정에 소서노가 많은 도움을 주었기 때문에 주몽이 소서노를 총애하고 대접하는 것이 특히 후했고, 비류 등을 자기 자식처럼 대했다는 기록이 있다. 또한 비류의 입을 빌려 "처음 대왕(주몽)이 부여에서의 난을 피하여 이곳으로 도망하여 오자 우리 어머니께서 재산을 기울여 나라를 세우는 것을 도와 애쓰고 노력함이 많았다"고 기록한다. 『조선상고사』에서는 저자 신채호가 소서노를 "조선 사상 유일한 여성 창업자일 뿐 아니라, 곧 고구려와 백제 두 나라를 건설한 사람"이라고 소개한다.

『삼국사기』 기록에 따르면 소서노는 주몽의 건국을 도왔다는 점이 강조되고, 『조선상고사』 기록에 따르면 소서노는 창업의 주체로서 역할을 부여받는다. 소서노는 주몽의 조력자일까, 주체적 창업자일까. 남성 중심의 역사 서술 속에서도 그 이름을 분명히 남긴 소서노에게 지금 우리는 어떤 지위를 부여해야 할 것인가.

역사 기록이 충분하지 않기 때문에 소서노를 이야기하기 위해서는 사실에 바탕을 두되 창조성을 가미하여 추론하고 서술할 수밖에 없다. 역사물뿐만 아니라 모든 산문서사에는 틈이 존재한다. 완결성을 갖추고 종결이 이뤄진 서사물에서도 틈은 존재할 수밖에 없다. 행위가 발생하는 시간과 현실의 시간이 일치할 수 없으며, 등장인물이 실제로 살아있는 모습으로 우리 앞에 나타날 수도 없는 노릇이기 때문이다.[2] 하물며 역사 속 인물에게서, 그리고 그 역사 기록마저 일천한 인물에게서 틈은 예상하지 못한 층위로 깊고 넓을 수 있다. 이 틈을 메우는 데는 상상력을 발휘할 수밖에 없고, 그렇기 때문에 역사적 인물에 대한 스토리텔링은 사실에 바탕을 두되 창조성을 가미한 서술[3]을 선택하는 것이 적절할 것이다. 그러자면 어느 정도 상상력을 발휘할 수밖에 없는데, 이때 중요한 것은 개연성 있는 상상이어야 한다. 독자 혹은 해석자의 가치관이나 관점을 앞세워 서사물과 서사물 속 등장인물들에 대해 편향된 규정을 내리면 오독(誤讀)을 하게 된다. 이러한 일을 경계해야 맥락을 갖추어 틈을 메울 수 있으며, 그렇게 틈 메우기가 이뤄졌을 때 오히려 서사물의 의미가 훨씬 더 풍부하게 드러날 수 있다.

개연성 있는 상상이 되도록 하기 위해서는 가추법적 방법론을 활용할 수 있다. 단편적인 정보들을 종합하여 새롭고 창의적인 가설과 추리를 보태서 새로운 지식을 만들어내는 것이다. 여기에 '서사의 주체' 개념을 더하면 더욱 논리적인 흐름을 갖추는 데 도움을 얻을 수 있다. 역사 서술이 남성 위주로 이뤄지다 보니 주

2) H. 포터 애벗, 우찬제 외 옮김(2015), 『서사학 강의』, 문학과지성사, pp. 231-232 참조.

3) 스토리텔링의 두 가지 속성인 사실성과 창조성을 중심으로 하여 네 가지 유형의 스토리텔링 방법이 제안된다. 유형 A는 창조성과 사실성이 모두 강조되는 것이고, 유형 B는 역사인물에 대한 각색이 강조되는 것이며, 유형 C는 인물 자료를 바탕으로 콘텐츠를 구성하지만 비판적 분석을 가하는 경우이고, 유형 D는 백과사전식의 정보제공을 위주로 한 콘텐츠의 경우가 해당한다. 이러한 구분에 따르면 본고에서 지향하는 바는 유형 B에 가깝다고 할 것이다. 김영순 · 윤희진(2010), 「향토문화자원의 스토리텔링 과정에 관한 연구: 인천시 서구 검단의 황곡마을을 중심으로」, 『인문 콘텐츠』 17, 인문콘텐츠학회 참조.

몽과 온조 중심의 고구려, 백제 건국신화에서 소서노 관련 자료들은 의미 있게 활용되지 못했고,[4] 남성 주체들에 관한 공식 기록 뒤에 가려짐으로써 소서노는 창업주로서의 면모를 상실하게 되었다.[5] 고구려와 백제의 건국신화에 등장하는 인물은 주몽과 온조, 비류뿐만 아니라 소서노도 있다. 역사 서술에 당당하게 이름을 올린 소서노도 등장인물 중 하나라고 인정할 수 있다면, 소서노를 서사의 주체로 하여 그녀가 이끌어가는 서사를 새로 구성하는 작업은 상상력을 가미하여 틈을 메우는 것 이상의 의미를 갖출 수 있다.[6]

소서노를 서사의 주체로 하여 서사를 재구성하고자 할 때 주목할 또 하나의 중요한 개념이 '서사의 분기점'이다.[7] 서사는 그 진행 과정에 따라 다양한 갈림길을 가질 수 있다. 서사의 주체가 여러 가능한 갈림길 중 어느 하나를 선택하게 될 때 서사의 방향이 결정되고, 그것이 서사의 결말에까지 중요한 영향을 미치게 되는 결정일 때 그 분기점은 매우 중요한 의의를 갖게 될 것이다. 이러한 관점에서 소서노의 인생행로를 연대기적으로 따라가면서 소서노의 인생 방향을 결정지었다고 판단되는 중요한 분기점에 주목하여 스토리텔링을 시도하고자 한다.

주몽이나 온조가 아닌 소서노에 주목했을 때, 고구려와 백제의 건국 과정에

---

4) 차옥덕(2002), 「소서노(召西奴)에 대한 기본 자료 검토」, 『동아시아고대학』 5, 동아시아고대학회, pp. 27-62.

5) 권도경(2008), 「소서노 신화의 위계변동 체계 및 전설화 양상과 그 의미」, 『퇴계학과 유교문화』 42, 경북대학교 퇴계연구소, pp. 277-318.

6) "서사의 주체라는 개념은 우리들이 대하고 있는 작품이 매우 다양한 서사가 중첩되어 있다는 것을 상기시켜준다. 그 중첩된 서사가 항상 통일성을 유지하고 있는 것만은 아니다. 때로는 서로 경쟁하고, 때로는 서로 충돌하기도 하는 것이다. 서로 경쟁하고 충돌하면서 서사적인 긴장을 일으키고, 그 긴장을 통하여 우리들은 새로운 차원으로 이동할 수 있는 힘을 얻게 되는 것이다." 정운채(2011), 「문학치료학의 서사 및 서사의 주체와 문학 연구의 새 지평」, 『문학치료연구』 21, 한국문학치료학회, p. 243.

7) "서사의 다기성이란 서사가 진행되는 동안 요소요소마다 서사의 분기점(分岐點)이 있다는 것이다. 서사를 수행할 적에는 이 서사의 분기점을 만날 때마다 끊임없이 서사의 여러 갈림길 가운데 하나의 갈림길을 선택하면서 다른 선택의 가능성들과 비교 검토하게 된다. 이때 역시 자기서사를 조정할 수 있는 거리가 확보되는 것이다." 정운채(2012), 「서사의 다기성과 문학연구의 새 지평」, 『문학치료연구』 23, 한국문학치료학회 참조.

서 가려져 있던 이면의 새로운 의미를 발견할 수 있다. 특히 소서노 스토리텔링은 소서노가 온조와 비류 두 아들을 데리고 이주해온 '미추홀', 즉 인천시 남동구 지역과 깊은 인연이 있기 때문에 비류 백제의 중심지인 인천시 남동구 지역에서 소서노의 의미를 살림으로써 지역의 문화적 정체성을 규정하는 데 매우 중요한 의의를 갖는다고 할 수 있다.

2) 소서노의 사랑과 야망

소서노는 졸본부여(卒本扶餘) 토착세력인 연타발(延陀勃)의 딸이다. 연타발은 대군장(大軍將)이자 거상(巨商)이었다. 당시 졸본부여는 다섯 부족의 연합 형식으로 나라가 이뤄져 있었다. 연타발은 그중 가장 강력한 토착세력인 계루부의 부족장이었으며, 젊은 시절부터 남북의 갈사를 내왕하면서 재물을 모아 부를 이루니 쌓인 재물이 거만금에 이르렀다. 어려서부터 영특했던 소서노는 아버지로부터 정치적 · 경제적 수완을 잘 물려받은 것으로 보인다.

소서노는 북부여의 왕 해부루(解扶婁)의 서손(庶孫)인 우태(優台)와 결혼했다. 그리고 비류(沸流)와 온조(溫祚) 두 아들을 낳았으나 우태가 일찍 세상을 떠나 홀로 아이들을 키우며 살아야 했다. 그런데 소서노 앞에 북부여에서 온 주몽(朱蒙)이라는 자가 나타난다.

지금도 그렇지만, 당시 사회에서 과부로서 자식을 데리고 여자 몸으로 혼자 산다는 것이 호락호락한 일만은 아니었을 것이다. 특히나 남다른 정치적 · 경제적 수완과 감각을 가지고 있던 사람이라면 어떤 식으로든 세력을 확보할 수 있는 집안과 결혼으로서 연을 맺어 힘을 갖추는 것도 전략적 선택이었을 수 있다. 그러나 남편이 세상을 떠나면서 그 전략에 차질이 빚어진 상황에서 뜻밖의 인물이 나타났고, 이에 상황이 반전된다.

주몽은 유화부인(柳花夫人)이 낳은 알에서 태어나 금와왕(金蛙王)의 일곱 아들과 함께 자랐지만, 금와왕의 큰아들 대소(帶素)가 주몽의 재주를 시기하여 여섯 동생과 함께 지속적으로 괴롭히며 왕에게 권하여 주몽을 죽이려고 했다. 목숨이 위태로워지자 주몽은 어머니와 아내 예씨(禮氏)도 버려둔 채 부여를 떠났다. 이때 예씨부인은 이미 임신한 상태였고, 주몽을 따라나선 이는 마리(摩離), 오이(烏伊), 협부(陜父) 세 충복뿐이었다. 주몽 일행은 모둔곡을 지나다가 무골(武骨), 재사(再思), 묵거(默居) 세 사람과 그 무리를 거두어 졸본부여로 들어섰다.

주몽은 오래전부터 조선과 부여의 뒤를 잇는 천손(天孫)의 나라를 건국하겠다는 원대한 꿈을 갖고 있었다. 그러나 아무리 그가 뛰어난 영웅이라고 하더라도 소수의 심복과 불과 몇백 명의 추종세력만으로 그 일을 해내기는 쉽지 않았다. 게다가 졸본의 토착세력은 낯선 이방인일 뿐인 주몽을 무시하기 시작했다. 그런 상황에서 주몽이 소서노를 만나게 된 일은 말 그대로 천우신조(天佑神助)라 할 만하다. 소서노와 그의 아버지 연타발에게는 주몽에게 절대적으로 필요했던 재물과 정치력이 갖춰져 있었다. 주몽 입장에서 이들을 만나게 된 이상 이들과 거리를 둘 이유는 없었다.

소서노 입장에서는 뛰어난 활쏘기 실력과 군무(軍務)를 갖추고 있었고 매우 총명하며, 무슨 일이든 벌이고야 말 것 같은 눈빛을 빛내는 젊은 남성이 눈앞에 나타났을 때 다른 선택의 여지가 없었을 것이다. 두 사람의 정치적 야망이 맞부딪치는 순간 사회적 규범이나 타인의 시선 등은 고려 대상이 될 수 없었다. 주몽은 소서노의 재산을 이용하여 뛰어난 장수 부분노(扶芬奴) 등을 끌어들이고 민심을 거두어 나라를 경영하고자 했고, 소서노는 미래의 새로운 가능성을 위해 주몽을 선택

했다.[8)]

소서노는 졸본의 변화를 추구하는 도전자의 시각으로 주몽을 판단했고, 그녀의 판단은 확실하게 들어맞는 것 같았다. 『삼국사기』 「고구려본기」 동명왕조에 주몽의 명석한 두뇌를 나타내는 일화가 기록되어 있다. 금와왕이 주몽에게 말 먹이는 일을 시키자, 주몽은 마구간의 말들을 잘 관찰하여 그중에 가장 뛰어난 준마(駿馬)를 찾아냈다. 그리고 그 말의 혀에 바늘을 꽂아놓아 먹이를 잘 먹지 못하도록 하고 나머지 말들은 지극정성으로 보살폈다. 그 결과 준마는 날이 갈수록 야위어 갔고, 나머지 말들은 관리가 잘 된 명마처럼 보였다. 나중에 금와왕이 주몽의 노고를 치하하며 말을 한 필 선사하겠다고 하자 주몽은 그 비루먹은 말을 달라고 했다. 결국 이 말은 주몽과 일행이 북부여를 떠나올 때 함께하게 되었다. 주몽이 달아난 것을 알고 잡으려고 뒤쫓은 사람들이 주몽 일행을 쉽게 따라잡지 못했던 것이다.

그러나 뭐니 뭐니 해도 주몽에게 가장 뛰어난 능력은 활솜씨다. 주몽은 일곱 살 때 직접 활과 화살을 만들어 쏘았으며, 쏘기만 하면 백발백중 다 맞히는 솜씨가 예사롭지 않았다. 또한 금와왕이 들에서 사냥할 때 주몽은 활을 잘 쏜다는 이유로 일부러 화살을 뽑아놓기도 하고 나름대로 대비하지만 결국 맨 마지막에 확인한 바로는 주몽이 잡아온 짐승 수가 훨씬 더 많았다.

떠나온 자와 떠나갈 자의 만남. 따지고 보면 주몽은 사실상 소서노에게는 정적(政敵)과도 다름없었다. 소서노의 남편이었던 우태가 북부여의 왕족에 속해 있던 사람이었기 때문이다. 그럼에도 소서노가 주몽을 택했다면 이는 과거의 관계에 얽매이기보다 미래를 위해 새로운 가능성을 선택한 것이라고 할 수 있다. 소서노에게서 '떠나갈 자'의 모습을 떠올린 것은 그곳에 그저 머물러 있지 않을 인물이었기 때문이다. 다만 아직 계기를 만나지 못했을 뿐이었다. 계루부 부족장의 딸로만 머

8) 연희원(2011), 「소서노(召西奴)와 그녀의 정치적 역할—김부식의 역사철학에 대한 탈신비화(脫神祕化)—」, 『한국여성철학』 15, 한국여성철학회 참조.

묻지 않을 인물이었기에 기회가 왔을 때 곧바로 선택할 수 있었다. 오히려 주몽처럼 아무 연고 없는 새로운 사람이라면 더욱 함께 일을 도모할 만하다고 판단할 수 있다. 좀 더 도전적이고, 좀 더 진취적으로 기존의 틀이나 이해관계에 얽매이지 않고 큰일을 도모할 사람으로서 주몽이 적합한 상대가 될 수 있었을 것이다.

두 사람 사이에 결합이 이뤄진 데서 사랑의 감정이 어느 정도나 작동했을지는 알 수 없는 일이다. 그러나 또한 후대인들의 낭만적인 상상을 결합하자면 얼마든지 치열하고도 진지한 사랑 이야기를 써낼 수 있는 관계다. 이쯤에서 2005년에 방영되었던 드라마 「주몽」을 떠올리게 된다. 드라마에서는 주몽이 총각 상태에서 소서노를 만나는 것으로 설정되어 있다. 아무래도 유부남과 유부녀의 만남으로 그려지는 것은 대중의 정서에 반하는 일이라고 판단했을 수 있다. 대중은 순수하고 낭만적인 사랑 이야기에 경도되기 마련이기 때문이다. 게다가 유리가 주몽을 찾아온 이후에 급변하는 상황과 인물들의 태도 변화를 생각해보면 소서노와 주몽은 서로 이성적으로도 강렬하게 이끌렸고, 여기에 정치적 야망이 곁들여져 세기의 결합이 이뤄진 것이라고 보았을 때 좀 더 설득력 있는 전개를 갖추게 됨을 부인할 수 없다.

사랑과 야망. 소서노가 역사서에 이름을 나타내기 시작한 시점에 그녀를 표현할 수 있는 적절한 말일 듯하다. 소서노는 계루부 부족장의 딸로서, 두 아이를 가진 어머니로서, 주몽의 아내로서 등장했다. 소서노가 주몽을 만난 일은 새로운 사랑을 찾은 것을 넘어 자신의 야망을 달성한 전기를 맞이한 일이기도 했다.

3) 미추홀로의 전략적 이주와 건국

주몽을 만난 소서노는 이제 주몽을 물심양면으로 조력하는 데 전력을 다한다. 소서노와 연타발의 마음을 사로잡은 주몽은 그 배경을 업고 계루부의 지지를 이끌어냈다. 소서노와 연타발의 재산은 더 많은 인재와 백성을 끌어모아 지지세력을 키우는 데 쓰였다. 또한 이들의 정치적 영향력은 망명자일 뿐이었던 주몽에게 강력한 힘이 되어주었다. 소서노는 곧 주몽과 결혼했고, 주몽은 소서노의 아들들인 비류와 온조 형제를 친자식처럼 대해주었다. 주몽의 꿈이 아무리 원대했더라도, 그를 따라온 추종세력들이 있었다고 하더라도 혼자 힘으로는 졸본의 토착세력을 움직이지 못했을 것이다. 졸본 지역 다섯 부족의 세를 규합하는 데는 소서노와 연타발의 재물만이 아니라 정치력과 영향력이 모두 작용하여 결정적인 역할을 한 것이다. 마침내 기원전 57년 10월, 만 22세의 주몽은 대왕위에 올라 고구려 개국을 선포했다.

이는 토착세력과 이주세력의 성공적인 합작품이다. 기존의 터전을 과감하게 버리고 망명한 주몽과 졸본의 변화를 추구하는 소서노의 결합이 폭발력을 발휘하게 된 것이다. 졸본의 토착세력은 이민자 주몽을 무시했지만 주몽은 결국 그 세력을 규합하는 데 성공했으며, 졸본 지역에 성공적으로 정착할 수 있었다.

그러나 역사는 흐르고, 인물들 간의 복잡다단한 관계는 어느 한 가지 과업을 끝냈다고 해서 그 상태로 온전하게 엔딩에 이르지 못한다. 새로운 시작을 위해 어느 하나를 버리고 어느 하나를 취하는 과정에서 필연적으로 그 버려짐을 당한 부분은 여전히 불씨를 안고 있는 경우가 많다. 주몽의 경우엔 옛 땅 부여에 두고 온 예씨 부인이 그 불씨였다고 할 수 있다. 주몽이 떠날 때 예씨 부인은 임신한 상태였으며, 주몽은 "일곱 모난 돌 위의 소나무 아래 감춘 유물을 찾는 자가 내 아들이다"라는 말을 남겼다. 『삼국사기』 「고구려본기」 유리명왕조에 주몽의 아들 유리가 그 유물을 찾는 장면이 기록되어 있다.

> "유리가 산골짜기에 가서 칼을 찾다가 못 찾고 피곤하여 돌아왔다. 하루는 그가 마루 위에 있을 때 기둥과 주춧돌 사이에서 무슨 소리가 들리는 것 같아 찾아보니 주춧돌이 일곱 모를 가진 모양이었다. 곧 기둥 밑을 뒤져 부러진 칼 한 조각을 찾았다. 드디어 이것을 가지고 옥지, 구추, 도조 등 세 사람과 함께 가서 부왕에게 부러진 칼을 바쳤다. 왕이 자신이 가졌던 부러진 칼을 내어 맞추어보니 완전한 칼이 되었다. 왕은 기뻐하며 그를 세워 태자로 삼았다."

이때가 주몽 재위 19년의 일이었다고 기록된다. 그리고 주몽은 육개월 뒤 세상을 떠났다. 주몽과 함께 온 힘을 다해 고구려 건국 과정에 참여한 소서노 입장에서 주몽의 친아들 유리가 나타난 일은 어떻게 받아들여졌을까. 소서노가 정치적 야망을 크게 가진 인물이었다면 주몽 사후의 왕권에 대해서도 고려하지 않을 수 없었을 것이다. 당시의 여러 정황을 살폈을 때 주몽 이후의 왕위는 당연히 큰아들 비류에게 돌아갈 것이라고 예상하고 이를 기대했을 것이다. 그런데 유리가 나타나자 주몽은 유리를 태자로 삼았고, 이에 따라 비류와 온조는 『조선상고사』의 표현에 따르면 '덤받이자식'의 지위로 격하되었다. 또한 정실부인이었던 소서노 역시 예씨 부인에게 제1왕후의 지위를 넘겨주고 자신은 제2왕후의 지위를 얻게 되었다.

사태가 이에 이르자 비류가 동생 온조에게 "고구려 건국의 공이 거의 다 우리 어머니한테 있는데도 어머니는 왕후 자리를 빼앗기고 우리 형제는 기댈 데가 없어졌다. 대왕이 계실 때도 이러하니 대왕이 돌아가시고 유류가 왕위를 이으면 우리가 어디에 기대겠느냐? 차라리 대왕이 살아계실 때 어머니를 모시고 딴 데 가서 살림을 차리는 게 낫겠다" 하고 상의했다.

소서노는 졸본 지역에서 충분한 세력을 갖추고 있었다. 유리가 주몽의 아들이라고 하더라도 제 아버지와 마찬가지로 아직은 힘없는 외부인일 뿐이었다. 부러진 칼 조각만으로 세력을 갖출 수는 없는 노릇이다. 그렇다면 소서노는 힘을 갖춘 토착세력으로서 유리에게 맞서 권력을 쟁취하는 노선을 택할 수도 있었을 것이다. 충분히 승산 있는 싸움이 될 수 있다. 그러나 소서노는 유리와 맞서 싸우는 대신 자신만의 정착지를 찾아 떠나는 쪽을 선택했다. 소서노가 애초에 주몽을 선택한 것도 기존에 자신이 갖추고 있던 배경이나 힘, 가치에 안주하지 않았기 때문이다. 소서노는 훨씬 더 큰 그림을 그리고 있었으며, 소서노의 기획에서 유리 따위와 맞서 싸우는 일은 사소했다.

소서노는 금은보화를 챙겨 두 아들과 오간, 마려 등 10여 명의 부하를 데리고 졸본 땅을 떠났다. 이때 많은 백성이 이들의 뒤를 따랐다고 전해진다. 이는 소서노가 '떠남'을 선택할 수 있었던 한 기반이기도 하다. 수많은 백성이 지지하고 따라주는 이주라면 해볼 만한 것이다. 소서노 일행은 낙랑국을 지나 마한에 들어갔다. 소서노는 마한 왕에게 뇌물을 바치고 마한 땅의 서북 100여 리에 해당하는 미추홀과 하북 위례성 등을 얻었다. 이어 왕의 자리에 오르고 국호를 백제라 했다.

결국 주몽은 새로운 이주집단인 유리의 무리와 정치적인 연대를 구성하고 초기 고구려의 기득권을 장악했다. 이에 따라 소서노와 주몽의 연합이 해체되고 소서노 집단의 축출과 초기 고구려 역사와 신화에서 소서노가 배제된 것은 당연하다고 할 수 있다.[9)]

소서노가 나라를 세우는 과정을 보면 '무혈입성(無血入城)'에 주목하게 된다. 소서노가 써나가는 건국 서사에는 고대사에서 흔히 등장하는 영토 전쟁이 보이지 않는다. 그것을 가능하게 한 힘에 늘 재물이 등장하지만, 또한 그것만으로도 이렇게 일이 쉽게 풀린다면 인간의 역사가 아마도 지금의 모습과는 달라지지 않았을까

9) 권도경(2010), 「고구려 신화의 성립과 소서노 배제의 정치사회학」, 『선도문화』 9, 국제뇌교육종합대학원 국학연구원, pp. 443-484.

한다. 재물은 일종의 도구로써 활용되었을 것이고, 그 힘을 빌려 상대방을 내 편으로 만드는 협상의 기술이 주효하게 작용했을 것임을 짐작할 수 있다.

정치 · 경제 · 사회적으로 거의 아무 기반이 없었던 주몽이 졸본 지역에서 토착세력과 결합할 수 있었던 데는 소서노와 연타발의 영향력이 작용했을 것임을 지적한 바 있다. 서로 다른 부족의 연합체로 운영되던 졸본은 소서노의 활약에 의해 통합을 이뤘으며, 고구려 건국에 결정적인 힘으로 작용했다. 소서노의 협상력이 제대로 발휘된 예라고 할 수 있다. 그러한 소서노였으므로 새로운 땅을 찾고 그곳에서 정착하는 데는 무력을 동원한 정복과 지배보다는 협상을 통한 회유와 설득이 동원되었을 것이다.

또한 사태를 정확하게 판단하고 감정에 휘둘리지 않았던 점도 소서노에게서 볼 수 있는 장점이라고 할 수 있다. 소서노가 백제를 건국한 이후에 강성해진 서북쪽의 최씨 낙랑국이 압록강의 예족을 은밀히 도와 백제를 압박해왔을 때 소서노는 처음엔 예족만 경계했지만, 예족의 침입이 낙랑국의 사주에 의한 것임을 안 뒤로 친하게 지내던 낙랑국과 절교하고 성책을 쌓아 방비했다. 배신당했다거나 이용당할 수 있는 상황이라고 판단되면 평소의 친분이나 감정과는 관계없이 정치적 판단을 재빠르게 내릴 줄 알았던 것이다.

소서노는 고구려와 백제 두 나라를 세우는 데 결정적인 역할을 한 인물이다. 주몽의 조력자로만 한정하기에는 그 역할이 컸고, 그 행위에 스스로의 야망이 크게 작용했다. 자신의 주체적 판단과 능력으로 건국 사업에 뛰어든 것이며, 목표를 이루고 난 뒤에도 자신에게 불리한 상황임이 판단되었을 때는 사랑마저 저버리고 떠나올 수 있었던 인물이다. 고구려 건국 이후 다음 왕위는 자신의 두 아들에게 돌아갈 것을 기대하고 있다가 주몽에게 느꼈을 배신감이 무척 지대했을 것이나, 그것 때문에 좌절하는 서사로 나아가지는 않았다. 그 대신 또 다른 가능성을 꿈꾸며 새로운 곳을 찾아 나섰다. 배신감이나 반발심의 감정이 아니라, 이곳에서는 더 이상 자신의 꿈을 펼칠 수 없다는 현실감각을 토대로 한 판단이었으며, 이에 따라 전략적으로 떠남을 선택했기 때문에 백제 건국의 위업도 이룰 수 있었다.

4) 소서노의 죽음, 그 이후

소서노는 재위 13년 만에 세상을 떠났다. 『삼국사기』에는 소서노의 죽음을 다음과 같이 기록한다.

> "13년(기원전 6) 봄 2월, 서울에서 한 늙은 할미가 남자로 변하였다. 호랑이 다섯 마리가 성 안으로 들어왔다. 왕의 어머니가 61세로 돌아가셨다."

『삼국사기』가 매우 편협한 남성 편향적 시각을 가진 상태에서 서술된 기록임을 감안하면, 이처럼 소서노와 관련한 서술이 자주 상세하게 등장하는 점은 매우 이례적인 것이라고 할 수 있다. 이런 서술이 이뤄진 전후 사정을 자세하게 알 수는 없지만, 적어도 백제의 역사를 기록하는 과정에서 빠뜨리기 어려운 부분이었음을 충분히 확인할 수 있는 부분이다.

그런데 『삼국사기』의 이 서술에 대해 비류와 온조 사이의 심각한 갈등을 해결하기 위해 소서노가 나섰다가 온조의 무리에 의해 죽임을 당한 사건을 기록한 것이라고 보는 시각이 있어 이채롭다. 그러한 관점에서의 서술을 잠시 살펴보면 다음과 같다.

> "국모 소서노가 십제를 건국하면서 근거지로 삼은 곳은 마한 땅이었는데, 말갈

과 낙랑, 동예 등이 신생 약소국을 얕잡아보고 걸핏하면 쳐들어와 괴롭혔다. 소서노는 보다 안전한 남쪽으로 도읍을 옮기기로 하고 미추홀에 상륙했는데, 비류와 온조가 도읍지를 정하는 데 의견이 달라 언쟁을 하였으며, 소서노는 비류의 편을 들어 소서노와 비류왕을 중심으로 한 온건 노장파와 온조를 축으로 삼은 강경 소장파의 틈은 점점 벌어져갔고, 온조가 자신의 추종세력을 이끌고 위례성으로 들어가버림으로써 십제는 두 쪽으로 갈라졌다. 소서노는 미추홀과 위례성을 오가며 꾸짖고 타이르고 눈물로 설득해보았지만 틈새는 좁혀지지 않았고, 위례성에 분립해 스스로 임금을 자처한 온조는 다시는 어머니와 형의 밑으로 돌아가지 않겠노라고 선언했다. 마침내 소서노는 온조를 강제로 끌고서라도 미추홀로 데려와 두 형제를 화해시켜야겠다고 결심하고 남장을 한 채 싸울아비들과 야음을 틈타 위례성에 침투하였다. 그리고 온조의 심복들을 찾아 칼을 휘둘러 어둠속에서 난전이 벌어졌다. 소서노 일행은 무서운 투지로 맹공을 퍼부었지만 기습작전은 실패로 돌아가고 모두 죽임을 당하였다. 나중에 온조가 불을 밝히고 침입자들의 시체를 살펴보다가 소서노가 남장을 한 채 죽어 있는 것을 발견하였고, 이것이 비극적 운명의 여인 소서노의 최후였다."[10]

『삼국사기』 기록에서, "한 늙은 할미가 남자로 변하였다"는 것은 남장을 한 소서노를 의미하며, "호랑이 다섯 마리가 성 안으로 들어왔다"는 것은 소서노와 함께 위례성에 침투했던 다섯 명의 무사를 말한다.

위와 같은 관점은 아무래도 소서노를 비극적 운명의 여인으로 보는 시각에 따른 것으로 보인다. 비류와 온조가 갈등했던 것은 사실이지만, 이를 해결하기 위해 소서노가 이렇게까지 고군분투해야 했을까. 백제 건국 이후 주변국들의 침략과

10) 한국콘텐츠진흥원(2002), '오방대제 소서노', "문화원형백과".
http://terms.naver.com/entry.nhn?docId=1730452&cid=49223&categoryId=49223

압박으로 시달림을 당했을 때 소서노는 친하게 지내던 낙랑국과도 결연히 결별을 선언한 뒤 성벽을 보수하며 이어질 사태에 대비했다. 그 이전에 주몽이 유리를 태자로 책봉했을 때 이미 자신과 두 아들의 앞날을 그려본 후 전략적으로 더 나은 선택을 위해 과감하게 졸본을 떠날 수도 있었던 인물이다. 아들들의 갈등은 소서노 사후에 불거진 것으로 보는 것이 좀 더 자연스럽다.

『조선상고사』를 기준으로 하면, 소서노 사후에 비류와 온조가 다음과 같이 의견을 모은다.

> "낙랑과 예족의 압박이 날로 심해지는 속에서 어머니 같은 분이 없으면 이 땅을 지킬 수 없으니, 차라리 새 터를 찾아 천도하는 게 마땅하다."

형제는 어머니 사후에 날이 갈수록 불안이 심해지는 정국 속에서 타개책을 마련하고자 했고, 그 방편으로서 천도를 고려한다. 소서노가 통치하던 동안에는 주변국들의 압박 속에서도 의연하게 버틸 힘이 있었지만, 그것은 비류와 온조가 감당하기에는 역부족이었다. 형제는 오간 · 마려 등과 함께 지금의 한양 북악인 부아악(負兒岳)에 올라 수도로 삼을 만한 자리를 찾아보았는데, 비류는 미추홀을 생각하고 온조는 하남 위례성을 생각하니 두 형제의 의견이 충돌하게 되었다. 오간 · 마려 등은 하남 위례성은 북으로는 한강을 등지고 남으로는 풍부한 못을 안고 동으로는 높은 산을 끼고 서로는 큰 바다를 둔 훌륭한 요새이므로 이곳을 버리고 다른 데 갈 이유가 없다는 이유를 들어 반대했다. 그러나 비류가 듣지 않았기 때문에 형제는 할 수 없이 토지와 백성을 나눌 수밖에 없었다. 비류는 한쪽 백성을 차지하고 미추홀을 거점으로 삼았으며, 온조는 다른 쪽 백성을 차지하고 하남 위례성을 거점으로 삼았다. 이로써 백제가 동서로 갈리게 되었다.

그런데 막상 비류가 자리 잡은 미추홀은 토지가 습하고 물이 짰다. 그래서 백성이 살 수 없다며 흩어져 달아났다. 하지만 온조의 하남 위례성은 물과 풍토가 적당하고 오곡이 잘 자라 백성이 편안히 살 수 있었다. 비류가 분통해하며 병들어 죽은 뒤 신하와 백성이 다들 온조에게 가니 동서의 두 백제가 다시 하나가 되었다.

소서노가 왕의 어머니 정도의 지위만을 가지고 있었다면, 소서노가 죽었다고 해서 주변국들에 의한 정세 불안이 크게 대비해야 할 만큼 급격하게 가속화될 이유가 없다. 그러나 소서노는 고구려 건국 이전부터 자신만의 추종세력을 확보하고 있었다. 물론 그 추종세력은 고구려 건국 이후나 백제 건국 이후에도 견고하게 유지되고 있었다고 보아야 한다. 비류와 온조도 백제 건국 이후에는 소서노의 통치 아래 있었다고 보아야 하며, 그랬을 때 소서노 사후의 국제 정세 불안이나 이에 대해 형제가 도읍을 옮길 정도로 크게 대비해야 했다는 점이 좀 더 분명하게 설명된다.

백제 건국 과정에 대해서는 온조를 중심으로 한 설화와 비류를 중심으로 한 설화가 따로 전한다. 그런데 온조 설화에서는 소서노 이름은 등장하지 않는다. 『삼국사기』 「백제본기」 온조 왕조에서는 온조의 아버지는 추모(鄒牟) 혹은 주몽(朱蒙)이라고 하는데, 아들은 없고 딸만 셋 있었던 졸본부여 왕이 북부여(北扶餘)에서 난리를 피해 온 주몽이 뛰어난 인물임을 알고 둘째딸을 주몽의 아내가 되게 했으며, 부여 왕이 죽은 뒤 왕위를 이은 주몽이 아들 둘을 낳았는데, 맏이는 비류(沸流)이고 둘째는 온조라고 전한다. 그리고 "일설에는" 하고 첨부하면서 시조가 비류왕인 이야기를 따로 전하는데, 소서노의 이름은 여기에서 드러난다. 주몽이 부여에 있을 때 예씨(禮氏)와의 사이에 낳은 유류(孺留)가 오자 태자로 삼아 왕위를 잇게 했고, 이때 비류와 온조가 상의하여 어머니와 함께 졸본을 떠나 패수(浿水)와 대수(帶水) 두 강을 건너 미추홀에 와서 살았다는 이야기가 전한다.

소서노와 미추홀의 관계는 이러한 기록을 바탕에 두고 구성해볼 수 있다. 소서노를 확인할 수 있는 두 역사 기록 『삼국사기』와 『조선상고사』에서 결정적으로

서술 시각에 차이를 보이고 있다.

5) 소결

우리가 주목하는 '소서노'는 분명히 실존했던 인물이었음은 확인할 수 있으나 기록이 미흡하여 이 인물을 이해하기 위해서는 상상력을 발휘할 수밖에 없다. 그러나 미흡한 기록이라도, 더구나 남성 편향적 시각 때문에 비판받는 『삼국사기』에서도 그 이름을 빼고는 고구려와 백제의 역사를 서술할 수 없었음을 보았을 때 그녀의 막강한 영향력은 충분히 개연성 있게 짐작할 수 있다. 고구려와 백제 두 나라의 건국에 모두 관여하며 결정적인 역할을 한 창업자로서의 소서노. 그 과정에 활용된 경제력과 정치력을 새롭게 조명하는 일은 한 개인에 대한 역사적 평가를 새롭게 하는 데만 의의를 갖지 않는다. 이는 여전히 존재하는 기존의 이분법적 낡은 틀에서 벗어나 균형 잡힌 역사 인식을 갖추는 일이며, 균형을 갖추는 일은 우리의 미래가 어떤 방향과 색을 가져야 할지를 고민하는 과정과 연계되어야 한다.

따라서 남성 중심의 역사 서술에서 관점을 달리하여 소서노를 서사의 주체로 하고, 소서노가 선택한 방향에 따라 서사의 방향이 달라졌음을 감안하여 스토리텔링을 한다는 것은 텍스트의 틈을 메우는 일을 넘어 이면에 가려져 있던 서사를 드러나게 함으로써 새로운 의미를 찾아내는 작업이 된다. 즉, 남성들의 조력자를 넘어서서 주체적이고 진취적인 태도로 주변 인물들과 관계를 맺고 역사를 이끌어간 지도자로서의 소서노를 발견하게 된다. 더구나 그녀가 건국의 창업을 이뤘던 지역으로서 미추홀이 인천과 깊은 관련이 있음을 감안하면, 미래지향적 리더십을 보여준 소서노를 인천 지역의 상징적인 인물로 상정하는 데도 무리는 없을 것이다.

소서노에게서 우리는 뛰어난 협상력과 결단성 있는 태도, 미래지향적인 가치와 확신을 지향하는 태도를 볼 수 있었다. 과거의 관습이나 편안함에 안주하지 않고 새로운 가치를 발견하고 획득하기 위해 전략적 이주를 감행할 수 있었던 힘과 세상을 자기편으로 만들 수 있었던 리더십을 확인했다. 지금 우리에게 절실한 것은 과거의 혼란에 대한 자괴감에 빠져 있거나 잠깐의 성취에 안주하기보다 미래를 살아갈 우리의 현재를 새롭게 규정하는 일이며, 여기에 소서노는 우리에게 훌륭한 모델이 될 수 있을 것이다.

『삼국사기(三國史記)』 기록에 따르면 백제인은 천지신명에 대한 제사와 동명왕에 대한 제사 다음으로 소서노에 대한 제사를 지냈다. 모든 만물의 근원인 '천지신명'과 백제의 근원인 '부여 시조'에 대한 제사 다음으로 소서노를 중시했다. 나라에 중요한 일이 있을 때 그들의 근원을 기리며 제사를 올림으로써 성심을 다하고자 하는 것은 이해할 수 있으나, 그 자리에 '소서노'가 함께 올라가 있다는 것은 의미심장한 일이라고 할 수 있다. 이 여성은 대체 무엇을 어찌 했기에 백제인이 자신들의 시조로 인정하고 모시게 되었을까.

그런데 의외로, 어쩌면 당연한 일인지 모르지만, 소서노와 관련한 역사 기록은 빈약한 편이다. 삼국의 역사를 기록한 『삼국사기』에서는 주몽과 비류, 온조 중심의 건국사가 적혀 있을 뿐이다. 이는 편찬자 김부식이 남성 중심의 편중된 시각을 가졌고, 이것이 역사 서술에 반영되었기 때문이다. 그러나 그 와중에도 '소서노' 이름 석 자는 분명하게 적혀 있었다. 주몽이 고구려를 건국하는 과정에 소서노가 많은 도움을 주었기 때문에 주몽이 소서노를 총애하고 대접하는 것이 특히 후했고, 비류 등을 자기 자식처럼 대했다는 기록이 남아 있다. 또한 비류의 입을 빌려 "처음 대왕(주몽)이 부여에서의 난을 피하여 이곳으로 도망하여 오자 우리 어머니께서 재산을 기울여 나라를 세우는 것을 도와 애쓰고 노력함이 많았다"고 기록한다. 소서노가 건국 과정에서 주었다는 '많은 도움'에 '재산'을 기울이는 것이 포함된다는 점이 인상적이다.

신채호의 『조선상고사』에서는 소서노에 대해 "조선 사상 유일한 여성 창업자일 뿐 아니라, 곧 고구려와 백제 두 나라를 건설한 사람"이라고 소개한다. 소서노는 비류, 온조와 함께 남하했을 때 마한 왕에게 뇌물을 바치고 미추홀과 위례홀을 얻었다. 그리고 그곳에서 스스로 왕이라 일컫고 국호를 백제라 한다. 소서노가 죽은 뒤에 비류와 온조가 의논하길 "낙랑과 예족의 압박이 날로 심해지는 속에서 어머니 같은 분이 없으면 이 땅을 지킬 수 없으니 차라리 새 터를 찾아 천도하는 게 마땅하다." 나라를 세우는 것뿐만 아니라 지키는 데도 소서노의 힘과 덕이 필요했음을 짐작하게 하는 서술이다.

소서노는 주몽의 조력자일까, 창업의 주체일까. 남성 중심의 역사 서술 속에서도 그 이름을 분명히 남긴 소서노에게 지금 우리는 어떤 지위를 부여해야 할 것인가. 모든 산문서사에는 틈이 존재한다. 완결성을 갖추고 종결이 이뤄진 서사물에서도 틈은 존재할 수밖에 없다. 행위가 발생하는 시간과 현실의 시간이 일치할 수 없으며, 등장인물이 실제로 살아있는 모습으로 우리 앞에 나타날 수도 없는 노릇이기 때문이다(포터 애벗, 2015). 하물며 역사 속 인물에게서, 그리고 그 역사 기록마저 일천한 인물에게서 틈은 예상하지 못한 층위로 깊고 넓을 수 있다. 이 틈을 메우는 데는 상상력을 발휘할 수밖에 없고, 그렇기 때문에 역사적 인물에 대한 스토리텔링은 사실에 바탕을 두되 창조성을 가미한 서술을 선택하는 것이 적절할 것이다. 그러자면 어느 정도 상상력을 발휘할 수밖에 없는데, 이때 중요한 것은 개연성 있는 상상이어야 한다. 독자 혹은 해석자의 가치관이나 관점을 앞세워 서사물과 서사물 속 등장인물들에 대해 편향된 규정을 내리면 오독(誤讀)을 하게 된다. 이러한 일을 경계해야 맥락을 갖추어 틈을 메울 수 있으며, 그렇게 틈 메우기가 이뤄졌을 때 오히려 서사물의 의미가 훨씬 더 풍부하게 드러날 수 있다.

소서노처럼 역사적 기록이 부족한 인물에 대해 스토리텔링을 한다는 것은 무척 까다로운 일이긴 하지만, 또한 묻히거나 가려져 미처 드러나지 못했던 부분을 발굴해내는 작업과도 같아서 매우 흥분되는 일이기도 하다. 역사 서술에 덧씌워진 남성 편향적 시각을 걷어내면서 소서노의 참모습을 발견하기 위한 여정을 시작해야 할 시점이다.

5장

소래 지역의 지역문화 스토리텔링

1. 축제 스토리텔링 방안: 인천 소래포구축제를 중심으로
2. 소서노 콘텐츠 활용 공간 스토리텔링
3. 소서노 콘텐츠 활용 교육 스토리텔링 방안

1.
축제 스토리텔링 방안: 인천 소래포구축제를 중심으로

지방자치제도가 시행된 1995년 이래 급속하게 이뤄진 지역축제의 양적 성장은 지역의 문화적 고유성과 정체성을 제대로 살리지 못하고 있다(이덕순 · 오훈성, 2016). 지역문화에 기반을 둔 프로그램의 차별화를 꾀하지 못하고 천편일률적인 프로그램이 구성됨으로써 축제의 본래 목적인 지역민의 공동체의식 함양, 지역경제 활성화, 지역문화의 보전과 전수에 이르지 못하고 있다.

지역축제에서 스토리텔링은 방문객에게 지역이 가지고 있는 문화적 특수성과 보편적인 가치를 전달하는 방법이다. 지역문화의 고유한 특성과 주체 등을 이야기로 만들고, 이를 다양한 미디어로 가공해서 함께 소통하고 공유하면서 향유자가 자신만의 스토리를 만들어가는 것을 의미한다. 이와 같은 스토리텔링 요소를 통해 지역의 축제는 타 지역 축제와 차별화되고, 지역문화의 전통성 등을 담보할 수 있다(김현철 외, 2013). 특히 지역의 역사인물은 지역의 중요한 향토문화 자산 중의 한 부분에 속한다. 지역의 역사인물을 통해 지역의 역사와 문화를 선보일 수 있는 중요한 요소이기 때문에 스토리텔링을 통한 축제로 활용할 수 있는 소재이기도 하다. 왜냐하면 스토리텔링은 문화 콘텐츠로 규정되는 다양한 매체나 장르와 결합된 이야기 형태를 포괄할 수 있는 개념이기 때문이다. 또한 지역의 역사인물은 지역의 문화를 형성하면서 지역의 정체성을 표현하고 전달할 수 있는 지역의 문화자원이다. 지역의 문화자원은 지역이라는 장소성과 축제 같은 관광자원으로 연계되어 그 지역의 마케팅 소재로 사용되고 있다. 따라서 지역의 역사인물을 활용한 스토리텔링은 지역민과 공감하면서 소통할 수 있는 문화 콘텐츠를 생산해내는 하나의 방식으로 지역축제 속에 녹아들어 있다.

신현식(2010)은 축제가 스토리텔링으로 구성되어야 함을 주장하면서 축제에 담긴 스토리텔링의 속성적 요소들을 다음과 같이 구분했다.

> "축제의 내용(story)적 요소로서 각 지역축제는 중심내용인 주제를 가지고 있으며, 인류의 보편적 원형인 아키타입(Archetype)과 해당 축제만의 특별성, 그리고 해당 지역(마을)의 특성과 축제의 문화(예술)적 특성 등을 속성내용으로 이야기하고 있

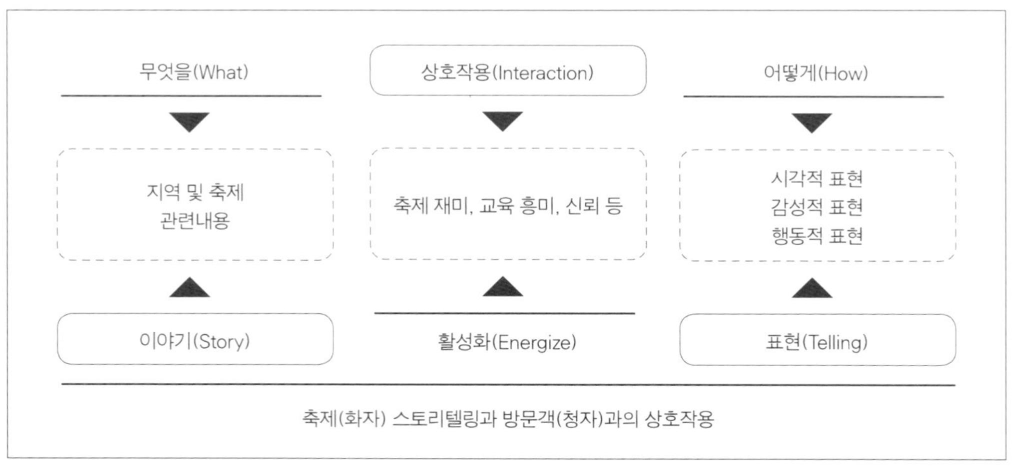

[그림 5-1] 지역축제 스토리텔링 구조와 속성(신현식, 2010)

다. 이러한 내용들을 축제 방문자들에게 시각적으로 축제 공간, 무대, 안내판, 홍보물, 경관, 전시물, 상징물 등에 디자인해 표현(telling)하고 있으며, 감성적으로는 색채, 음악, 영상, 예술행위 등으로 표현하고 있다. 그리고 방문객에게 활동 프로그램과 체험행사 등 참여를 유도해 행동적 표현을 하고 있는 것으로 볼 수 있다."

이 절에서는 위의 [그림 5-1]에서 제시한 지역축제 스토리텔링 구조를 바탕으로 인천광역시 남동구의 소래포구축제 사례를 분석했다. 이 분석을 통해 소래포구축제가 방문객에게 전달하고자 하는 이야기와 이야기 방법(telling)을 확인할 수 있다. 이러한 점검은 소래포구축제의 발전을 위한 이야기 내용과 이야기 방식 전략 수립으로 이어진다.

1) 소래포구축제의 스토리텔링 구조 및 속성 분석

(1) 소래포구축제의 목적과 성격

인천시 남동구 소래포구 일대에서 열리는 소래포구축제는 수도권 유일의 재래 어항으로서 해양문화자원을 널리 알리고 지역 정체성을 형성하고자 2001년부터 매년 가을에 개최되고 있다. 특히, 2016년 소래포구축제는 백제의 소서노를 주제로 한 새로운 이야기를 축제 프로그램에 녹여냈다. 소서노 이야기를 다채로운 문화공연과 체험행사로 방문객에게 전달하면서 소래포구축제는 먹거리 중심 축제에서 더 나아가 다양한 문화 역사와 볼거리, 즐길거리까지 어우러진 대한민국 대표 축제로 거듭났다는 평가를 받고 있다(「경기일보」, 2016년 11월 1일 자).

소래포구축제는 소래포구라는 장소자산을 바탕으로 개최되고 있다. 소래포구는 수도권 유일의 재래 어항으로서 1970년대 후반부터 약 40년간 수도권 지역민의 여가공간이 되고 있다. 특히, 소래포구 협궤열차가 다니던 길을 인도교로 복원하고 시민이 소래포구에서 쉴 수 있도록 천수공간을 만들면서 최근의 소래포구는 더 많은 관광객을 불러들이고 있다. 소래포구가 가진 장소자산은 소래역사관부터 소래남동아트홀까지 이어지며 시민의 문화향수 역시 높이고 있다.

그뿐만 아니라, 소래포구축제는 협궤열차와 소래철교를 둘러싼 역사 이야기를 가지고 있다. 소래포구가 보유한 인문자산은 방문객에게 추억과 향수를 불러일으키며 재방문을 유도하는 주요 콘텐츠가 되고 있다. 최근에는 이러한 인문자산을 활용한 소래역사관이 개관되어 개인의 이야기를 공식화하고 있다.

하지만 소래포구축제는 경관자산, 장소자산 등의 물리적인 자산에 비해 지역의 인물, 역사 자산 등의 인문자산은 눈에 크게 띄지 않고 있다. 소래포구가 가진 경관과 장소를 체험하는 체험객의 이야기로만 소래포구축제가 구성되고 있다. 축제 이야기를 더욱 풍성하고 다양하게 하기 위해서는 소래포구가 가지고 있는 역사와 인물 이야기를 프로그램에 녹이는 작업이 필요하다.

[그림 5-2] 2016 소래포구축제: 소서노 콘텐츠
(출처: 인천광역시 남동구 홈페이지)

2016 소래포구축제는 "소서노 올래"라는 슬로건으로 해양문화축제였던 소래포구에 역사인물 자원 결합을 시도했다. 남동구는 이를 통해 정체성이 살아있는 천연포구 축제로서의 과거와 현재 및 미래를 표현함으로써 수도권을 대표하는 관광명소로 자리매김하고자 했다. 소래포구가 가지고 있는 물리적인 자산에 소서노와 백제 건국의 역사를 담은 다양한 공연과 체험행사를 덧입힘으로써 수산물 위주의 먹거리 축제에서 종합 지역문화축제로서 확장하고자 했다.

(2) 지역축제에 관한 이야기로서 소래포구축제의 속성

지역축제 스토리텔링은 방문객에게 지역과 축제에 대한 내용을 일방향이 아닌 쌍방향으로 상호작용하는 관계 속에서 커뮤니케이션하고 있다. 따라서 지역축제 스토리텔링에서 방문객과 커뮤니케이션하는 내용을 이야기 구조로 인식하고, 그 내용의 속성으로 주제와 축제의 특성 및 지형적 특성을 제시하고자 한다. 이와 같은 속성요소들을 소래포구축제를 통해 논의할 것이며, 각각의 속성요소들이 소래포구축제에서는 어떠한 내용으로 구성되어 있는지를 분석했다.

① 축제의 특성

이러한 목표를 달성하기 위해 2016 소래포구축제는 다음의 세 가지 측면으로 추진되었다. 첫 번째는 생태적 성격으로, 소래포구축제는 소래습지 생태공원에서 갯벌 체험 등 다양한 체험행사를 통해 자연의 소중함을 일깨우는 장(場)을 만들었다. 두 번째는 문화적 성격으로 소래포구가 수도권에 남은 유일한 재래 어시장이라는 특성을 살려 포구만의 고유문화와 정취를 듬뿍 담은 다채로운 해양문화의 장

〈표 5-1〉 소래포구축제의 특성

특별성 (축제 성격)	주요 행사명	내용	이미지
생태적 성격	갯벌체험 및 드론항공촬영경연대회, 한지공예, 도자기 만들기	생태공원 내에서 개최되는 다양한 행사를 체험함으로써 자연의 중요성을 일깨움	
문화적 성격	서해안 풍어제, 수산물 잡기 체험, 소래포구 특산물 시식 및 판매, 낚시체험(꽃게, 전어, 새우 등)	포구만의 고유문화와 정취를 듬뿍 담은 다채로운 문화공연을 개최함	
역사적 성격	퍼레이드 "소래, 소서노를 만나다", 창작극 「타임머신을 타고 온 소서노」, 소서노 체험행사 등	백제 건국의 주역 소서노를 주제로 한 역사적 이야기를 배경삼아 행사를 개최함	

을 만들었다. 세 번째는 역사적 성격으로 소서노와 백제 건국의 역사를 담은 다양한 공연과 체험행사를 마련함으로써 소래의 새로운 정체성을 주민에게 제안하는 장을 만들었다. 위의 〈표 5-1〉은 소래포구축제의 특성을 제시한 것이다.

② 장소적 특성

소래포구는 연평균 700만 명의 인파가 몰리는 수도권 제일의 관광명소로, 천일염으로 유명한 염전의 모습을 간직하고 있는 소래습지 생태공원과 인천 유일의 자연공원인 인천대공원이 인근에 위치하고 있다. 이곳은 1930년 일제강점기에 일제가 천일염을 수탈하기 위한 수단으로 수인선 철도를 건설하면서 작업하는 인부들과 염부꾼을 실어 나르기 위한 나룻배 한 척을 최초로 소래포구에 정착하기 시작한 것이 시초가 되어 1937년 국내 유일의 협궤열차가 다니는 수인선이 개통됨에 따라 발전한 마을이다. 또한 이곳은 바다 한가운데 볼록하게 튀어나와 있는 곳으로 시흥시 월곶동으로 건너다니던 도선장이었으며, 시흥시 포동(당시는 포리) 새우개까지 바다였다. 1960년대 초에는 실향민 여섯 가구 17명의 어업인이 전마선으로 물고기를 잡아 생계를 이어가면서 돼지그물, 지금의 연안낭장망 어업에 범선(돛단배)을 이용하여 인근 바다에 나가 새우잡이를 하여 인천, 부평, 서울 등지로 판매하여 생계를 이어오던 곳이다. 1974년 인천내항이 준공된 후 새우잡이를 하던 소형 어선의 출입이 어려워지면서 한산했던 소래포구가 소위 새우파시로 부상했으며, 지금은 새우 · 꽃게 · 젓갈 등으로 널리 알려졌다.

2016년 소래포구축제는 이러한 지형적인 영향뿐만 아니라, 백제를 건국한 소서노가 두 아들인 온조와 비류 및 여러 부족과 함께 소래 지역으로 남하했다는 설을 바탕으로 "소서노 올래"라는 주제의 이미지를 가미하여 지역주민의 정체성 고취를 강조하고 있다.

이상의 내용을 정리하면 〈표 5-2〉와 같다.

스토리텔링에서 지역축제의 이야기적 속성은 축제 기획 및 연출에서 본질적 내용이며, 해당 축제의 콘셉트로 생각할 수 있다. 따라서 축제는 관람객에게 이러한 콘셉트를 인지시키고 이해 및 설득의 목적을 가지고 다양한 방식으로 표현

〈표 5-2〉 소래포구축제의 장소적 특성

장소적 특성	주요 행사명	내용	이미지
재래 어시장의 고장	수산물 경매, 소래포구 특산물 시식 및 판매, 낚시체험(꽃게, 전어, 새우 등)	새우 · 꽃게 · 젓갈 등 지역 특산물을 활용한 다양한 체험 행사	
포구의 고장	서해안 풍어제	풍어제를 통해 포구에 사는 마을 사람들이 해상에서의 안전과 풍어, 협동과 화목을 기원하며 포구 고유의 마을공동체 구성	
소서노의 고장	소서노 특별전, 소서노 퍼레이드, 소서노 체험행사	백제의 건국시조인 소서노가 소래에 도래했던 설화를 통해 소서노의 고장임을 각인시킴	

(telling)하는 것이다. 그리고 관람객과 축제는 이러한 스토리텔링을 통해 상호작용(interaction)하며 축제의 활성화를 이끌어낼 수 있다.

이 절에서는 지역축제 스토리텔링 구조 중 이야기(story)를 구성하는 하위 속성으로서 소래포구축제를 통해 축제의 주제, 축제만의 특별성, 장소적 특성을 확인했다. 소래포구축제는 축제의 규모가 아닌 내용성으로, 그리고 그 내용의 차별성을 가지고 축제를 점점 더 진화시켜나가고 있다. 이는 지역축제 스토리텔링 구조적 측면에서 볼 때 이야기(story) 속성에서 기인한다고 볼 수 있다. 소래포구축제가 가진 다양한 이야기들이 잘 어우러질 때 축제의 이야기 속성은 더욱 강화될 것이다.

③ 지역축제에 관한 이야기(story)의 표현으로서 소래포구축제의 말하기(telling) 속성

말하기(telling)의 속성이란 축제 관람객이 축제가 말하고자 하는 것이 무엇인지 느낄 수 있도록 관람객을 자극시키는 매개체를 말한다. 그리고 그 매개체는 크게 다음의 세 가지 유형으로 분류해볼 수 있다(신현식, 2010).

첫째, 시각적 말하기다. 이는 축제 관람객의 시각을 통해 축제에 대해 느끼는 축제 공간, 무대, 경관, 전시물, 상징물 등이다. 둘째, 감성적 말하기로서 축제 관람객의 감성을 통해 축제에 대해 느끼는 축제 공간에서의 조명, 음악, 예술행위 등을 말한다. 셋째, 행동적 말하기로서 축제 관람객의 능동적 행동을 통해 축제에 대해 느끼는 축제 프로그램과 체험행사 등이다. 이와 같은 유형에 따라 지역축제 스토리텔링 구조의 말하기(telling) 속성을 분석할 수 있다. 이를 바탕으로 소래포구축제의 말하기(telling) 속성을 살펴보면 다음과 같다.

• 시각적 말하기

시각적 말하기는 〈표 5-3〉과 같이 축제 공간, 무대, 경관, 전시물, 상징물 등 다섯 가지로 분류할 수 있다.

〈표 5-3〉 소래포구축제의 시각적 속성

시각적 말하기	내용	이미지
축제 공간	소래포구축제는 주행사장, 특설무대, 체험행사장, 먹거리장터, 부대행사장, 소래습지 생태공원 등의 공간을 중심으로 축제 공간을 구성해서 관람객에게 소래포구축제만의 정서를 느끼게 함	
무대	소래포구축제의 메인무대에서는 소서노를 주제로 한 창작극과 무용이 어우러진 화려한 무대와 가수 등의 공연이 펼쳐져 시작과 끝을 고대와 현대의 만남의 장으로 연출함	
경관	소래포구축제는 소래포구와 소래습지 생태공원 및 새롭게 단장한 해오름공원에서 포구의 정취와 낭만을 느낄 수 있도록 경관을 조성함	
전시물	소래포구축제는 전시장을 통한 전시뿐만 아니라 축제장 곳곳에 축제의 주제와 분위기를 느낄 수 있는 전시물을 동선 곳곳에 배치하고 있음	
상징물	소래포구축제는 포구 고유의 캐릭터인 게와 새우 및 소서노 캐릭터를 상징화하여 곳곳에서 보여주고 있음	

• 감성적 말하기

감성적 말하기는 축제 관람객이 축제에 대해 느끼는 감성으로서, 축제 공간에서의 조명, 음악, 예술행위 등으로 구성된다. 이는 다음 〈표 5-4〉와 같다.

〈표 5-4〉 소래포구축제의 감성적 속성

감성적 말하기	내용	이미지
조명	소래의 가을밤을 화려하게 밝힌 루미나리에와 일루미네이션 거리, 소래철교의 야간 경관조명을 통해 많은 관람객이 포구의 야경과 낭만을 만끽할 수 있음	
음악	소래포구축제는 전통과 현대를 아우르는 음악적 장르를 공연함으로써 관람객에게 축제의 분위기를 한층 고조시킴	
예술행위	소래포구축제는 다양한 문화적 예술 공연에 주민을 참여시킴으로써 화합하는 공동체를 지향함	

• 행동적 말하기 속성

행동적 말하기는 축제 관람객이 능동적인 행동을 통해 축제를 체험하는 것으로 축제 프로그램과 체험행사로 구성된다. 이는 다음 〈표 5-5〉와 같다.

〈표 5-5〉 소래포구축제의 행동적 속성

행동적 속성	내용	이미지
프로그램	소래포구축제는 관람객에게 다양한 프로그램에 직접 참여 또는 관람 등의 행동을 통해 관람객이 축제와 상호작용할 수 있도록 적극적으로 참여의 장을 만들어줌	
체험행사	소래포구축제는 관람객이 체험 및 만들기 행사에서 직접적으로 축제의 분위기를 느껴볼 수 있도록 다양한 체험행사를 개최함	

2) 소래포구축제 개선 방안

각 축제는 해당 축제만의 이야기를 가지고 있어야 한다. 이를 전제로 본 연구는 축제 스토리텔링의 속성을 분석하여 축제의 개선 방안을 제시한다. 이를 위해 축제 스토리텔링 구조를 이야기(story)와 말하기(telling)로 구분했으며, 소래포구축제를 통해 이야기 구조를 구성하는 속성으로서 하위 요소들과 말하기 구조를 구성하는 속성으로서 하위 요소들을 분석했다.

소래포구축제가 지역주민의 자긍심을 높이고 지역발전에 크게 이바지하기 위해 개선해야 할 점은 다음과 같다.

첫째, '소래포구축제'라는 행사명이 방문객에게 이야기하는 것은 '소래포구'라는 경관, 장소적 자산이다. 2016 소래포구축제와 같이 역사 · 인물을 축제의 중심으로 자리 잡게 하기 위해서는 축제의 특징을 전면에 내세울 만한 캐릭터를 개발하는 것이 필요하다.

둘째, 소래포구축제와 인천시 남동구 인근의 관광자원과 연계한 프로그램을 개발해야 한다. 방문객을 축제장에 오래 머물게 하기 위해서는 현재 소래포구축제가 제공하는 경관과 음식만으로는 부족하다. 특히, 인천시 남동구 지역이 아닌 기타 지역 방문객의 축제 참여 시간은 축제에 참여하기 위해 소요한 축제 방문 시간보다 짧은 경우가 대다수다. 소래포구축제의 이야기를 방문객이 충분히 체험하고 재생산하기 위해서는 소래포구 인근의 관광지와 연계한 축제 프로그램이 제시되어야 한다. 논현포대, 소래아트홀, 소래습지 생태공원, 오봉산, 인천대공원 등으로 축제를 확장하는 방안이 검토되어야 한다.

셋째, 소서노를 지역의 역사인물로 자리매김하기 위한 주민의 공감대 형성이 필요하다. 예년과 달리 2016 소래포구축제에서는 '소서노'와 관련된 공연 및 캐릭터, 전시가 이뤄졌다. 축제장을 찾는 방문객은 이러한 전시물을 관람하고도 이러한 전시가 축제장에서 이뤄지는 이유를 찾기 어려웠다. 그뿐만 아니라, 소래지역 거주자들 역시 '게'나 '새우'와 함께 소서노 캐릭터가 축제 전면에 나서는 이유를 의아해했다. 소서노를 지역의 역사인물화하고, 이를 활용한 지역축제를 개최하기 위해서는 무엇보다 지역민의 이해가 우선시되어야 한다.

넷째, 지역주민의 적극적인 참여 유도다. 독일 뮌헨에서 개최되는 10월 축제 기간 3주 동안 700만 명의 관광객이 참여하는데, 뮌헨 지역주민의 60% 이상이 이 축제를 관람하기 위해 참여한다고 한다. 지속 가능한 축제가 되기 위해 자체 수익성 확보도 중요하지만, 지역주민의 참여와 지역주민을 위한 노력이 절대적으로 필요하다.

2.
소서노 콘텐츠 활용 공간 스토리텔링

이 절에서는 가추법을 활용하여 소서노 도래를 추정할 수 있는 공간들에 대해 향토사적 · 민속학 설명을 제시하고, 이를 기반으로 하여 공간을 재구성하는 작업을 기술했다. 구체적으로 말하자면 소서노 콘텐츠, 즉 소서노와 연관된 자료들과 내용들을 활용하여 공간에 의미를 부여하는 공간 스토리텔링을 수행했다. 그리고 소서노 스토리텔링을 통해 분석한 도전의 리더십, 화합의 리더십을 기본으로 한 여성 리더십 교육 콘텐츠, 그리고 졸본부여에서 한반도로의 이주를 주도한 도전정신과 모험심을 기초로 한 다문화 콘텐츠를 교육 스토리텔링으로 구성했다.

1) 소서노 관련 공간들의 가추법적 설명

이 책에서는 소래 일대의 지명, 공간, 의례 등에 관한 현장연구를 폭넓게 수행하면서 가추법적 접근을 시도했다. 특히 고대시대가 제정일치 사회였다는 점, 부족세력의 권위자가 제사를 관장한 제사장이라는 측면을 고려했다. 따라서 소래 일대가 대제사장이 도래하여 거주했던 지역으로 추정했다. 미추홀에 초기 백제를 세운 비류가 기거했다는 여러 가지 역사적 기록과 정황들을 중심으로 봤을 때 그의 어머니인 소서노 역시 근처에 거주했을 것으로 본다. 이를 뒷받침하는 『삼국사기』 외 몇몇 역사적 자료에서 "소서노가 두 아들을 데리고 미추홀에 이르렀다"로 봤을 때 소서노 역시 제사장 급의 지도자임을 충분히 고려할 수 있다. 그뿐만 아니라 소래 일대를 대제사장의 주거지 혹은 주거지로 추정하는 이유는 소래 일대의 지명들이 샤머니즘과 관련이 많을 뿐만 아니라 소서노와 직간접적으로 가추법적 관계에 있기 때문이다.

(1) 소래산과 마애보살입상

소래산은 인천광역시 남동구 장수동과 경기도 시흥시 대야동의 경계에 위치한 산으로 높이는 해발 299.4m다. 소래 지역 인근에서는 가장 높은 산이다. 앞의 2장의 지명유래에서 '소래'라는 지명은 높은 곳 '수리'에서 왔다는 설, 소라와 관련되었거나 소나무 혹은 솔내 같은 지형 관련설이 있으나 지난 소래축제의 소서노 워크숍(2016년 10월 1일)에서 소래 지명유래를 발표한 한성우 교수의 주장에 의하면 소래의 소정방 연관성이나 소서노 도래 관련성이 지명학적으로 타당하지 않다. 이러한 맥락에서 보자면 소래산은 '소래'라는 지명이 만들어진 이후에 소래산 지명을 얻은 것으로 가정할 수 있다.

『삼국사기』「백제본기」에 따르면, 백제인에게 가장 중요한 제사는 천지신명

[그림 5-3] 소래산 마애보살입상
(출처: 2016년 11월 19일 촬영)

에 대한 제사, 다음은 동명왕에 대한 제사, 오제에 대한 제사,[1] 다음으로는 소서노를 지모신으로 신격화한 제사였다. 이는 백제가 고구려와 마찬가지로 시조신을 숭배하는 나라로 매년 네 차례 수도에 있는 시조신의 사당에서 제사를 지냈다. 고구려가 동맹행사를 통해 하늘에 제사했듯이, 백제도 매년 네 차례 왕이 하늘과 5방

1) 오제신앙: 천상에 있으면서 오방(五方)을 주재하는 동방 창제(蒼帝), 서방 백제(白帝), 남방 적제(赤帝), 북방 흑제(黑帝), 중앙 황제(黃帝)의 다섯 천신을 믿는 신앙

[그림 5-4]
시흥 소산서원에서 바라본 소래산
(출처: 2016년 11월 19일 촬영)

위의 신[五帝神]에게 제사를 지냈다. 또한 고구려에서 유화부인을 나라의 어머니로서 부여신으로 숭배했듯이, 백제도 소서노를 국모(國母)로서 모시고 제사를 지낸 것으로 추정된다. 백제의 기본적인 신앙은 부역의 맥을 같이하는 고구려와 다를 바 없었다.

이러한 맥락에서 소래산 마애불상(磨崖佛像)의 존재는 소서노의 신격화 및 소래 지명과 관련이 있는 것으로 추정할 수 있다. 소래산에 소재하는 마애불상의 정식 명칭은 '시흥 소래산 마애보살입상(始興 蘇萊山 磨崖菩薩立像)'이다. 이 마애불상은 2001년 9월 21일 대한민국의 보물 제1324호로 지정되었다. 문화재청은 마애불상을 다음과 같이 설명한다.

> "소래산의 마애상은 서 있는 모습의 부처를 얇은 선으로 새긴 것으로, '장군바위'라고 부르는 바위에 새겨져 있다. 무늬가 새겨진 모자 모양의 둥근 보관을 쓰고 있으며, 작고 좁은 관대가 옆으로 휘날리고 있다. 목에는 삼도가 굵은 띠처럼 새겨져 있고, 가슴에는 대각선으로 가로지른 꽃무늬가 새겨진 속에 입은 옷과 띠매듭이 보인다. 양어깨를 모두 감싼 옷을 입었는데, 가슴 밑에서부터 반원을 그리며 규

칙적으로 흘러내린 주름은 볼륨감은 없으나 유려한 선으로 이어져 있다. 반원으로 둥글게 흘러내린 상의자락 밑 양쪽으로 발을 벌렸는데, 발가락의 표현이 매우 섬세하다. 균형 잡힌 신체에 사각형의 각진 얼굴, 양어깨를 덮은 옷, 원통형 보관에 덩굴무늬가 새겨져 있는 점 등이 특징적이다. 특히 무늬를 새긴 원통형의 화려한 보관과 양어깨를 덮은 옷의 형태는 고려 전기 석조상의 특징으로 조성 연대를 추정할 수 있는 근거가 된다. 시흥소래산마애상은 약 5mm 정도의 얕은 선각임에도 불구하고 보존상태가 좋은 편이며, 기법이 우수하고 회화적인 표현이 뛰어난 세련된 작품이다."

(출처: http://www.cha.go.kr/korea/heritage/search/)

대부분 마애불상의 형성 시기는 백제 중기에서 고려 중기에 이른다. 마애석불 또는 마애불은 말 그대로 바위에 새긴 불상이다. 한국에서는 7세기 전반쯤 백제에서 시작되었는데, 이는 백제의 외래문물에 대한 민감성을 보여준다. 그런데 이 마애불에는 특이한 점이 있다. 기존 마애불은 양각인 데 비해 음각 형태를 띠며, 대부분의 마애불이 좌식임에 비해 입식으로 되어 있는 점에서 초기 마애불상임을 추정하게 한다. 소래산 마애불상은 소래산 중턱에 위치한 평풍바위(또는 장사바위) 암벽에 선각되어 있다. 이는 한반도에 존재하는 마애불상으로는 보기 드문 선각이라는 점과 거대한 크기가 그 가치를 더해준다. 지금은 위에 인용한 문화재청의 기술과는 달리 암벽의 풍화가 심하여 형상을 알아보기 어려울 정도로 마모가 심하다. 인용문에서 나와 있듯이 상부 머리에는 연화문의 화사한 보관을 쓰고 있고, 위가 좁은 원통형으로 안에 당초문이 장식되어 있다. 원통형의 관을 쓴 보살은 고려시대에 와서 많이 나타나는 형식인데, 그것을 당초문으로 장식한 예는 드물다. 문화재청에서 고려 전기로 잡는 이유도 관모를 썼다는 점, 그 관모가 고려 관모와 유사하다는 점이다. 대부분의 마애불상은 관모를 쓴 경우가 드문 편인데, 이천 소고리 마애삼존불상이 관모를 쓰고 있다. 그런데 이 불상의 경우 좌식이며 양각 불상이다.

본래 당풍(唐風) 또는 이국풍(異國風)의 덩굴이라는 의미를 지니고 있다. 당초문계 장식요소는 민족의 조형양식 특질을 잘 나타내주고 있는 것으로, 각기 그 발생지역에 따라 특성을 달리하여 그 지역의 문화적 성격을 뚜렷이 보여준다. 당초문 형식은 고대 이집트에서 발생하여 그리스에서 완성을 보았으며, 여러 지역에서 독특한 형식으로 발전했다. 그리스계 당초양식의 한 유형은 서기전 4세기경 알렉산더 대왕의 동방 진출과 더불어 동방에 전래되었으며, 또 한 가지 유형은 스키타이 문화에 전파되어 그 지역의 의장적 특성인 새나 짐승무늬와 결합했다. 이 양식은 유라시아 내륙지방에 널리 퍼져 중국의 전국시대 미술 등에 크게 영향을 미쳤고, 우리 고대미술에도 영향을 주어 고구려 고분벽화를 비롯하여 각종 금공장신구, 마구, 금속용기 등의 문양으로 성행했다. 특히, 통구사신총을 비롯하여 강서우현리대묘와 중묘(中墓), 진파리 제1호분 · 쌍영총 등에 나타난 당초화된 구름형식은 백제미술 전반에도 나타나며, 그 특성은 백제 관형(冠形) 장신구 등에 두드러진다. 그 예로서 나주반남면신촌리제9호분 출토 금동관에서는 초화문형식이 보이고, 무령왕릉 출토 인동문형식의 관식, 도검의 손잡이 장식의 투각무늬, 금제 뒤꽂이 등에 보이는 인동당초문형식은 일본 호류사 천개천인상과 주구사 천수국만다라수장에 영향을 주었던 것으로 보인다(출처: 한국민족문화대백과).

즉, 당초문의 장식은 왕족이나 귀족을 상징화하는 것으로 이해할 수 있다. 그럼 소래산 마애불상의 정체는 무엇일까? 아마 소래산의 상징을 기리기 위해 그려지지 않았을까? 백제 사람들이 백제 시조인 비류와 온조의 어머니인 소서노를 신격화하고 이를 기리기 위해 새기지 않았을까? 이를 뒷받침하는 근방의 지명들이 관모산, 성주산, 노고산 등이다.

(2) 관모산, 성주산, 노고산

관모산, 성주산, 노고산은 모두 소래산 인근에 위치한 산이다. 관모산은 국토지리정보원(2008)의 『한국지명유래집』 중부 편에 따르면, 인천광역시의 남동구 장수동에 위치한 161m 높이의 산이다. 관모산 북서 사면을 따라 인천대공원이 조성되어 있으며, 그 한가운데에 저수지를 갖추고 있다. 산봉우리 모양이 옛 관리들의 모자처럼 생겼다는 데서 '관모산'이라는 지명이 생겨났다. 일설에 의하면 산의 모양이 비를 피하기 위한 모자인 '갓모'였는데, 이것이 한자화되면서 관모가 되었다고 전한다. 동쪽에 인접하여 솟아 있는 봉우리는 상아산(151m)이며, 상아산 동쪽으로 소래산(299m)이 위치하고 있다. 그런데 흥미로운 점은 소래산 마애불상이 관모를 하고 있다는 점이다. 이와 같이 소래 마애불상의 관모와 관모산의 연관성을 밝히려면 좀 더 깊이 있는 연구를 해야 할 것이다. 그러나 인근의 주산이 소래산이고 지산들이 모두 성주산, 노고산 등 샤머니즘 관련 지명을 하고 있다는 점에 주목할 필요가 있다. 그뿐만 아니라 서울, 경기 일대 무당들의 굿거리에서 관모를 쓰고 연행하는 모습은 샤머니즘과 관모산 그리고 이어지는 소래산, 노고산, 성주산과 모종의 관련성을 갖는 것으로 볼 수 있다.

성주산(聖柱山)은 한자 표기는 다르지만, 민속신앙의 성주신(城主神)과 관련을 배제할 수 없다는 민간학자들의 주장이다. 성주산의 한자 표기 聖柱와 민속신앙의 성주(城主)를 포함한 성주신과의 연관성을 찾아보면 다음과 같다. 이능화(李能和)는 『조선무속고(朝鮮巫俗考)』에서 '성주'를 "가사를 조성한다는 뜻(蓋有成造家舍之意)"으로 보아 한자어 '成造'를 그대로 성주의 명칭으로 보고 그 직능을 '집을 짓는 신'으로 보았다. 조선시대 세시를 기록한 홍석모(洪錫謨)의 『동국세시기(東國歲時記)』에는 "민가에서는 10월을 상달이라 하여 무당을 데려다가 성조신을 맞이하여 떡과 과일을 차려놓고 기도함으로써 집안을 편안히 했다(人家以十月上月 激巫迎成造之

神 設餠果祈禱以安宅兆)"고 하여 성주신을 '成造'로 기록하고 있다. 19세기의 기록인 난곡(蘭谷)의 『무당내력(巫堂來歷)』에도 "단군 시절에 매해 시월에 무녀로 하여금 가옥을 지은 것을 축하하도록 했는데, 그 뜻은 인민이 그 근본을 잊지 않도록 함이다. 치성 시에는 전례에 따라 거행한다. 속칭 '셩쥬푸리'라고 한다"고 하여 일반인이 '성주'라는 명칭을 사용했음과 성주신의 직능이 가옥을 짓는 것임을 알 수 있다. 대종교 편(大倧敎編) 『신단실기(神檀實記)』에도 이와 비슷한 기록이 보인다. 문헌들을 통해 민간에서는 성주신을 성주로 부르고, 기록은 '成造'로 하며, 그 직능은 '가옥을 조성하는 신'임을 알 수 있다. 또 처음으로 집을 짓는 법을 가르쳐준 성주신의 근본을 잊지 않기 위해 매년 음력 시월에 성주신에게 제를 올린다고 했다. 이는 오늘날 성주굿에서 불리는 성주신에 대한 신화인 성주신가나 성주의례, 사람들이 인식하고 있는 성주신의 직능과 상통한다. 성주신에 관한 신화인 신가에는 성주신의 내력이 잘 나타난다. 「성주신가」에서 나오는 명칭은 성조축원(成造祝願), 황제푸리[黃帝讚歌], 성주거리, 성주본가, 성주풀이, 성주축원, 성주굿, 마지뜨는 말[成造祝詞] 등이다. 성주신 명칭에 성주 · 황제 등이 사용되고 있다. '황제'는 서울 · 경기 지방과 경상도 · 강원의 동해안별신굿 무가에서 사용한다. 성주신이 황제라면 이것은 옥황상제의 준말이거나 현실세계의 황제로서 '집안의 제일 신'이라는 말이 될 수 있다. 서울새남굿의 황제풀이 무가에 따르면 '가중황제'라는 말이 나와 집안의 제일 신인 성주신을 황제로 표현한 것임을 알 수 있다. 또 '성주왕신'이라는 용어를 통해 집안의 제일 신인 성주를 황제나 왕신으로 표현하고 있음을 보여준다. 「성주신가」는 크게 성주신의 본을 천상계로 보는 신가와 안동 제비원으로 보는 신가로 구분된다. 천상계 성주신가는 성주신의 내력을 본풀이 형식으로 풀어내는 것이고, 안동 제비원본 성주신가는 성주신의 내력을 안동 제비원으로 간단히 밝히고 집 짓는 과정을 자세히 나열하는 형식이다. 이 두 가지 형식이 합쳐져서 성주신의 본풀이가 자세히 진행된 뒤에 집 짓는 과정이 상세히 나오는 신가도 있다. 본풀이

형태의 성주신가와 본풀이 형태 및 집 짓는 과정을 설명하는 것이 혼합되어 나타나는 성주신가는 대부분 성주신의 본을 천신과 연결시킨다. 본풀이 형태의 성주신가에서 성주신의 본을 천계와 연결시켜보면 성주신의 본은 천계로 볼 수 있다. 성주신의 본을 천계로 보는 성주신가는 경기도 일대와 경상도, 강원도지역에서 나타난다(출처: 국립민속박물관, 『한국민속신앙사전』 가정신앙 편).

위 인용문에서 성주신을 천상계로 표현하기 때문에 성주신의 다원적 의미인 '이룰 성(成)', '성스러울 성(聖)', '성을 쌓다 성(城)'은 모두 같은 맥락으로 이해할 수 있다. 성주신은 민속에서 가장 으뜸인 가신 중 하나다. 또한 성주산은 일제강점기 당시 신사가 있었던 곳으로, 신성한 지역이었다. 또한 부천의 성주신과 동일한 지명의 성주산이 충남 보령에 위치하는데, 예부터 성인 · 선인이 살았다 해서 유래된 지명이다. 이런 의미에서 성주산은 민간신앙인 샤머니즘을 포함하는 것으로 볼 수 있다. 경기도 부천시 소사구와 시흥시 대야동에 걸쳐 있는 산으로 해발 200m 이며, 마애보살입상이 있는 소래산과 맞닿아 있다. 예전에는 소가 앉아 있는 산세를 보여 '와우산(臥牛山)'이라 불리기도 했다. 또 시흥 쪽에서는 이 산의 골짜기를 '댓골[大谷]'이라 부르고 산 이름을 '댓골산'이라고 불렀다.

노고산의 경우는 샤머니즘과 더욱 연관성이 있다. 성주산과 인접한 산으로, 이 산에는 수많은 만신당(굿당)들이 자리 잡고 있다. 민간에서는 마고할미와 연관성을 이야기하고 있지만, 그 근거는 미약하다. 마고(麻姑)는 '마고할미', '마고선녀' 또는 '지모신(地母神)'이라고도 부르는 할머니로 '마고할망'이라고도 한다. 한국에서는 주로 무속신앙에서 받들어지며, 전설에 나오는 신선 할머니다. 새의 발톱같이 긴 손톱을 가지고 있는 할머니로 알려져 있다. 옛말에 "마고가 긴 손톱으로 가려운 데를 긁는다"는 뜻으로, 바라던 일이 뜻대로 잘됨을 이르는 말로 '마고소양(麻姑搔癢)'이라 하는데, 이때 한자로 '마고(麻姑)'라고 적듯이 예부터 전해오는 전설 속의 노파(老婆)를 의미하기도 한다. 이처럼 한국의 전설과 설화에는 마고에 얽힌 신화가 많다. 소서노와 마고를 연관시켜 이야기하는 노중평 같은 향토사학자들은 줄곧 소서노와 마고를 일치시키는 주장을 하고 있다.

> "우리 역사에서 처음으로 성주 · 소래 · 노고 3산을 삼신산으로 쓸 수 있었던 사람은 이곳 일대를 정벌하여 '잉벌노(仍伐奴)'라고 명명한 소서노 이외에는 없었을 것으로 본다. 소서노를 한자로 쓰면 소서노(召西弩)가 되는데, 召는 칼을 입에 문 여자 무당을 의미한다. 따라서 소서노를 무당으로 볼 수 있는 근거가 된다. 소서노가 무당으로서 이곳에서 삼신굿을 했기 때문에 이러한 말이 생겨 전해오다가 격암 선생에게 전해져 선생의 『비결서』에 기록된 것으로 볼 수 있다."
>
> (출처: http://m.blog.ohmynews.com/nojp/161471)

이어 노중평은 노고산을 '할미산'이라고 하는데, 그렇다면 '할미는 과연 누구인가?'라는 의문을 갖게 한다. 소래산에 소서노를 의미화한다면 바로 할미는 소서노가 아니겠는가. 이와 같은 향토학자들의 설은 정설이나 설화처럼 들릴지 몰라도 귀 기울일 만하다. 그 이유는 소래산, 성주산, 노고산 일대에 다수의 굿당들이 들어서 있던 시기가 있었다고 한다. 소래산 일대에 인천대공원이 들어서면서 지자체의 통제로 굿당들이 해산되어 이제는 성주산, 노고산 일대에서만 간혹 굿당들을 찾아볼 수 있다. 더욱이 이 산을 포괄하고 있는 부천 일대는 신흥종교의 발상지다. 예를 들어 천부교, 영생교 등의 발상지가 모두 부천이라는 점에서 부천 일대가 굉장한 신성을 지닌 곳임을 유추할 수 있기 때문이다.

(3) 오봉산과 듬배산

오봉산과 듬배산은 인천시 남동구 논현동 일대, 그리고 소래포구와 매우 가까운 산들이다. 이 산을 중심으로 해서 수많은 지명이 샤머니즘적 요소와 연관성이 있다. 우선 인천의 대표적 문인인 소설가 이원규가 연재한 「인천일보」의 '인천 지명 考-42' 오봉산, 듬배산 일대의 지명에 대해 다음과 같은 내용이 나온다.

> 주적골은 현재 남동구 야구장과 남호정 왼쪽 건너편 사곶냉면, 현대오일뱅크 주변이다. 주적골에서 논현동으로 가는 언덕(현재 정수장이 있는 곳)에 성황당이 있어서 '서낭대고개'라고 불렀다고 이호우 선생은 기억한다. 산봉우리가 다섯 개인 오봉산은 옛날에 '태산(胎山)'이라고도 불렀는데, 왕자의 태를 묻었다고 해서 붙여진 이름이라 한다. 도림리는 복숭아밭이 있어서 붙인 지명이라는 게 토박이 원로들의 구술을 존중한 필자 선친을 비롯한 1세대 향토사가 견해였다. 그리고 수골은 숯을 굽던 숯막이 있어서 붙인 지명이라고 해석했다. 능동은 거기에 왕 또는 왕자의 무덤이 있어서, 여무실은 옛날 이곳이 무당촌이었고 여인들이 춤추고 노래하는 집이 있어서 붙인 지명이라고 했다. 주적골은 한자어가 주적곡(紬績谷)이다. 뽕나무 숲이 우거져 누에로 명주실을 많이 뽑은 곳이라 붙은 지명이다.

위의 인용문에 나타난 내용은 이 책에서 기술한 현지조사 결과와 대부분 일치한다. 서낭대고개, 태산, 능동, 여무실 등에서 높지 않은 작은 산임에도 신성한 지명이 붙어 있다. 오봉산의 경우 이름에서 암시하다시피 5개의 봉우리가 있어야 하는데 정작 봉우리는 4개다. 아마 존재하지 않은 하나의 봉우리는 천상계, 즉 하늘을 의미하는 것이 아닐까?

오봉의 숫자 5를 소서노와 연관시킨다면 소서노의 고국인 부여가 왕, 마가,

우가, 저가, 구가의 5부족 연맹체 형태를 취했으며, 부여에서 5라는 수가 신성시된 수였기 때문이다. 또한 5는 샤머니즘에서 오방색과 연관성을 갖고 있다고 볼 수 있다. 우리 민족의 색채 사용에서는 색채 자체의 미보다 상징성과 의미를 부여하여 상징적인 수단으로 사용해왔고, 신앙에서도 색채에 상징적 의미를 부여하고 있다. 우리의 전통색은 선사시대에는 자연에 대한 경외심에서 샤머니즘적인 색채관이 지배적이었으며, 삼국시대부터 고려에 이르기까지는 중국의 사상체계에 뿌리를 두고 있는 음양오행사상이 생활에 침투하면서 그 영향으로 색채관이 정립되었다. 그러던 것이 조선시대에 이르러서는 유교적 세계관이 사회의 중심에 자리잡음으로써 이전 시대와는 변모된 양상을 보이게 된다. 유교적 규범이 신분구조나 사회제도에 영향을 미치게 되면서 귀족과 서민의 계층적 분리를 확연히 하게 되었고, 이러한 유교사상이 음양오행사상과 결합하면서 색채는 지위를 표현하는 하나의 수단으로 이용되었다. 오방에는 각 방위에 해당하는 다섯 가지 정색이 있고, 각 정색 사이에는 다섯 가지 간색이 있다. 정색의 동쪽은 청색, 서쪽은 백색, 남쪽은 적색, 북쪽은 흑색, 중앙은 황색이며, 이 중 청색, 적색, 황색은 양의 색이고 흑색과 백색은 음의 색이다.

간색으로는 동방의 청색과 중앙의 황색 사이에 녹색이 있고, 동방의 청색과 서방의 백색 사이에는 벽색, 남방의 적색과 서방의 백색 사이에는 홍색, 북방의 흑색과 중앙의 황색 사이에는 유황색, 북방의 흑색과 남방의 적색 사이에는 자색의 다섯 가지가 있으며 모든 간색은 음의 색이다. 이와 같은 정색과 간색의 10가지 기본색을 음양에 따라 적절하게 사용하는 것은 화평을 얻는 중요한 일로 생각했다. 색상 또한 방위에 따라 오색을 배정하고 오행의 상관관계로 하여 중간색이 나오며, 중간색에서 무한한 색조가 생성하는 것이라 보았다. 일간에서는 오방색과 오간색의 존재를 통해 우리 선조의 화합을 상징화한다고 보았다.

그뿐만 아니라 백제는 오제 의례[오방(五方)을 주재하는 동방 창제(蒼帝), 서방 백제(白帝),

남방 적제(赤帝), 북방 흑제(黑帝), 중앙 황제(黃帝)의 다섯 천신을 믿는 신앙]를 행했다고 기록되어 있다. 이는 무속에서 사용되는 오방기(五方旗)와도 관련이 있다. 무속의 오방기는 붉은색, 푸른색, 초록색, 흰색, 노란색의 다섯 가지 색의 깃발로 다섯 방위를 지키는 방위신을 일컫는다. 오방(五方)이라는 말뜻 그대로 다섯 가지 방향으로 중앙과 동, 서, 남, 북을 말한다. 이 다섯 방향에는 각각의 색을 가지는 신들이 있어 중앙에는 황제신(黃帝神), 동에는 청제신(靑帝神), 서에는 백제신(白帝神), 남에는 적제신(赤帝神), 북에는 흑제신(黑帝神)이 각각의 방위에서 사람들을 지켜주고 있다고 한다.

오방색이 쓰이는 가장 원초적인 모습은 무속에서 볼 수 있다. 남부지역을 제외한 서울과 경기도 그리고 그 이북의 황해도 같은 지역의 무속에서는 오방색을 사용하여 만든 오방기를 주로 사용한다. 이 오방기는 주로 신장(神將)거리와 조상거리에 등장하여 굿을 주최하는 주인들이 기를 뽑아보게 되는데, 현재 사용되는 오방기는 오방신장기로서 붉은색, 푸른색, 초록색, 흰색, 노란색의 깃발이다. 다섯 방위를 지키는 색이 나타내는 의미는 붉은색은 재수기, 흰색은 칠성기, 노란색은 조상기, 푸른색은 대주(자기 몸이나 집안의 가장을 나타냄)기, 초록색은 청춘(청춘에 억울하게 죽은 사람)이나 싸움, 즉 무속에서는 '덧나다'를 의미하는 기다. 이 깃발은 각 거리마다 또는 뽑는 사람의 상황에 따라 색의 의미가 달라서 무조건 붉은색의 기를 뽑는다고 재수가 좋은 것은 아니라고 한다. 만일 병이 들어 병굿을 하고 있는데 붉은 기를 뽑게 되면 붉은 기가 재수가 있음을 상징함에도 곧 죽게 되는 것으로, 깃발을 뽑은 주인에게 하고 싶은 말이 있어 그 깃발을 뽑게 되는 것이라고 한다.

오봉산 일대를 구성하는 마을은 도림동이다. 도림이란 '복숭아 숲'이라는 뜻인데, 복숭아 역시 샤머니즘과 연관성이 짙은 과일이다. 도교에서는 천도복숭아를 먹으면 불로장생하여 신선이 된다는 전설이 있을 만큼 신성한 과일로 여겼다. 그러나 무속(샤머니즘)에서는 무당이 복숭아 나뭇가지로 귀신을 쫓는다. 정확한 근거는 없지만 민간 전설에 전래되는 '예'라는 사람의 이야기가 있다. 하늘의 해도 쏘아 맞힌다는 사람이었는데, 예는 자신의 실력을 믿고 방약무인하게 행동하다가 복숭아 나뭇가지에 맞아 죽었다. 예는 귀신이 되어서도 복숭아나무를 무서워했기 때문에 그 이후부터 무녀가 귀신을 쫓을 때 복숭아 나뭇가지를 사용했다고 한다. 그래서 복숭아는 제사상에는 올리지 않는다. 복숭아는 동양에서 신선과 옥황상제가 먹는 신성한 과일이라 전해진다. 그뿐만 아니라 귀신을 쫓는 힘이 있다 하여 귀신 들린 사람에게서 귀신을 몰아낼 때 복숭아 나뭇가지로 때린다. 그리고 복숭아나무 근처에는 묘를 쓰지 않는다. 물론 지명학자나 향토학자 중에는 도림이 '둥글다'라는 데서 유래했다고 주장하는 이들도 있다. 오봉산-듬배산 일대를 샤머니즘과 연관시킨다면 도림동의 옛 이름 도림리는 복숭아골 정도로 이야기될 수 있어야 한다. 실제 원주민의 제보에 의하면, 이 두 산 일대에는 택지 개발이 있기 전 복숭아밭과 포도밭이 산재해 있었다고 한다.

또한 앞선 인용문에서 오봉산의 주봉이라고 할 수 있는 1봉은 소위 '태봉'이라고 불린다. 산에는 주로 클 태(太) 자를 쓰는데, 이 산은 사람 '태' 자를 쓴다. 도림동 일대에서는 왕자나 태자의 태를 묻었다 하여 태봉이 되었다고 한다. 그래서 인근 주민은 풍수지리상 좋은 곳으로 여기고 있다.

다음은 듬배산이다. 특별한 전설이나 설화가 존재하지 않지만, 듬배산의 어원이 순수한 우리말로 '들어 있는 배', 즉 '물고기가 꽉 들어차 있는 배'로서 만선(滿船)을 뜻한다. 실제로 이 산의 형상은 뱃머리인 선수(船首)가 들려 있고 선미(船尾)가 내려앉아 있어 실제로 만선인 어선을 형상화하고 있다. 이는 근처에 포구가 있고 고기잡이배가 있으며 주민의 생활이 어업이었음을 뜻한다. 이 듬배산의 선수는 오봉산의 마지막 봉우리인 5봉의 산자락과 연결되어 있다. 듬배산과 오봉산이 연결되는 곳에 성황당이 위치해 있었다고 한다.

이와 같이 인천 지역에는 배와 관련된 몇몇 지명이 발견된다. 동인천역과 도화역 사이의 '배다리' 지명이 그러하고, 모도의 '배미꾸미' 지명이 배와 관련성을 갖는다. 듬배산에는 범아가리 약수가 있으며, 지금도 새벽이면 인근 노인분들이 치성을 드리는 모습을 발견할 수 있다.

(4) 논현동과 호구포

옛날에 사신들이 외국으로 떠날 때 배웅 나온 가족들과 '이야기하며 넘는 고개'라 하여 '논현동(論峴洞)'이라 불렀다. 또한 동네 인근 정주자들은 논현동의 유래에 대해 세 가지 정도의 이야기를 한다. 하나는 옛날 마을에 중요한 일이 있을 때 어른들이 마을 뒤의 망월산 넓은 공터에 모여 의논을 했다는 데서 이름이 지어졌다는 이야기, 또 하나는 서해안 일대에서 한양으로 과거를 보러 온 사람들이 포구 일대 주막에 어울려 있다가 과거시험을 보기 위해 고개를 넘으면서 서로 공부한 내용을 의논했다는 이야기, 그리고 고개에 논이 있어 '논고개'라고 불렀는데 이것이 한자어로 '논현'이 되었다는 이야기가 있다. 논현동은 본래 인천부 남동면 논현리 지역으로 '논고개마을'과 '모래마을'이었다. 1903년 인천부의 동리명 확정 때 논현리, 사리동이 되었다가 1906년 5월 논현리가 되었다.

논현동 근처 호구포(虎口浦)를 속칭 '범아가리'라 부르는데, 그 지명(地名)의 유래는 호구포 뒷산의 오봉산(五峰山) 기슭에 있는 바위가 오봉산에 있는 다른 돌과는 달리 색다른 바위라서 사람들이 다른 곳에서 실어다놓았다고 말하기도 한다. 그러나 실제로 그렇게 커다란 돌을 어떻게 실어왔을지 의문스럽다. 마을 사람들은 호랑이 아가리, 즉 호구(戶口) 모양을 한 그 바위를 마을 수호신처럼 여겼다고 한다.

그뿐만 아니라 논현동 일대의 호구포와 관련된 흥미로운 전설을 알 수 있었다. 호구포는 인천의 최남단인데, 들을 건너면 남쪽이 시흥군 안산(安山)이다. 오봉산에 있는 호구암은 안산에 있는 산과 마주 대하고 있다. 안산에는 세도가의 산소가 여럿 있는데, 무슨 까닭인지도 몰라도 그 산소의 자손들이 드물어 대를 잇기가 어려웠다. 그 이유에 대해 어떤 지관은 건너편에 있는 호구암이 이 산소를 향하여 커다란 입을 벌리고 삼키려 하는 격이라 자손이 드물다고 했다. 그 산소의 자손들은 성묘할 때마다 어떻게 하면 호구암을 없앨 수 있나 궁리했는데, 워낙 컸으므로 다른 곳으로 옮기기는 힘들고 산소를 향한 호구를 떼어버리면 될 것이라 생각하여 범의 턱을 도끼로 때려 없앴다. 그 후부터는 자손들이 번성했다고 한다. 호구암은 염전을 만들 때 매몰되어 영영 없어지고 말았다는 전설이 있다. 또 다른 전설에 의하면, 호구암의 센 기로 인해 건너편 월곶마을의 개가 짖지 않았다고 한다. 호랑이와 개는 주종관계라고 할 정도로 호랑이의 기가 하도 세서 나온 전설로 생각된다.

지금의 교통요지(항구) 등은 갑자기 생긴 것이 아니다. 인천시 남동구 논현동의 지명유래에서 기술한 바와 같이 사신들이 외국으로 떠나는 배편을 이용했다면 소래포구 일대가 해상교류의 접점이었을 것이다. 소서노 일행이 해상을 통해 한반도에 들어왔다고 가정하면 미추홀로 들어오기에 가장 근접한 포구가 어디였을까? 그것은 현재의 해안선을 기준으로 이야기하기가 어렵기 때문에 좀 더 깊이 있는 연구가 필요할 것이다.

(5) 도림도당제(산할머니 모심)

도림동 당 고사는 오봉산 아랫마을인 도림마을의 신성하다는 당나무(엄나무로, 수령 약 450년)를 당할머니로 섬겨 마을의 안녕과 번영을 위해 제를 지내는 행사로, 약 350년 전부터 마을의 평안과 풍요 등을 기원하기 위해 행해졌다. 한국전쟁 이후 40~50년 동안 중단되었다가 2004년 8월 16일부터 당제를 재현해 오늘에 이른다. 최근 당나무가 번개를 맞아 소실되어 이제는 인천시 남동구 도림동 소재 남호정 일원에서 도림도당제를 지낸다. 매년 7월 초하룻날 도림도당제가 진행된다. 인천의 대부분 마을 당제의 추앙 대상이 산할아버지(남성 산신령)인 데 반해 왜 이곳 오봉산 일대 산신령은 산할머니일까? 최근 남호정에서 행해진 도림도당제에 대한 내용을 이해하고자 내레이터 설명을 인용한다.

> 본래 도당제는 부족국가 시대부터 행해진 것으로, 마을의 안녕과 풍년, 가족 및 마을의 질서를 수호신에게 기원한 제사입니다. 예부터 하늘과 산천에 제사하였고, 지역마다 그 지역을 지켜주는 수호신을 모신 치성지에서 마을의 편안함과 소원성취를 비는 제를 올려왔습니다. 제당은 이러한 제의 장소, 제의 공간으로 오늘날까지 마을 곳곳이나 특정지역에 전해져오고 있습니다. 제당의 명칭은 서낭당, 산신당, 할미당, 장군당, 부군당 등 수없이 많으나 일반적으로 도당, 신제당으로 불리고 있습니다. 오늘 오봉산 지역에서 치러지는 당제는 도당제입니다. 각 집안의 윗대 조상을 모시는 시제와 같다고 할 수 있습니다. 제당의 형태도 집으로 된 사당 형태(터주가리)와 큰 고목이나 기이한 형상의 잡목을 섬기는 신목 형태, 그리고 큰 바위나 암반을 당으로 섬기는 암석 형태 등이 주를 이루는데, 이곳은 신목이 당나무이며 사당은 터주가리입니다. 제당의 위치는 산정과 산중턱, 산 입구, 길가나 들 가운데 등 여러 곳이지만 제당은 인간 속계와는 구분되고 신성한 곳으로 간주되기 때문에 세속적 생활권에서 격리되어 있는 것이 보통이고, 제당을 중심으로 한 일정한 제의 공간 역시 금기구역으로 인식되고 있습니다. 인천도호부사의 수령칠사 중 농사와 누에치는 것이 제일 으뜸이 된 것처럼 비단실을 많이 뽑아낸다고 해서 붙여진 주적곡 마을 위에 금기구역으로 신성한 제당에서 도당제를 지내왔습니다.
>
> 앞서 말씀드린 바와 같이 도림당제의 명칭은 도당제입니다. 도림도당제는 매년 음력 칠월 초하루에 마을의 수호신으로 신성시해온 수령 약 450년 이상 된 신목 당

나무인 엄나무를 도당할머니로 섬겨 마을의 안녕과 번영을 위하여 제를 지내는 행사입니다. 약 350년 전부터 마을 사람들은 당제일 보름 전에 원로들이 의논하여 덕망 높은 연장자를 제관으로 추대하였습니다. 제관은 몸과 마음가짐을 청결히 하고 외부출입을 삼가면서 붉은 황토를 집 둘레에 뿌려서 부정을 막았으며, 마을 사람들은 단합하여 당 우물을 청결하게 청소하고 그 물로 제물을 정성 들여 만들어 당제를 올렸습니다. 이때 당나무 곁에서 황소를 잡아 제물로 바쳤는데, 제물 비용은 세찬계를 조직하여 만들었습니다. 화폐경제가 발달하지 않았던 당시 우리 민족의 상부상조의 전통인 세찬계를 조직하여 제물인 황소 값을 충당하였습니다.

당제 후 한여름 농사일에 시달리다가 농한기에 접어들 때라 보신을 위해 쇠고기를 나누어 먹으면서 친목을 도모하였음을 알 수 있었고, 당제는 오봉산 지역 일대 부락민의 건강과 마을의 번영 그리고 한 해의 풍년을 기원하며, 두레패 농악대들은 마을 집집마다 돌면서 축제 분위기를 알리며 곡식 혹은 약간의 금전을 찬조로 받았습니다. 오늘처럼 저렴한 가격으로 한우고기 이벤트를 하여 당제 기금을 만들어 토속문화 재현에 참여하는 모든 분에게 볼거리와 먹을거리, 마실거리를 나누는 데 쓰이는 것입니다. 당할아버지로 일컫던 남촌동의 당나무(은행나무)가 지역개발로 벌목되어 소중한 토속문화와 주민의 정신문화가 사라지게 되어 정말 안타깝습니다. 옛날 도림동과 남촌동 주민은 따로 당제를 지내지 않았으며 같은 날 제관이 시차를 두고 당할아버지와 당할머니의 제사를 지내오다가 세대가 바뀌면서 각 동 주민이 주관하여 지내게 된 것이고, 제를 지낸 후 약간의 쇠고기를 나누던 아름다운 풍습도 있었습니다.

구전으로 전해오던 당나무, 엄나무에 얽힌 일화를 말씀드리겠습니다. 일제강점기이던 어느 날, 일본 순사가 말을 타고 이곳 당나무 앞을 지나려는데 말이 움직이지 않자 당황하여 말에게 수차례 채찍을 가하니 말은 일본 순사를 땅바닥에 내동댕이쳤습니다. 이상히 여긴 일본 순사가 부락민에게 변고의 자초지종을 설명하자 마을 어른이 그에게 "당할머니 앞을 버릇없이 말을 타고 지나갔는가?" 하고 호통 치며 "말에서 내려 당할머니에게 용서를 빌고 난 후 공손히 말고삐를 잡고 지나가라" 하자 그대로 행하니 말은 순순히 발굽을 떼어 지나갔습니다. '일제강점기에 얼마나 많은 설움을 받았으면 도당할머니의 힘과 이름을 빌려 한풀이 우화를 만들어냈을까'라고 생각해봅니다. 아직도 이곳에는 수많은 무속인이 매일 밤낮으로 찾아와 영력을 받기 위해 음식 등을 차려놓고 치성을 드리는데, 음식을 버려두고 그냥 가버려 사당 주변을 오염시키고 있습니다.

당제의 유래와 전승을 간단히 말씀드리자면, 이 지역은 오봉산 산세가 험해 홍수로 농작물 피해를 입고 매년 전염병으로 많은 젊은이들이 목숨을 잃기도 했습니다. 또한 바다를 끼고 포구에 모여 살며 어업을 생업으로 하는 어민들이 당제를 지내 마을 수호신께 풍년과 풍어, 마을의 평화를 기원해왔습니다.

(중략)

마을 원로들의 이야기에 의하면, 남촌동 입구와 수산동 입구 장승백이, 논현동 입구 서낭당 고개, 오봉산4-5봉우리 절터고개 등 도림 · 남촌 · 수산 3개 마을에 당할아버지와 당할머니를 상징하는 장승 '천하대장군'과 '지하여장군'이 세워져 4개소에 길목을 지켰습니다. 일본은 우리가 면면히 지켜온 토속신앙을 상징하는 수많은 고목나무를 수탈해갔습니다. 따라서 우리는 민족의 문화와 정신을 말살한 일제강점기 35년의 쓰라린 역사를 결코 잊어서는 안 됩니다. 그나마 도림동 마을주민이 문화와 신앙을 지키기 위하여 목숨처럼 아끼던 엄나무(수령 약 450년, 키 5미터, 폭 20미터, 둘레 5미터)는 다행히 당할머니로 마을주민의 절대 보호로 보존되고 있었으나, 산업의 발달로 토속문화가 사라질 무렵 마지막 당제의 제주 역할을 주로 했던 고 윤시용 씨의 장남 윤창운 씨의 기억으로는 황소를 당제 7일 전 우시장에서 구입하여 본인 집에서 정성으로 길러 당제를 지내는 날 제물로 바쳤습니다. 또한 제주의 몸을 청결하게 할 때와 제물과 제주를 빚을 때 쓰던 당 우물은 주공아파트 206

동과 207동 사이의 버스정류장 부근, 옛날 논가에 샘물이 있었는데 지금은 사라지고 없습니다. 이렇게 숱한 세월이 기억에서 사라지려 할 때, 마을주민이 단합하여 재현을 시도했으나 여건이 뒷받침되지 않아 결국 중도에서 중단하였습니다.

근래에 다시 마을 원주민 어른들과 젊은이들은 소중한 옛 문화를 포기하지 않고 2004년부터 2006년까지 소규모적으로 재현을 시도하면서 2007년부터 도림동 지역문화보존위원회를 발족하여 시와 구, 인근 지역민에게 대대적으로 홍보하여 구전으로 전해진 자료를 토대로 지금의 도림동에서 시작하여 남동지역의 민속전통문화를 일궈냈는데, 인천시에서 단 하나의 전통토속문화라 할 수 있습니다. 도림동에서 천년의 역사를 간직하며 마을수호신으로 당제를 지냈던 당나무 자리에 피어난 엄나무 몇 줄기에서 봄이 올 때마다 싹이 트면 토속문화를 소중히 여기고 명맥을 이어가며 홍보하는 지역민의 가슴을 조여들게도 하고 환호하게도 합니다.

(출처: 파평윤씨 천안공파종친회 카페 http://cafe.daum.net/chunangong/)

(6) 장수천과 만수천

장수천은 인천시 남동구 장수동에서 소래포구를 통해 바다로 흘러드는 유역면적 16km^2, 길이 6.9km인 지방2급 하천이다. 인천시 남동구 수산동 부근에서 만수천을 합류시키며, 승기천과 같이 도시화로 인해 선형이 바뀌었다. 장수천은 샤머니즘 요소로 이해될 수 있다. 불교의 칠고팔난 중 팔난, 즉 부처에 이르는 8가지 어려움 중 '오래 삶'을 뜻하는 장수천의 하늘 천(天) 자를 하천을 뜻하는 내 천(川) 자로 바꾼 것으로 볼 수 있다.

만수천(萬壽川)은 인천광역시 남동구 만수동 광학산에서 발원해 남동구 수산동 부근에서 장수천과 합류하는 유역면적 5.5km^{2}의 하천이다. 조선시대에는 장수천과 합류하는 일대가 중국 무역선이 드나들던 포구로 쓰였다고 한다. 1990년대 초에 시가지 확장으로 대부분의 구간을 콘크리트로 복개했고, 2000년대 초반에는 남동구청부터 장수천 합류구간까지의 구간도 복개해서 주차장과 체육공원 등을 조성했다.

'만수'라는 뜻은 중국 황제의 생일을 가리키는데, 이전에는 황제의 생일을 '만수절'이라 불렀으며 전국적인 명절이다. 만수절은 만주족이 세운 청나라 황실 선조로부터 전해내려온 샤머니즘 제신의식이었다. 우리 일상생활에서 "만수무강하세요"라는 인사는 오래오래 살라는 샤머니즘적 신앙의 언어적 표현이다. 실제 장수천과 만수천의 지명을 가진 하천이 많을 것 같지만 지명의 신성함으로 인해 장수천의 경우 장수군 일대에 존재하며, 만수천은 지리산 인근과 인왕산 인근에 존재한다. 장수천과 만수천을 둘 다 가진 지역은 문헌조사에 의하면 지자체 중 인천시 남동구가 유일하다.

지금까지 소래 일대 산천(山川)의 지명을 검색하고 이들의 유래와 의미를 가추법적 관점에서 살펴보았다. 위에 제시된 가추법적 설명들은 인천시 소래지역의 스토리텔링의 기틀을 마련해줄 수 있는 소재를 제공한다.

2) 소서노 콘텐츠 공간 스토리텔링 방안

Stacey(2001)는 인간의 상호작용 관계를 통해 '사회적으로 구성된' 이야기는 개인의 마음에만 자리하는 것은 아니라고 말한다. 즉 개인의 체험은 공공의 체험이 되고, 이로써 개인적 경험의 주관적 산물은 갇힌 틀 밖으로 나와서 새로운 의미를 가지게 된다. 그럼으로써 스토리텔링의 기능은 사회 구성원들의 정체성, 안정감,

확신을 제공하는 수단으로서의 범위까지 확장된다. 여기에 스토리텔링의 체험적 소통의 가치가 있으며, 공간 또한 스토리텔링을 통해 더욱 효과적으로 소통되고 체험되며 공유될 수 있다. 그리고 이것이 반복되면 공간은 지속적으로 인간과 상호 의미를 생산하는 장소로서 그만의 본질, 즉 정체성을 가질 수 있을 것이다.

실제로 신화나 전설이 깃든 특정한 장소와 같이 인간이 이야기를 통해 관계를 맺고 있는 공간들은 예부터 자연스럽게 존재해왔다. 그러나 현대 공간들은 급속한 산업화 과정을 겪으면서 본래의 자연경관을 깎아내고 비슷한 외형의 건축물을 지어올린 탓에 특징 없는 경관을 가지고 있다. 이러한 경관이 인간을 무감각하게 만드는 것은 확실하며, 효율성이나 기능성, 경제성에 좀 더 큰 가치를 부여한 데서 비롯된 것임도 분명하다. 인간은 타인이 만든 인공물 속에서 단지 그 기능에 맞는 행위를 함으로써 공간을 메운다. 그럼으로써 인간의 장소에 대한 애착은 점점 사라지고, 건조한 구조물만 남아 본래의 장소 의미는 점점 사라지게 된다. 그러나 과거의 모습을 복원하는 것이나 특수성을 가진 몇몇 건축물을 그사이에 집어넣는 것이 해결책이 될 수는 없다. 결국 밋밋한 경관은 현대도시의 정체성 중 하나다. 이것을 인정할 때 우리는 Ledrut(1973)이 "근대도시는 단지 다른 방법으로 의미작용을 할 뿐"이라고 한 주장을 이해할 수 있을 것이다. 그렇다면 우리는 현대의 도시와 소통하는 우리의 감각을 깨울 필요가 있다.

이러한 측면에서 볼 때, 체험으로서 공간과 인간을 연결시켜줄 수 있는 스토리텔링은 첫째, 공간 읽기를 유도하는 자극제가 될 수 있으며, 둘째, 이야기를 통해 장소의 정체성 및 특징을 쉽게 이해시키며, 셋째, 이야기를 통한 각인의 효과로 공간의 이미지 형성이 쉽고 지속적일 수 있으며, 마지막으로, 이러한 특징으로 인해 공간 기획을 용이하게 함으로써 인간과 공간의 소통을 열어주는 방법론이 될 수 있을 것이다. 그러나 문제는 그저 단순히 이야기를 공간에 대입하는 것이 일시적인 흥밋거리 이상의 생명력을 가진 의미 있는 장소로 지속될 수 있느냐 하는 것이다. 말 그대로 눈으로 관람하고 끝나는 공간의 체험이 아니라, 깊이 있는 소통이 되기 위해서는 공간에 알맞은 스토리텔링이 반드시 필요하다.

공간 스토리텔링은 일반적으로 공간 생산자들이 공간을 통해 이야기하는 것으로 이해되고 있다. 이것은 공간 기획의 입장에서 주로 다뤄지는 개념으로서, 도시 계획자나 건축가 같은 공간의 생산자들이 인공적인 공간을 통해 공간의 소비자에게 말 걸기를 시도하는 것이다. 이와 같은 접근들은 물리적인 공간을 넘어 가상적인 공간까지 포함하기도 한다. 사실상 공간의 스토리텔링은 공간의 소비자에 의한 스토리텔링이 개입하지 않으면 결코 완성되지 못한다. 공간의 소비자는 공간 속에서 움직이고 행동하고 느낌으로써 공간에 대해 알아간다. 그리고 공간에 대해 알게 되고 친숙해지면 공간에 의미를 부여하고 이름을 붙여 부르게 된다.

그러므로 공간 스토리텔링은 다음의 두 가지 개념으로 정의할 수 있다.

첫 번째는 현대적이며 발신자적인 관점으로, 공간 생산자가 공간을 매체로 하여 공간 소비자에게 이야기를 하는 행위다. 두 번째는 원초적이며 수신자적인 관점으로, 인간의 삶의 터전인 공간 그 자체에 인간이 이야기를 부여하는 행위다. 전자의 경우는 현대 공간의 기획에 적용되는 스토리텔링이며, 후자의 경우 공간을 누리는 인간의 입장에서 공간에 어떤 의미를 부여하는 원초적인 본능에 의한 스토리텔링이다. 그러나 이러한 두 가지 공간 스토리텔링은 서로 분리되어 있는 것이 아니라 서로 맞물려 작용해야 한다. 공간 기획자가 생산해내는 현대의 도시 공간을 공간 소비자가 지속적으로 읽어내고 의미를 만들어가야만 스토리텔링의 의의가 있기 때문이다.

소서노 콘텐츠를 현재의 인천시 남동구라는 공간의 스토리텔링에 활용하여 인천시 남동구의 새로운 지역 정체성을 형성할 수 있다. 현재 인천시 남동구는 국가산업공단인 남동공단, 논현 지구, 서창 지구 등의 거대 신도시가 들어서면서 여러 다양한 지역에서 이주민이 들어왔다. 그뿐만 아니라 탈북주민 집거지역, 영주

귀국 사할린 한인 집거지역 등 우리와 문화적 배경이 다른 이주민도 거주한다. 또한 남동산업공단의 이주노동자 집단, 공립 다문화대안학교인 한누리학교 등 문화 다양성을 배태한 집단과 시설들이 산재해 있다. 따라서 인천시 남동구는 기존의 지역 정체성을 벗어나 문화 다양성을 존중하는 개방적인 세계시민성을 지닌 지역 주민의 정체성 확립을 위한 고민을 해야 할 것이다. 이를 위해 소서노 콘텐츠 활용 공간 스토리텔링의 몇 가지 방안을 제시할 것이다.

(1) 소서노 박물관

박물관의 사전적 의미를 살펴보면 "고고학적 자료, 역사적 유물, 예술품, 그 밖의 학술 자료를 수집 · 보존 · 진열하고 일반에게 전시하여 학술 연구와 사회 교육에 기여할 목적으로 만든 시설"이라 되어 있다. 박물관은 수집되고 전시할 목적에 따라 역사박물관, 민속박물관, 인물박물관, 교통박물관 등 다양한 형태를 지닌다. 현재 인천시 남동구 만의동에 있는 애보박물관 겸 한국전통음식박물관이 개인 박물관으로 등록되어 있으며, 구청에서 운영하는 소래역사관이 박물관 형태를 띠고 있다. 최근 들어 각 지자체에서는 지자체를 대표하는 인물, 역사적 사건과 소재, 무형문화재 등을 활용한 박물관 건립 및 운영을 하기도 한다. 지역의 문화 정체성 확립을 위해 박물관이 지니는 가치는 높다고 볼 수 있다. 인천시 남동구가 소서노를 대표적인 인물로 내세워 소래와 연관시키고자 한다면, 인물박물관으로 소서노 박물관을 설립해야 한다고 생각한다. 위에 제시한 소서노 관련 콘텐츠들을 연결시키는 소서노 박물관이 소서노를 인천시 남동구의 대표적인 인물로 각인시키는 전략을 추진해야 한다. 강릉의 홍길동 박물관, 제주도의 서복 전시관, 부천의 펄벅 기념관 등이 인물박물관의 형태를 띠는 것으로 이해할 수 있다.

인천시 남동구가 소서노 박물관을 새로 건립하거나 혹은 재정상의 충분한 여유가 없다면 현재 소래역사관을 전체적으로 소서노 박물관으로 리셋하거나 소래역사관 내 일부 전시관을 소서노 기념관으로 삼는 방안도 생각할 수 있다. 또한 현재 수인선에 위치한 소래역을 소서노역으로 개칭하고 소래 역사를 전시공간으로 활용하는 방안도 마련할 수 있을 것이다. 소서노 박물관 설치를 통해 소서노 생애사를 활용한 스토리텔링 전시물, 소서노에 관한 각종 문헌자료 및 기록물, 소서노와 관련된 연극, 무용, 영상 등에 대한 특별전을 개최할 수 있다.

(2) 소서노 공원과 소서노 광장

특정 인물을 기념하기 위한 공원이나 광장은 지역문화의 정체성 형성에 중요한 역할을 한다. 천안 망향휴게소에 있는 유관순 테마공원, 미국 LA의 맥아더 공원, 중국 상하이의 루쉰 공원 등 역사적 인물들의 이름을 딴 공원들이 존재한다. 중요한 소래역사관 앞 수변공원을 소서노 공원 혹은 소서노 광장으로 개칭하고 소서노와 온조, 비류 등의 조형물 또는 부조물을 설치하여 기념할 수 있는 장소를 제공할 수 있다. 소서노 박물관(가칭)이 들어서게 될 소래역사관과 거의 인접해 있으므로 일대를 소서노 특별 구역화할 수 있는 정점이 된다. 소서노 공원과 소서노 광장에서 소래 축제 혹은 소서노 축제가 열리게 되면 인물 소서노는 지역문화의 아이콘으로 더욱 부상하게 될 것이다.

향후 도림도당제와 소서노 축제를 연결하여 소서노 제사를 성균관에서 매년 열리는 석전대제[2] 같은 성대한 제례처럼 축제 콘텐츠로 발전시킬 수 있을 것이다.

---

2) '문묘대제'로도 불린다. 곧 성균관의 대성전에서 공자를 비롯한 선성(先聖)과 선현(先賢)들에게 제사 지내는 의식을 말한다. 모든 유교적 제사 의식의 전범(典範)이며, 가장 규모가 큰 제사다. 이 때문에 석전을 가장 큰 제사라는 의미로 '석전대제(釋奠大祭)'라고 부르기도 한다. 1986년 중요무형문화재 제85호로 지

'소서노 대제(大祭)'라는 의례를 축제화하기 위해서는 제례 순서, 제관 선발, 제관 등의 복장, 제례 음식 등이 고증되어야 하며, 다양한 복장을 한 제례 행렬 자체가 관광 콘텐츠가 될 가능성이 충분하다고 본다. 제례로서 소서노 대제에 대한 구체적인 콘텐츠 개발은 추후 연구할 필요가 있다.

(3) 소서노대로와 소래의 한자명 개칭

어떤 도로명에 인물 이름을 사용하는 것은 정주민은 물론 방문객에게 특정 인물을 지역과 연결시켜 각인시키는 중요한 도구다. 도로표지판과 주소에 소서노대로가 표시된다면 언어기호화를 통한 장소 정체성은 물론 소서노를 인천시 남동구에 머물게 하는 가장 적극적인 시도이며, 경제적으로 저비용 전략이라고 생각된다. 이 책에서는 '소서노'라는 이름을 붙인 도로의 위치에 대해서는 소래포구에서 인천시 남동구청에 이르는 남북로인 현재의 '소래로'를 '소서노대로'로 개칭하는 것을 제안한다. 이를 통해 동서를 잇는 매소홀로와 연결시켜 비류 백제의 상징으로 삼을 수 있는 방안을 강구하게 된다면 기존의 비류대로와 함께 백제 성지임을 상징할 수 있는 계기가 될 것이다. 소서노대로의 명칭 부여는 인천시 남구와 연수구를 남북으로 가로지르는 미추홀로, 연수구에서 남동구를 동서로 잇는 비류대로, 남구와 남동구를 동서로 잇는 매소홀로, 남구와 남동구를 사이에 두고 남북으로 이어지는 호구포로 등과 더불어 비류 백제를 의미화하는 상징이 될 것이다.

또 다른 지명 부여에 대한 제안은 바로 '소래'의 한자명 변경이다. 기존의 소래(蘇萊) 지명설을 부정하고 새롭게 한자어를 만드는 것이다. 즉 소래 지명의 소정

정되었다. 석전과 유사한 제례 의식으로는 '석채(釋菜)'가 있다. 이는 나물 종류만을 차려 올리는 단조로운 차림으로서 음악이 연주되지 않는 조촐한 의식이다. 이에 비해 석전은 희생(犧牲)과 폐백(幣帛) 그리고 합악(合樂)과 헌수(獻酬)가 있는 성대한 제사 의식이다(출처: 국립민속박물관, 『한국세시풍속사전』).

방 관련설[신라 무열왕 때(660년) 당나라 소정방이 군사를 이끌고 중국 산동 반도 래주(萊州)를 출발하여 덕적도를 거쳐 나당연합군이 되어 백제를 치러 소래산(蘇萊山)에 도착했는데 소정방의 '소(蘇)'와 래주의 '래(萊)'를 취해 '소래(蘇萊)'라 하게 되었다는 설]이 상당한 영향력을 가지고 있으나 이를 탈피하기 위해서는 과감히 소정방 도래설을 부정해야 할 것이다. 나당연합군 사령관인 당나라 장수의 이름에서 따온 식민지적 지명을 바꾸는 것은 인천시 남동구의 미래를 위해서도, 식민지적 사관을 벗어나기 위해서도 필수적인 일이다. 그렇다면 대안은 무엇인가? 바로 한글 독음이 같은 소래로 하되 한자어를 바꾸는 방법이다. 소서노(召西奴)의 '소(召)' 자와 '오다'라는 뜻의 올 '래(來)' 자를 사용하여 소서노가 온 곳이라는 의미를 부여하는 방법을 선택해야 할 것이다. 그렇다면 자연스레 소래는 소서노가 도래한 곳이 되며, 인천시 남동구는 소서노 도래의 성지로 장소화될 가능성이 있다.

3) 소서노 둘레길 개발

인천의 둘레길은 현재 인천 소재 산을 연결하는 일명 'S자 라인'으로 14구간이 설정되어 있다. 또한 구청별로 둘레길을 지정한 경우도 있다. 연수구의 연수 둘레길, 인천 남구의 문학산 및 승학산 둘레길의 경우가 대표적이다. 물론 이 둘레길들은 인천 둘레길과 대부분 겹쳐져 있다(참고: http://iagenda21.or.kr/dulle/dulle_ course.php).

또한 강화군의 경우 강화나들길이 개발되어 있으며, 인천 남동구와 인접해 있는 시흥의 경우 늠내길이 개발되어 있다. 그런데 듬배산과 오봉산은 인천 둘레길 지정에서 벗어나 있다.

이 책에서는 위에서 기술한 소서노 관련 공간들을 연결하는 일명 '소서노 둘

〈표 5-6〉 소서노 둘레길 개요

구분	의미 구분	구간 구분	소요 거리/시간
기	도전의 길	제1구간: 소래역→호구포역→듬배산→오봉산	5~6km, 도보 4~5시간
승	극복의 길	제2구간: 오봉산→소래대로(소서노대로)→관모산	4~5km, 도보 2~3시간
전	화해의 길	제3구간: 관모산→인천대공원→소래산	4~5km, 도보 2~3시간
결	경천의 길	제4구간: 소래산→성주산→노고산	4~5km, 3시간 정도(산지)

레길'을 제안하고자 한다. 이는 김영순(2010년)이 제안한 방법[3]으로서 이야기식 구분과 소서노의 역사문화 콘텐츠 가치를 매핑시켜 네 가지(도전, 극복, 화해, 경천) 길로 구분했다. 이에 대한 개요는 다음 〈표 5-6〉과 같다.

이 책에서 제안하고자 하는 소서노 콘텐츠의 공간 스토리텔링은 〈표 5-6〉과 같이 듬배산 → 오봉산 → 소래산 → 성주산 → 노고산을 잇는 소서노 둘레길을 설치하는 것이다. 이는 현재 듬배산, 오봉산을 기점으로 소래포구 일대에서 인천대공원의 관모산, 소래산, 성주산을 연결시켜주는 코스가 될 것이다. 시간 소요는 도보자의 보행 조건에 따라 대략 11~16시간이 걸릴 것이며, 전체 거리는 17~21km 정도다. 이미 개발된 인천 둘레길에 소서노 둘레길을 포함시키는 방안도 생각해볼 수 있다.

(1) 제1구간(기, 도전의 길): 소래역 → 호구포역 → 듬배산 → 오봉산

제1구간은 기승전결 중 이야기가 시작되는 '기' 구간으로, 소서노가 소래포구에 상륙하여 육지로 도전하는 길로 의미화된다. 이 길의 구성 지역은 소래포구와

3) 김영순(2010), 「공간 텍스트의 사회문화적 재구성과 공간 스토리텔링—검단과 춘천의 적용사례를 중심으로」, 『인문 콘텐츠』, pp. 35-59.

소래역 일대, 호구포역 일대, 듬배산과 오봉산을 포괄한다. 총 길이는 5~6km 정도이며, 도보 소요시간은 4~5시간 정도다. 이 구간은 소서노 둘레길의 첫 번째 트레일 구간이다. 특히 소서노 둘레길의 첫 출발지를 포함한 1구간으로, 바로 소서노가 도래한 포구인 소래에서 출발한다. 이 둘레길의 첫 기점은 소서노가 도래한 포구로 스토리텔링함으로써 소서노가 한반도에 발을 내디딘 첫 땅이며 소서노의 두 아들인 비류와 온조가 새로운 제국인 초기 백제를 여는 출발지임을 시사한다. 이후 듬배산에서 소서노가 제정일치인 고대사회에서 여성 제사장으로서 지도자의 활동을 확인할 수 있는 장치를 마련한다. 그중 하나가 현재 호구포역과 듬배산 입구에서 운영되고 있는 남동구 하모니센터다. 남동구 하모니센터는 남동구에 거주하는 결혼이주여성의 사회적응을 위한 지원기관이다. 이 기관에서 부여 출신 여성으로서 자신의 아들 둘을 데리고 한반도에 이주한 소서노의 개척정신을 체험할 수 있는 여성 리더십 프로그램을 운영할 수 있을 것이다.

그런 다음 듬배산과 오봉산의 유래를 설명하는 입간판을 설치한다. 듬배산의 유래를 통해 부정적으로 인식되어온 원시종교인 샤머니즘에 대한 긍정적인 이미지를 갖게 할 수 있을 것이다. 또한 오봉산의 유래에서 부여의 신성한 수 5의 의미와 오제가 지니는 제천사상을 이해할 수 있다. 특히 오봉산의 주봉인 1봉이 해당 지역에서는 '태봉'이라 불리는데, 그 이유가 태자의 태를 묻었기 때문이라고 한다. 도보여행자들은 태봉 전설을 통해 오봉산이 지니는 신성한 가치들을 소서노와 연결해볼 수 있을 것이다. 소서노가 천신을 비롯한 동서남북 네 곳을 주관하는 지신들에게 제사를 드렸던 곳으로서의 신성함을 연결할 수 있을 것이다.

(2) 제2구간(승, 극복의 길): 오봉산 → 소래대로(소서노대로) → 관모산

제2구간은 기승전결 중 '승' 구간이며, 소서노가 도전을 시작했지만 어려운 상황들을 극복해야 하는 극복의 길로 의미화한다. 이 구간은 오봉산부터 소래대로를 거쳐 인천대공원 인근 관모산에 이르는 4~5km이며 도보로 2~3시간 소요된다. 이 구간에 위치한 소래대로는 소래에서 남동구청에 이르는 남북 간 2.5km에 이르는 도로다. 소래대로는 동서로 잇는 비류대로와 매소홀대로가 만난다. 이 소래대로를 '소서노대로'로 개칭할 경우 소서노가 자신의 큰아들인 비류를 만나는 소서노대로+비류대로 사거리를 구성할 수 있게 된다. 여기에 소서노와 두 아들인 비류, 온조의 조형물 설치도 가능하며, 또한 소서노대로+매소홀대로 사거리에는 초기 백제인 비류 백제의 설명을 적은 기념물 설치가 요구된다. 이 두 길을 통해 도보여행자들은 소서노와 백제를 설립한 그녀의 두 아들 비류, 온조를 기억할 수 있게 될 것이다. 오봉산을 기점으로 소래대로(소서노대로)를 거쳐 관모산에 이르게 된다. 앞의 5.2절에서 논의한 대로 관모의 모습을 띠어 '관모산'이라 일컬어지는데, 관모는 샤먼의 주요 복식 중 하나이며, 관모 자체가 샤먼의 상징이다. 이로써 소서노가 제사장 역할을 한 큰 샤먼임을 이해할 수 있는 장소로 활용될 수 있다. 특히 '극복의 길'이라는 이미지에 맞게 하늘의 도움을 받아 두 아들과 화합하여 국가창업의 어려운 난제들을 극복하는 것으로 스토리텔링한다.

(3) 제3구간(전, 화해의 길): 관모산 → 인천대공원 → 소래산

제3구간은 기승전결 중 '전'에 해당하는 구간으로, 소서노가 소래산 지역에서 기존의 토착세력인 마한 지역의 정주민과 화해하고 세력을 확장하는 것을 의미화하는 구간이다. 이 구간은 관모산에서 인천대공원을 거쳐 소래산에 이르는 길이다. 이 길은 관모산에서 마주 보이는 오봉산에 이르기 위해 인천대공원을 거치는 구간으로서 거리는 4~5km이며 도보로 2~3시간 소요된다. 이 길은 소서노 둘레길의 주요 구간이며, 소래산은 앞서 5.2절에서 설명한 마애석불이 위치한 곳이다. 여기에서는 소서노의 한반도 도래를 기념하기 위해 백제 후손들이 마애석불을 설치한 것으로 스토리를 부여한다. 이를 통해 소서노의 당당한 개척정신을 의미화할 수 있을 뿐만 아니라 마한의 토착민과 화해하고 상생을 모색한 것으로 의미화할 수 있다. 현재 소래산 마애석불 앞 제단에는 단순히 마애석불의 설명만 기록되어 있다. 이를 소서노의 업적을 기록한 소서노 생애사 비문을 작성함으로써 한국 고대사회에서 여성의 지도자적 역할을 가늠해볼 기회를 만들 수 있을 것이다.

(4) 제4구간(결, 경천의 길): 소래산 → 성주산 → 노고산

제4구간은 기승전결 중 '결'로 이야기가 마무리되는 구간이며, 소서노가 하늘을 우러러 숭상하고 백성을 사랑하는 소명을 다한 것을 의미화하는 구간이다. 이 구간은 소래산, 성주산, 노고산을 잇는 시흥 늠내길의 일부이기도 하며, 세 개의 산으로 이뤄진 소서노 둘레길의 마지막 구간이다. 총 길이 4~5km이며, 소요시간은 산지인 이유로 3시간 정도다. 이 구간에서는 각 산의 유래와 소서노와의 관련성을 설명하는 안내문을 설치함으로써 제3구간에서 경험한 소서노의 생애사와 소서노가 이룬 업적들을 성찰하는 시간을 갖게 할 것이다. 더 나아가 성주산과 노고산에서 나타나는 샤머니즘, 애니미즘적 · 원시종교적 의미를 통해 하늘을 우러르며 자연과 인간을 사랑하는 타자 지향적 삶의 태도를 형성할 수 있는 '경천의 길'로 명명해 자신의 일상을 소서노의 삶과 비교해 반추할 기회를 제공할 것이다. 이를 통해 소서노 콘텐츠를 체험하고 의미화하여 소서노 정신을 계승할 수 있도록 할 것이다.

3.
소서노 콘텐츠 활용 교육 스토리텔링 방안

1) 지역문화교육의 방향

소서노 콘텐츠를 활용한 교육 스토리텔링은 인천시 남동구의 지역문화교육과 관계가 깊다. 우선 지역문화교육의 과제는 크게 세 가지로 나눠볼 수 있다. 먼저, 교과 관련 지역의 전통문화 자료 조사 및 활용 여건이 조성되어야 하고, 다음으로 지역문화 탐구활동을 통한 학습활동이 강화되어야 한다. 그뿐만 아니라 자랑스러운 지역민으로서 자부심을 형성할 수 있어야 한다. 이러한 세 가지 과제를 수행하기 위해 각 구성원들은 다음 〈표 5-7〉과 같은 조건을 갖춰야 한다.

이러한 지역문화교육의 과제를 해결하기 위해서는 지역의 자랑 및 지역문화유산에 대한 교수-학습 경험 기회 확대가 필요하다. 인천시 남동구의 경우 소서노와 그녀를 둘러싼 비류 백제와 관련된 내용이 중요할 것으로 생각된다. 지역문화교육을 위해 각 교육시설의 멀티미디어 환경 및 교수-학습자료 활용을 이용한 능동적이고 탐구적인 학습력 신장도 필요하다. 이와 더불어 지역문화와 관련된 요소

〈표 5-7〉 지역문화의 교육적 활용 조건

대상	내용
학습자	• 지역의 자랑 및 문화유산에 대한 교수-학습 경험 확대가 필요함 • 지역문화에 대한 체험학습 강화 • 능동적이며 탐구적인 학습 기회 부여
교수자	• 지역문화에 관한 자료 활용 기회 확대 • 멀티미디어 교수-학습 연수 확대 • 지역문화에 관한 자료실 설치, 활용 • 지역문화 관련 탐구활동 강화
시설 및 자료	• 지역문화에 관한 자료실 및 교수-학습자료 확충 • 멀티미디어실 및 인터넷환경 활용 방법 개선 • 학습자료실 확충 필요

를 통합한 교육과정의 지역화 방안이 요구되며, 지역에 대한 자긍심을 불어넣어 긍정적인 사고를 가진 지역민 육성이 요구된다.

첫째, 교과 관련 지역의 전통문화 자료 조사 및 활용 여건 조성이다. 이를 위해서는 지역문화 관련 교과 단원의 지도 요소를 추출해야 한다. 지역의 전통문화 활동 영역 선정은 그 지역의 전통문화와 관련한 각종 자료를 분석하여 문화 활동을 유도할 수 있는 내용으로 선정기준을 정한다. 선정기준은 크게 내용, 타당성, 흥미도, 신뢰도, 일반화의 다섯 가지로 나눠볼 수 있다. 이 중에서 내용적 측면은 "교육과정을 연계한 문화 활동을 유도할 수 있는 내용인가?"라는 면을 기준으로 하고, 타당성은 "지역의 전통문화 지식, 가치관, 기능을 신장하는 데 타당한가?"라는 면을 살핀다. 흥미도는 "재미있고 흥미를 느낄 수 있는가?"를 기준으로 보고, 신뢰도는 "학생, 지역사회, 학부모, 교육과정의 기본 방향, 시 · 도 및 교육청의 시책, 학교 교육계획에 적절한가?"를, 일반화는 "전통적 지역문화교육 내용이 다른 학교에서도 보편적으로 적용할 수 있는가?"를 살펴보게 된다.

교과와 관련된 전통문화 활동 영역 선정에서는 전통문화 관련 교과 단원의 지도요소를 추출해보아야 한다. 이때, 전 학년 관련 교과의 내용을 분석하여 교과

별로 문화예술과 관련된 단원을 추출하고 영역별로 내용을 파악해야 한다.

전통문화 자료를 조사하기 위해서는 지역의 전통문화 관련 인터넷 사이트를 안내하는 것도 필요하다. 지역의 전통문화 관련 사이트를 조사하여 향토문화를 학습할 수 있는 인터넷 사이트를 안내하기도 하고, 해당 지역의 지역문화 사이트 안내 코너를 조성하여 안내함으로써 컴퓨터를 통해 지역문화를 쉽게 접할 수 있도록 하는 것도 방법이 될 수 있다. 이를테면 소서노 백서를 온라인 디지털화하여 지역주민과 지역의 학습자들에게 제공할 여건을 마련해야 한다. 그리고 지역 및 전통문화 관련 자료의 확충 및 환경을 조성하기 위해 지역문화 관련 자료를 조사하여 목록을 작성하고, 자료를 수집 · 구입하여 확충하고 상설 전시장을 조성한다. 매주 지역문화 안내 시간을 운영하여 학생들에게 지역의 전통문화에 관한 관심을 제고하는 것도 환경 조성에 큰 역할을 할 수 있을 것이다. 지역의 전통놀이 안내 코너 및 전통놀이를 즐길 수 있는 놀이장을 설치하여 지역의 전통문화에 관심을 갖도록 하고, 민속놀이를 즐기면서 조상의 얼을 본받게 하고 우리 것에 대한 긍지와 자부심을 갖게 하는 것도 매우 중요하다.

둘째, 지역문화 탐구활동 전개다. '내 지역 바로 알기 운동' 같은 지역문화 탐구 프로그램을 운영하는 목적은 "태어난 지역에 대해 자긍심을 갖고 지역의 지리적 환경, 자연환경, 문화재, 산업, 특산물, 천연기념물 등을 조사하여 지역의 안내자 역할을 하게 하고, 긍정적인 자아의식을 고취"하는 데 있다. 이러한 프로그램의 내용은 인천시 남동구의 지리적 환경, 자연환경, 문화재, 산업, 특산물, 천연기념물 등으로 과제를 정하여 프로젝트 학습의 탐구 주제로 하고 학생은 조사 보고서를 작성하도록 해야 한다.

각종 현장체험 활동을 통한 내 지역문화 알기 활동 전개는 "소풍, 체험학습의 날 등을 통해 체험학습 프로그램 운영으로 지역문화에 대한 관심과 긍지를 심는" 것을 목적으로 한다. 그 내용으로는 소풍과 현장 체험학습의 날을 통해 향토문화

탐방을 실시하고, 현장 탐구 장소로는 역사의 현장, 천연기념물, 유적지 등을 선정한다. 이 프로그램에서는 현장 체험학습의 날을 운영하고, 지역문화 관련 유적지를 탐방하며, 현장 탐구할 지역문화 유적지를 선정하는 것 등의 활동이 필요하다. 이 경우 소서노 관련 공간들을 탐방하거나 공간 스토리텔링의 성과물들을 교육적으로 활용한다.

'내 고장 현장체험 보고서' 전시회를 개최하는 것도 한 가지 방법이 되는데, 이러한 프로그램은 각종 체험 보고서를 전시하여 자기 체험 기회를 확대하고 보고서 작성의 중요성을 깨닫게 하는 것이 목적이다. 우수 보고서는 시상하여 상찬의 기회도 갖는다. 각종 문화행사에 참여할 기회를 확대하는 것은 "문화행사에 참여함으로써 학생들의 문화적 갈증을 해소하고 지역주민으로서 자신감을 고취"하는 것을 목적으로 하며, 자신의 지역에서 열리는 각종 문화행사, 특히 제례인 소서노대제 및 소서노 축제 등에 적극 참여하는 것을 프로그램의 방침으로 정한다. 이를 위해서는 지역에서 열리는 각종 문화행사에 적극 참여해야 하며, 방과 후나 야간에 열리는 문화행사에는 집단적인 체험이 되도록 지도할 필요가 있다.

셋째, 자랑스러운 지역민 기르기 방안이다. 이를 위해 '지역인 자랑 가꾸기 운동'을 전개할 필요가 있다. 이 운동은 자기 자신과 학교, 고장에 대해 긍정적인 시각을 길러주어 자신과 지역에 대한 자부심과 애향심을 길러준다. 이를 위해서는 자기 자랑에서 시작하여 가족, 학교 및 지역으로 확산되도록 지도해야 하며, 스스로 자기 자랑을 가꿀 수 있도록 지도한다. 구체적인 프로그램의 추진 내용은 나의 자랑 가꾸기, 학급 자랑 가꾸기, 학교 자랑 가꾸기, 우리 가족 자랑 가꾸기, 지역인의 자랑 가꾸기 등이 있다.

'지역의 문화탐구 발표대회 개최' 같은 프로그램은 지역문화에 대해 조사하고 탐구한 내용을 발표할 기회를 마련하여 상찬의 기회를 제공함으로써 내 지역에 대한 향토애와 발표력을 신장시킬 수 있다. 이를 위해서는 분기별로 발표회를 개최하고, 학급에서는 예선대회를 통해 전교생이 모두 참여할 수 있도록 지도해야 할 것이다.

학생들을 대상으로 하는 지역의 전통문화 학습은 상당히 중요한 의미를 가지고 있다. 학습자 자신이 살고 있는 지역을 학습소재로 선정해 교육의 다양성 추구, 학습자 중심의 학습, 사회 현상의 적합성과 변화 수용 및 사고력을 함양할 수 있다. 그뿐만 아니라 학습자가 지역문화에 대한 관심을 가지고 지역의 전통문화를 창조적으로 계승 · 발전시키는 과정을 통해 지역 공동체의식과 애향심을 경험하고 이를 바탕으로 타 지역, 국가, 나아가 세계 문화를 비판적으로 수용할 수 있는 지식 · 기능 · 가치 · 태도를 기를 수 있을 것이다. 특히 인천시 남동구의 소서노 콘텐츠는 교육용으로 활용하기 유익한 소재라고 할 수 있다. 소서노 콘텐츠를 활용한 교육 스토리텔링 방안은 다음과 같다.

2) 리더십 교육 스토리텔링

앞서 '기록된 소서노' 부분에서 언급한 소서노는 도전정신, 화합의식 등을 보여주는 여성 리더로 간주된다. 소서노가 지닌 이러한 리더십 자질을 교육적으로 활용하는 것이다. 이를 위해 현재 호구포역 앞에 있는 '하모니센터'를 '소서노 리더십센터'로 개칭하고, 다문화여성은 물론 인천시 남동구 여성들을 대상으로 한 소서노의 리더십 덕목들을 교육시키는 장소로 활용할 뿐만 아니라 인천시 여성 CEO, 여성 공무원, 여성 시민활동가들을 대상으로 한 리더십 교육장으로 활용할 수 있을 것이다. 그러기 위해서는 소서노 백서 발간, 소서노 교육 자료등을 제작해야 하는데, 그러려면 소서노에 관해 기록된 모든 문헌을 조사하여 소서노의 리더십 덕목을 발췌하고 이를 리더십 교육 및 연수 프로그램으로 전환시키는 작업을 해야 한다. 특히 도전정신, 개척정신 및 모험심, 개방성, 화합, 희생정신 등의 특성을 교육과 관련한 요소 혹은 역량과 연결시킬 필요가 있다.

3) 문화 다양성 교육 스토리텔링

소서노는 가야의 허황옥과 더불어 우리나라 고대사에서 다른 나라로부터 한반도에 도래한 지도자급 여성이다. 그러나 두 여인의 한반도 도래는 동기에서부터 구별된다. 소서노의 경우 주몽과의 결별로 두 아들을 보호하기 위해 정치적 망명을 선택해 새 나라 백제 건국의 기틀을 다졌다. 반면에 허황옥은 수로왕과 결혼하기 위해 공주의 신분으로 가야국으로 들어온다. 소서노는 졸본부여에서, 허황옥은 인도의 아유타국에서 한반도로 이주해왔는데 소서노의 경우 비류와 온조 두 아들 그리고 졸본부여에서 따라온 수많은 백성을 돌봐야 했고, 마한과의 대립 혹은 화합을 통해 미추홀을 기반으로 초기 백제의 기틀을 만들어나갔다.

현대적 시각으로 보자면 허황옥은 결혼이주여성이며, 소서노는 중도입국자녀라고 할 수 있는 비류와 온조를 데리고 새로운 터전을 찾아 정치적 망명을 한 셈이다. 한국 고대사에서 다른 나라로부터 한반도로 들어왔을 때 이들의 문화와 도래 지역 원주민 간의 갈등이 분명히 존재했다고 본다. 문화 다양성 측면에서 사회통합을 이룬 소서노의 리더십 정신은 인천시 남동구를 '다문화 원도시'로 장소화할 수 있는 기반이 될 것이다. 현재 대한민국에서는 안산이 이주노동자의 분포가 다양하고 그 수가 상당하여 다문화 원도시로 간주되고 있지만, 역사성 혹은 신화성을 가지고 있지 않다. 반면 인천시 남동구는 한국 고대사에 유례없는 중도입국

자녀를 데리고 한반도에 도래한 여인 소서노를 가지고 있다. 대한민국 어느 지자체가 이와 같이 강력한 다문화 자원을 갖고 있겠는가.

인천시 남동구 논현동 일대는 국내 최초의 공립 다문화대안학교인 한누리학교가 소재하고 있으며, 탈북자지원센터, 하모니센터, 외국인노동자지원센터 등 다문화교육기관이 들어서 있다. 인천시 남동구는 인천광역시의 다른 지자체들에 비해 인구적 다양성의 폭이 커서 다수의 다문화교육기관이 존재한다. 한때 구청 내의 조직체계에 국내 최초의 다문화팀이 있었을 정도로 다문화 의식 고취에 중점을 두고 있다. 이런 점에서 인천시 남동구청은 구내의 다양한 다문화교육기관과 다문화중점학교, 탈북학생교육연구학교, 미추홀외고, 사할린센터, 남동구 사회복지센터, 남동구 다문화가족지원센터 등과 가칭 다문화교육 혹은 문화 다양성 교육협의체를 구축하고 상호 협조하는 방안을 모색할 수 있다.

또한 남동문화원, 남동문화예술회관, 남동청소년문화의집 등에서도 시민을 대상으로 소서노 콘텐츠를 활용한 다문화교육 또는 문화 다양성 교육을 수행할 계획을 추진해야 할 것이다. 평생교육 차원에서의 다문화교육 또는 문화 다양성 교육은 인천시 남동구민을 글로벌 스탠더드 기준의 세계시민으로 성장시킬 수 있을 것이다.

4) 기타 소서노 콘텐츠 활용 교육 스토리텔링

학습적 차원에서는 우선 소서노 스토리텔링 공모전을 들 수 있다. 매년 소서노 축제기간 중 소서노에 관한 스토리텔링, 소서노 캐릭터 디자인전을 실시하여 지역 및 전국 대학생, 고등학생들에게 소서노 알리기를 도모할 수 있다.

그뿐만 아니라 지역 연구기관과 협력하여 국제학술대회 규모로 소서노 학술회의를 개최할 수 있다. 이는 소서노가 인천시 남동구 인물임을 학문적으로 선점할 기회가 될 것이다. 매년 소서노 박물관에서 소서노에 관한 전문가들이 학술회의를 연다고 상상해보자. 5년 정도 지나면 소서노가 도래한 혹은 거주한 정주지역이 어디가 될까? 그때도 소래가 '소정방이 온 곳'이라는 의미를 고수하게 될까? 결코 아닐 것이다. 아마도 '소서노가 온 곳'으로 자연스럽게 정착할 것이다.

또한 학술 용역을 통해 소서노 백서를 발간하는 것이다. 소서노에 관한 모든 학술자료를 수집하여 백서화해야 한다. 현재 인터넷에 '소서노'를 검색하면 네이버의 경우 웹문서만 3만 9,878건이나 된다. 인천시 남동구가 주축이 되어 학술지 논문, 단행본, 문학작품, 만화, 드라마, 영화 등의 예술작품부터 각종 신문기사와 언론 보도자료를 담론화 · 유형화하는 작업을 한다고 가정해보자. 이러한 소서노 백서 작업 결과가 남동구청 자료실 혹은 별도의 스페셜 코너에 수록된다면 소서노는 인천시 남동구의 것이 되지 않을까? 온라인 탑재는 물론 이들 자료가 문서화될 경우 앞으로 설립될 소서노 박물관에 자료로 전시될 것이다. 그러면 소서노의 소재지는 인천시 남동구가 됨은 자명한 일이다.

소서노 축제기간 중 '미시즈 소서노' 선발대회를 개최한다. 미인대회의 성격이 아니라 기혼 여성들 중에서 삶을 개척한 여성들, 특히 결혼이주여성 중심으로 선발한다면 차별적인 인물 선발대회가 될 것이다. 미시즈 소서노는 단지 외형적인 모습만으로 평가하는 것이 아니라 며칠간이라도 캠프를 통해 참가자들의 생애사를 발표하게 하고, 이 생애사에서 소서노 리더십을 내포한 경우 선발하는 방법, 그리고 이들의 성공담 또는 문화적응 과정의 에피소드를 수기화하는 것 역시 교육 스토리텔링에 해당한다고 본다.

인천시 남동구 관내 여성 사업체들을 지원하기 위한 여성 리더 CEO 과정의 교육 콘텐츠에 소서노 리더십을 포함시키는 방안도 생각해볼 수 있다. 그 밖에 여성 사업체에 대한 소서노 평가인증제를 도입할 수 있다. 또한 소서노 피규어 활용 마케팅 등을 활성화하기 위해 소서노 마케팅 시안을 공모하거나 개발해야 한다. 현재 소래축제 때 임시로 만들어진 마스코트인 소서노 피규어는 아마추어 수준이어서 CI 급의 개발이 필요하다. 이러한 CI 개발은 향후 소서노 콘텐츠를 활용한 관광사업에 기여할 수 있을 것이다. 독일의 통일 수도 베를린의 경우 유수 호텔, 관공서, 대사관, 쇼핑센터 등에 다양한 곰 피규어가 설치되어 있다. 베를린이 곰에서 유래한 까닭에 곰을 상징화한 기호를 설치한 것이다. 인천시 남동구도 호텔, 관공서, 다문화교육 기관 등에 소서노 피규어를 설치해보면 어떨까? 물론 소서노 피규어가 세련되게 디자인되어야 함을 전제로 해야 한다.

6장

결론:
인문 콘텐츠와
인물 스토리텔링의 어울림

앞서 이 책의 1부에서는 '인문 콘텐츠'라는 용어를 정립한 인문콘텐츠학회의 창립과 인문 콘텐츠의 학문적 정립을 위한 노력들을 소개한 바 있다. 실제로 이 학회 회원들의 구성이 문학, 역사, 철학 등의 인문학 교수들과 콘텐츠 관련 산업종사자, 정부의 문화 콘텐츠 정책 담당자들이라는 것과 학회지인 「인문 콘텐츠」에 실린 논문들이 인문학적 가치의 재정립과 통섭적 경향이라는 측면에서 인문 콘텐츠의 개념적 둘레를 갈음할 수 있다. 인문콘텐츠학회에서는 인문 콘텐츠의 '인문'을 자연과학, 사회과학과 구분되는 범주적 개념으로 정의하지 않고 콘텐츠 창출의 기본 원천이 인문학적 사고와 축적물에 있음을 표명하고 있다. 그러나 인문 콘텐츠는 문화 콘텐츠와 구별할 필요 없이 거의 유사한 의미로 사용되어오고 있다.

노무현 정권 때 '참여정부 문화비전'을 발표하면서 3C정책(Culture, Creativity, Contents)을 강조하여 문화 콘텐츠 붐이 일어나고, 급기야 대학에 관련학과가 설립되고 전문대학원이 들어서는 등 한때 문화 콘텐츠 관련 학과나 전공이 폭발적으로 급부상한 적이 있다. 문화 콘텐츠 관련 학과나 전문대학원 설립 시 상당수의 인문학자들이 참여했기 때문에 인문 콘텐츠와 문화 콘텐츠가 이음동의어적으로 표현된 것은 우연한 일이 아니라고 본다. 문화 콘텐츠 전공으로 성공한 경인지역의 대표적인 대학들을 거론하면 한국외대, 인하대, 건국대, 한양대, 한신대 등인데 이들 대학의 창립멤버의 주요 전공이 국문학, 역사학, 철학, 외국어문학, 문화학 등이라는 점에서 문화 콘텐츠는 분명히 인문 콘텐츠와 태동적으로 유사성을 지니고 있음을 간과할 수 없다.

어떻게 생각하면 국가 차원의 문화산업 활성화 정책과 대학의 생존을 위한 통섭적 모색이 잘 결합한 모델이 바로 문화 콘텐츠 관련 학과라고 볼 수 있다. 이는 문화경제적 논리로 시작된 문화 콘텐츠가 학문으로 정립되는 과정에서 인문학의 도움을 받게 되었다고 평가할 수 있다. 다른 한편으로는 인문학이 여타 학문과

산업의 패러다임 변화를 적절히 수용해서 융합학문적 진용을 갖춘 것으로도 이해할 수 있을 것이다. 문학, 철학, 역사학, 언어학, 문화학 등의 인문학 연구자들이 연계전공 혹은 신설전공 개설을 통해 문화 콘텐츠를 연구 · 교육하기 시작하면서 인문학에 '방법론'이 도입되었다. 이른바 인문학이 고전적인 연구방법인 서지학, 해석학, 고증학 등 문헌연구를 넘어서 통계나 현지연구 등 사회과학적 방법론과 결합하여 인문학적 방법론의 새로운 모색이 시도되었다.

또한 문화 콘텐츠의 창작소재로 문화원형 사업이 시작되면서 인문자원이 문화 콘텐츠의 소재이자 형식으로 사용되었다. 그래서 역사적 기록에 드라마적 요소를 덧씌우는 스토리텔링이 인기 영역으로 부각되었고, 신화 · 설화 등이 문화 콘텐츠의 소재로 사용되었으며, 더 나아가 공간 정체성을 확정짓는 장소 마케팅의 소재로도 활용되었다. 이러한 활용이 가능한 것은 스토리텔링이 갖는 확장성과 역동성으로 볼 수 있다. 실제로 김영순(2014)은 이야기의 소재에서 축제, 여가 동선, 건축물 등 공간으로 확대하는 스토리텔링의 확장을 보여주는 모형을 제시하기도 했다.

이 책에서 저자들은 인문 콘텐츠에 대해 다음과 같이 규정짓고자 한다. 인문 콘텐츠란 인문학과 콘텐츠의 형식적인 조합이 아니라 새로운 통섭 및 융합의 개념으로 이해해야 한다. 그렇다고 해서 전통적인 의미의 인문학이나 문화 콘텐츠와 완전히 단절된 전혀 다른 분야는 아니다. 인문 콘텐츠는 인문학의 연구 · 가치 · 관심을 포함한 정보이자 자료이면서도 인문학적 성찰과 가치관을 갖고 대중과 소통하는 콘텐츠를 의미한다.

스토리텔링은 바로 이러한 인문 콘텐츠의 가치를 실현하는 가장 강력한 도구라고 간주할 수 있다. 스토리텔링은 말 그대로 '이야기를 말하는 것'이 아니라 '이야기를 이야기하는 행위'다. 우리가 이 책을 통해 고민한 것은 바로 인물의 이야기를 하려는 것이 아니라, 인물의 이야기를 다시 이야기하는 것을 어떻게 할 것인가

다. 인물이란 인문학 가치의 가장 중심이 되는 대상이다. 어떤 인물이 존재할 때 '시간'이라는 역사성과 '행위'라는 사건이 존재해야 하고, 그가 삶을 살았던 '공간'이 존재해야 한다. 그뿐만 아니라 그 인물이 다른 인물들과 어떤 상호작용을 했는가도 중요한 요인이다. 인물의 이야기를 이야기한다는 것은 단순하지 않다. 앞서 이야기한 시간, 장소, 타인들과의 상호작용이 구체적으로 그려져야 하며 인물이 생존했던 당대의 사회문화적 맥락이 기술되어야 한다. 이런 관점에서 인물 스토리텔링은 융합적인 영역임에 틀림없다.

우리는 이러한 인물 스토리텔링의 방법론을 개발하기 위해 인천광역시 남동구 소래 지역의 지명유래에 주목했고, 그 지명유래에서 가장 의견이 분분했던 소서노 유래설의 주인공인 소서노를 인물 스토리텔링의 대상으로 삼았다. 백제를 건국한 비류와 온조의 어머니인 소서노를 대상으로 스토리텔링하는 과정에서 찾아낸 인문 콘텐츠적 성과를 제시하면 다음과 같다.

첫째, 소서노를 소래 지명유래의 핵심으로 볼 경우 소래의 지명은 소정방과 관련이 없다. 현재 소래와 소래 인근 지역의 지명유래는 한자 표기에 기대어 이야기되고 있다. 지명유래에 대한 설명에서 가장 문제가 되는 것은 한자 표기에 기대는 것이다. 우리의 고유 지명은 고유어를 기반으로 해서 만들어졌다. 우리말을 기록할 문자가 없는 상황에서 한자로 기록하는 것은 어쩔 수 없는 선택이다. 이때 의역과 음차가 동시에 이뤄지는데, 지명의 상당수는 음차로 기록된다. 한자의 음을 빌려 우리의 고유 지명을 적었을지라도 각각의 한자는 모두 고유한 뜻을 가지고 있다. 따라서 음차로 적은 지명을 다시 한자의 뜻에 기대에 풀이하려는 오류가 반복적으로 나타나는 것이다.

소래를 한자와 관련지어 설명하려는 시도의 대표적인 사례는 소정방 설이다. 논현과 고잔 또한 한자에 기대서는 정확하게 이해하기 어렵다. 사리울도 한자 그대로 풀이해서는 정확한 지명유래를 찾기 어렵다. 결국 소래와 소래 인근 지역의 지명은 애초에 지명이 만들어졌을 때의 상황을 역추적하는 방법으로 새롭게 이해할 필요가 있다. 이 지역의 자연적 · 인문적 특성과 역사적 변화를 고려하여 지명의 기원을 추적해가야만 비로소 정확한 추정이 가능하다.

소래의 지명유래에 관한 설 중에서 가장 확실하게 부정할 수 있는 설은 소정방 설이다. 소정방이 소래 지역으로 들어왔다는 근거가 희박하다는 것은 소정방 설을 부정할 분명한 근거가 될 수 있다. 또한 언어적인 면에서도 소정방 설은 성립하기 어렵다. 특정한 인물과 지역에서 한 글자씩 따서 '蘇萊'라는 지명을 만들었다는 것도 부자연스럽고, '소정방이 왔다'는 통사적 구성으로써 '蘇來'라는 지명을 만들었다는 것도 성립되기 어렵다.

그럼에도 소래의 지명유래 중에서 사람들의 입에서 가장 많이 회자되고 사람들의 머리에 가장 많이 기억되는 것이 소정방 설이다. 소정방 설이 성립되기 어렵다는 사실이 어느 정도 알려지고 난 뒤에도 소정방 설은 여전히 위력을 발휘하고 있다. 이는 지명이 단순히 역사적인 사실, 혹은 언어적인 타당성 문제가 아니라는 반증이 된다. 사람들이 지명에 대한 객관적인 사실 위에 덧씌워진 '이야기'에 천착하고 있다는 사실을 말해주는 것이기도 하다.

'이야기'의 측면에서 볼 때 소정방 설은 매력적인 요소가 많이 있다. 비록 허구일 가능성이 높지만 역사적인 사실을 끌어들임으로써 다른 설에 비해 사람들의 흥미를 자아내기에 충분하다. 지명의 일반성과 소래 지역의 여러 특성을 고려했을 때 '솔개'가 가장 타당한 유래라고 할지라도 이야깃거리로는 소정방 설이 더 끌리는 것이다. 사람들에게는 '솔개'의 언어학적 유래보다는 소정방의 허구가 더 흥미진진할 것이다.

이러한 측면에서 소래의 지명을 소서노와 연결짓는다는 것은 '이야기'의 세계에서 충분히 가능성이 있고 현실적인 효용성도 있다. 객관적인 사실 세계에서는 '소정방이 왔다'는 의미의 '蘇來'가 불가능하듯이 '소서노가 왔다'는 의미의 '召

來'도 타당하지 않다. 그러나 허구임을 전제로 한 이야기의 세계에서는 '소서노가 왔다'는 의미의 '소래'가 얼마든지 가능하다. 이야기의 세계에서는 어떤 이야기를 어떻게 만들어 전파하느냐가 중요하기 때문이다.

소래 지명유래에서 소서노 스토리텔링이 가능하고 또 필요한 이유가 여기에 있다. 실체로서의 소래는 과거와 현재, 그리고 미래를 가릴 것 없이 항상 같은 모습으로 존재해왔다. 지명으로서의 소래도 본래 '소래' 혹은 그와 유사한 말소리로서 유지되어왔고, 앞으로도 유지되어야 할 것이다. 다만 실체로서의 공간과 그 공간이 불리는 이름으로서의 지명에 흥미로운 이야깃거리가 만들어지는 것은 그 지역과 그 지명을 널리 알리는 방법이 될 수 있다.

그러나 여기서 파생되는 문제 중 하나는 '소래'라는 지명을 함께 공유하는 인근 지역과의 협의 문제다. 시흥 은계지구 일대에도 소래 저수지가 있고, 더욱이 소래산 마애입상 역시 시흥시 영역에 존재하고 있기 때문에 '소래'라는 지명의 한자어를 바꾸는 것은 지자체 간 민족 정체성 회복이라는 차원에서 공조해야 한다.

둘째, 소서노라는 인물에 대한 생애 이야기 재구성, 현재적 가치 추출이 필요하다. 소서노를 포함한 지역 인물 스토리텔링의 가장 기본은 스토리를 만들어내는 작업이다. 이 책에서도 몇 가지 소서노 인물 스토리텔링 모형을 제시한 바 있듯이 소서노의 생애사를 성장기, 결혼기, 고구려 건국기, 한반도 이주기, 백제 건국기 등으로 구분하여 그녀의 삶을 재구성하는 것이 필요하다. 이러한 기본 이야기는 차후에 동화, 애니메이션 등으로 스토리텔링화할 수 있다. 아울러 소서노 캐릭터를 개발하는 작업이다. 인천시 남동구에서는 2016 소래축제를 기념하여 소서노의 캐릭터 '소래미'를 만들었지만. 향후에 캐릭터 디자인 전문가들이 소서노의 특성을 심층적으로 연구하여 더 적합한 소서노 캐릭터를 개발해야 할 것이다. 소서노 캐릭터에는 여성 리더십을 갖추고, 도전정신, 화합, 모험심 등을 표상해야 하며, 백제 초기 지도자 복식의 형태와 오방색 등의 샤머니즘 색채를 고려해야 할 것이다.

이와 더불어 소서노 인물 스토리텔링을 활용해서 인천광역시 남동구가 중장기적으로 추진할 사항은 바로 소서노 피규어 마케팅이다. 이는 소서노 캐릭터를 복수의 피규어로 만들어 관공서, 관광호텔, 관광음식점 등 소서노 스피리트를 실천하는 모범적인 업체 앞에 설치하는 방식이다. 이는 소래와 인천시 남동구를 방문하는 방문자들에게 다양한 소서노 피규어를 찾아 인증 샷을 찍는 즐거움도 제공할 수 있을 것이다. 그뿐만 아니라 여성 CEO들이 운영하는 인천광역시 남동공단의 기업들이나 남동구 관내의 우수 기업들을 상대로 소서노 인증제(여성 기업 평가)를 실천하여 인증 받은 곳에 소서노 피규어를 설치하거나 소서노 피규어 간판을 부착하도록 하는 마케팅도 가능하다고 본다.

셋째, 현재 진행되고 있는 소래포구축제에 소서노 콘텐츠를 연계하는 방안을 모색해야 한다. 2016 소래포구축제에서는 기존의 해양문화 축제와 지역문화 인물 축제의 결합을 시도했지만, 단순한 병치 수준에 머물러 있다. 이를 개선하고 하나의 콘텐츠화하기 위해서는 소서노 콘텐츠의 축제화가 필요하다. 역사적으로 모든 축제의 시작은 제례라고 볼 수 있다. 이러한 점을 고려한다면, 소래포구축제 역시 우선적으로 소서노 대제 제례행사를 기획해야 한다. 즉, 소래포구축제 사전행사로 소서노 기념제를 병행하는 방안이다. 소서노 기념제의 핵심은 바로 소서노 대제 제례행사다. 소서노 대제 제례행사를 위해서는 우선 부여 혹은 백제 초기의 복식 연구, 백제 초기 제사 방식 등을 연구해야 한다. 소서노 대제 제례행사는 크게 준비과정, 제례과정, 행진으로 구분되며, 제례 주관에 직접 참가하는 사람들의 다양한 복식, 퍼레이드 과정 등이 소래 축제를 '내용이 풍부한' 축제로 만들 수 있을 것이다. 소서노 대제 제례행사는 중장기적으로 추진계획이 있는 소서노 사당 소재지에서 개최되는 것이 이상적이며, 제례 후 소서노 사당부터 소래 축제가 열리는 소서노 광장(현 소래 수변공원)까지 퍼레이드를 계획할 수 있다. 특히, 향후 소래 축제는 소서노 콘텐츠를 활용한 소서노 기념제를 기존의 소래 축제와 병행하는 방식과 소서노 축제를 소래 축제와 구분하여 진행하는 것도 고려할 만하다. 현재 도림도당제를 음력 7월 초하루에 진행하기 때문에 도림도당제 여산신제를 확대하여 소서노 축제로 확산하는 방안을 강구할 수 있다.

넷째, 소서노 콘텐츠를 활용한 공간 스토리텔링을 기획해야 한다. 공간 스토리텔링은 지역주민에게 기존 공간에 소서노 이야기를 덧씌울 수 있는 가장 강력한 지역문화 정체성 확립 전략이라고 볼 수 있다. 또한 소서노 박물관 및 소서노 사당을 건립하는 것이다. 대부분 역사인물을 소재로 한 스토리텔링에서 이 두 공간은 중요한 역할을 한다. 박물관이나 사당 건립은 재정적으로 준비가 충분히 되어야 할 부분이 있다. 그러나 현재 소래역사관을 운영하기 때문에 이 역사관을 소서노 박물관으로 개칭할 수 있을 것이며, 수인선 소래역사의 넓은 공간을 활용하여 소서노 기념관 등을 설치할 수도 있다. 소서노 사당 역시 주적골 입구의 주적체육공원과 남호정(국궁터) 등의 시설과 공간을 활용하면 될 것이다. 현재 산할머니, 즉 여산신을 기리는 도림도당제를 지내는 장소가 남호정 인근임을 감안한다면 소서노 사당 소재로 마땅할 것이다. 다음은 소서노 공원과 소서노 광장이다. 소서노 공원은 2016 소래 축제 개막식이 개최되고 소래 축제의 메인이벤트가 진행된 현재 소래 수변공원 일대를 소서노 공원 및 소서노 광장으로 개칭하고 여기에 소서노, 비류, 온조 등의 조형물을 설치하는 방안도 강구할 수 있다. 또 다른 소서노 공원의 후보지로서는 갯벌생태공원을 들 수 있다.

다섯째, 소서노 콘텐츠를 활용한 교육 스토리텔링이 필요하다. 교육 스토리텔링은 어린아이부터 노인까지 평생교육의 차원에서 이뤄져야 한다. 최근 들어 정부에서 야심차게 추진하는 인문도시사업을 인천광역시 남동구가 주도적으로 진행할 수 있으며, 그 과정에서 소서노 콘텐츠를 활용할 수 있을 것이다. 소서노가 졸본부여에서 한반도로 이주한 정황을 배경으로 인천광역시 남동구를 '다문화 원도시'로서 '다문화 인문도시'라는 콘셉트를 설정할 수 있다. 남동구 소래 지역은 탈북자 집거 지역, 영주귀국 사할린 한인 집거 지역, 남동공단의 외국인 근로자 유입으로 인해 다문화 공간으로 변모하고 있다. 그뿐만 아니라 소래와 인천시 남동구 논현동 일대에는 국내 최초의 공립 다문화대안학교인 한누리학교, 사할린센터, 인천 외국인노동자센터, 탈북지원센터, 하모니센터 등 다문화교육 관련 시설도 밀집해 있다. 이와 같은 다문화교육 시설들과 공간을 활용하여 다문화교육 프로그램을 운영한다면, 다문화 인문도시로서의 기능을 충분히 감당할 수 있다.

특히 소서노의 여성 리더십을 교육에 활용하고, 문화 다양성과 세계시민 정신 등을 강조하는 인문도시 교육 콘텐츠를 만들어 소서노 시민 인문학 강좌를 구성할 수 있다. 소서노의 여성 리더십 및 다문화 정신 등은 현재 호구포역 인근에서 운영되고 있는 하모니센터를 '소서노 리더십센터'로 개칭하는 것도 요구된다. 이와 같은 소서노 콘텐츠 활용 교육 스토리텔링이 이뤄지려면 소서노에 관한 다양한 자료가 백업되어야 한다. 이를 위해 소서노 백서 제작을 제안하고자 한다. 소서노 백서에는 소서노에 관한 기록물들, 즉 연구 논문, 소서노를 소재로 한 만화 · 소설 · 드라마 등의 내용, 소서노에 관한 인터넷 자료들과 보도 자료들을 수집하여 아카이브화하고, 이를 디지털로 전환하여 인천시 남동구청 홈페이지에서 무상 제공함으로써 명실공히 인천시 남동구가 소서노 기록 DB의 리소스임을 명시하는 것이다. 그뿐만 아니라 1년에 1회 정기적으로 소서노 관련 국제학술 세미나를 개최하는 것이다. 이 세미나는 역사 분야에서 고구려 및 백제 초기사, 부여사 전공자들, 그 시대 관련 고고학자들, 소서노 관련 설화 및 민담 학자들, 샤머니즘 연구자들, 소서노 리더십 연구 교육학자들, 축제 전문가들, 의례 관련 민속학자들, 스토리텔링 학자들이 모여 소서노를 연구할 것이다. 이런 학술자료들이 수집될 경우, 인천시 남동구는 학술적으로 소서노의 고장으로 평가받게 될 것이다.

여섯째, 소래 지역은 인천광역시 남동구만의 지역이 아니기 때문에 인근 지자체와의 공조가 필요하다. 홍길동을 둘러싼 전남 장성군과 강원도 강릉시의 갈

등, 허황옥 축제를 공동 개최하는 김해시와 부산시의 사례를 참고할 필요가 있다. 홍길동에 대한 연고권 문제로 장성군과 강릉시가 갈등을 빚었지만, 장성군이 테마파크 조성, 홍길동 캐릭터 사업, 출판만화, 애니메이션, 게임 등을 강력하게 추진했다. 그 결과 홍길동 마스코트와 상징물, 조형물 개발 외에 뚜렷한 후속조치를 취하지 않은 강릉시보다 장성군이 홍길동에 대한 연고권을 선점하게 되었다. 심청에 대한 연고권 문제로 보령시와 인천시 옹진군 간에도 갈등을 빚었는데, 보령시가 의욕적으로 대규모의 심청축제를 개최하고 있어 대표적인 축제로 발전하고 있다. 이와 반대로 허황옥에 대한 연고권 문제는 부산시와 김해시가 해마다 개막 장소를 번갈아가며 개최하며, 공동으로 관광 상품화하고, 이를 계기로 상호 협력하고 상생을 다지는 계기로 삼고 있다. 더 나아가 부산과 김해 및 인도 간의 역사문화를 매개로 경제 교류의 교두보를 확보하고 있다.

끝으로 소래 지명유래 및 소서노 콘텐츠를 스토리텔링으로 활용한 문화산업 발전방안을 우선과제, 중장기과제, 계속과제로 구분하여 제안하면 다음 〈표 6-1〉과 같다.

〈표 6-1〉과 같은 문화산업들이 정상적으로 추진되기 위해서는 지자체의 거버넌스가 필요하다. 따라서 지역주민, 시민단체들, 지방자치단체들이 협력하여 소서

〈표 6-1〉 소서노 문화산업 발전 전략

우선과제	중장기과제	계속과제
• 소래 지명 한자 수정 • 소서노대로 설치 • 소서노 대제 행사 콘텐츠 개발 • 소래 축제 시 소서노 기념제 행사 • 소서노 둘레길 설치 • 소서노 공원/소서노 광장 • 소서노 백서 제작 • 소서노 만화 단편 애니메이션 제작	• 소래 축제와 소서노 축제 분리 운영 • 소서노 사당 및 소서노 박물관 건립 • 소서노 콘텐츠 활용 소서노 관광특구 개발 • 소서노 다문화 특구 계획 • 소서노 리더십센터 운영 • 소서노 교육프로그램(여성 리더십 교육) • 다문화인문도시 사업 추진(소서노 시민인문학 프로그램) • 소서노 캐릭터 개발 및 피규어 마케팅 • 소서노 기업 인증제 실시	• 소서노 관련 국제 세미나 개최 • 소서노 관련 저작물 발간 사업 • 소서노 갯벌 음악제 • 미시즈 소서노 선발대회 • 전국 고등학생 및 대학생 대상 소서노 스토리텔링 대회 개최

노 콘텐츠를 활용한 문화산업을 활성화시키겠다는 의지가 모아져야 한다. 특히, 이러한 문화산업들을 육성시키기 위해 특별위원회 혹은 TFT를 구성하고 지자체 조례를 제정하거나 개정할 필요도 있을 것이다.

우리는 이 책을 통해 역사서에서 승리하지 못해 지배당한 나라 백제 건국의 어머니인 소서노에 관한 인물 스토리텔링 연구를 수행했다. 스토리텔링에서 소서노에 관한 이야기가 진실인가 허구인가는 중요하지 않다. 그 이유는 소서노의 이야기를 이야기하기 때문이다. '우리가 알고 있는 지식이 과연 진실인가?'라고 묻는다면 감히 그것이 진실이라고 말할 수 없다. 스토리텔링은 진실을 말하려는 것이 아니라 '진실처럼' 말하려는 것이다. 허구를 이야기하려는 것이 아니라 상상력을 이야기하는 것이다. 의미가 텅 빈 공간에 의미를 새로 만들거나, 혹은 이미 존재하는 의미를 다른 의미로 바꿔주는 데 스토리텔링의 힘이 있다.

특히 인물 스토리텔링은 어떤 특정한 역사적으로 알려진 혹은 알려져야 하는데 숨겨진 인물을 인문 콘텐츠 요소로 간주해야 한다. 그래야 그 인물을 중심으로 그와 관계했던 다른 인물들, 그가 살았던 시대와 공간, 그리고 사회문화적 맥락들이 이야기로 환원될 수 있을 것이다. 그리고 이 이야기를 바탕으로 드라마나 영화가 탄생할 수 있고, 축제가 만들어질 수 있고, 거리나 기념관 등이 세워질 수도 있다. 또한 캐릭터 등과 같은 문화상품도 만들어질 수 있다. 이렇듯 인물 스토리텔링의 힘은 무한하다. 이런 의미에서 인물 스토리텔링을 활용한 문화 콘텐츠의 개발은 모든 사람에게 항상 열려 있고, 무한한 창조의 가능성을 담지하고 있다. 또한 인물 스토리텔링은 단지 인물에 관한 스토리텔링만이 전부가 아니라 인간이 부여받은 창조성의 발현이며, 인간이 다른 인간과 소통할 수 있는 매개적 역할에 기여한다. 나아가 사회의 구성원은 인물 스토리텔링의 향유를 통해 인간적으로 행위하고, 창조적으로 사고할 수 있는 계기를 갖게 될 것이다. 그래서 인물 스토리텔링이 필요한 시대라고 본다.

참고문헌

강민희(2017), 「역사인물의 이야기가치와 활용방안 검토 — 안용복을 중심으로」, 『동아인문학』 39.

강종훈(2006), 「삼국사기 백제본기의 사료 계통과 그 성격」, 『한국고대사연구』 42.

국립민속박물관(2005), 『한국세시풍속사전』, 국립민속박물관.

권도경(2008), 「소서노 신화의 위계변동 체계 및 전설화 양상과 그 의미」, 『퇴계학과 유교문화』 42.

______(2010), 「고구려 신화의 성립과 소서노 배제의 정치사회학」, 『선도문화』 9, 국제뇌교육종합대학원 국학연구원.

김기덕(2003), 「콘텐츠의 개념과 인문 콘텐츠」, 『인문 콘텐츠』 1.

김동윤(2010), 「창조적 문화와 문화콘텐츠의 창발을 위한 인문학적 기반 연구 –'융합 학제적' 접근의 한 방향」, 『인문 콘텐츠』 19.

김만수(2010), 「미디어의 보급에 대한 문학의 대응: 신문에서 인터넷까지」, 『한국현대문학연구』 32.

김병모(2011), 「문화(文化): 가야국 허황옥과 인도; 김수로왕과 허황옥은 어떻게 대화했을까?」, 『CHINDIA Plus』 55(단일호).

김부식(1971), 김종권 역, 『삼국사기』, 광조출판사.

金聖吳(1982), 『沸流百濟와 日本의 國家基源』, 和文社.

김성태(2014), 「지역축제 활성화를 위한 로컬관광거버넌스 형성요인 우선순위 선정에 관한 연구」, 『관광연구저널』 28(5).

김영순 · 김현 외(2006), 『인문학과 문화콘텐츠』, 다…할미디어.

김영순 · 백승국(2008), 『문화산업과 에듀테인먼트 콘텐츠』, 한국문화사.

김영순(2011), 『스토리텔링의 사회문화적 확장과 변용』, 북코리아.

______(2017), 「인물 콘텐츠 '소서노' 활용 공간 스토리텔링으로서 둘레길 개발 방안」, 『인문 콘텐츠』 46.

김영순 · 구문모 외(2010), 『문화산업과 문화콘텐츠』, 북코리아.

김영순 · 박여성 · 오장근 · 임지혜(2015), 『문화기호학과 공간스토리텔링』, 북코리아.

김영순 · 윤희진(2010), 「향토문화자원의 스토리텔링 과정에 관한 연구: 인천시 서구 검단의 황곡마을을 중심으로」, 『인문 콘텐츠』 17.

김용범(2007), 「고소설 주인공의 지역 연고성 분쟁 사례를 통한 지역문화 콘텐츠 개발 연구 — 홍길동전과 콩쥐팥쥐전을 중심으로」, 『한민족문화연구』 22(단일호).

김용필(2007), 『잃어버린 백제: 주몽과 소서노, 그 이후 이야기』, 청아.

김원열(2009), 「인문 콘텐츠의 학적 성립 가능성에 대한 연구」, 『시대와 철학』 20(1).

김은희 · 루루지(2012), 『두 국가를 세운 여장부 소서노』, 북스.

김일렬 역주(1996), 「홍길동전 · 전우치전 · 서화담전」, 고려대학교 민족문화연구소, 『한국고전문학전집』 25.

김정희(2010), 『스토리텔링 이론과 실제』, 인간사랑.

______(2010), 「영상콘텐츠 기획을 위한 스토리텔링 전략」, 『문화산업연구』 10(1).

김진영(2009), 「역사문화콘텐츠를 활용한 철원지역 활성화 방안에 관한 연구」, 『글로벌문화콘텐츠』.

김현철 · 전인오(2013), 「스토리텔링 선택속성이 축제의 브랜드자산과 사후 행동의도에 미치는 영향」, 『한국콘텐츠학회』 13(10).

노중국(1985), 「백제국의 성립과 발전」, 『진단학보』 제60집.

류정아(2006), 「한국지역축제 조사평가 및 개선방안 연구 총괄보고서」, 문화관광부.

문창로(2010), 「백제 始祖傳承(시조전승) 연구의 성과와 과제」, 『한국학논총』 제34집.

박기수(2015), 『문화콘텐츠 스토리텔링 구조와 전략』, 논형.

______(2015), 「清代廣東行商怡和行伍秉鑒(1769-1843)의 활동과 그 위상 — 英國東印度會社와의 관계를 중심으로」, 『중국사연구』 97(단일호).

박기수 · 안숭범 외(2012), 「문화콘텐츠 스토리텔링의 현황과 전망」, 『인문 콘텐츠』 27.

배용일(2007), 『연오랑 세오녀 설화와 일월사상』, 포항정신문화발전연구위원회.

서철원(2008), 「대가야 건국신화와의 비교를 통해 본 백제 건국신화의 인물 형상과 그 의미」, 『인문학연구』 제36집.

______(2010), 「건국신화의 여신 형상과 그 문화사적 의미」, 『한민족문화연구』 35(단일호).

송시형(2016), 「한국문화콘텐츠산업의 협동 조합적발전가능성과 사회적 함의에 관한 연구」, 고려대학교 박사학위논문.

신현식(2010), 「문화관광 축제 스토리텔링 속성 분석에 관한 연구」, 『인문 콘텐츠』 19.

심상민(2002), 『문화시장 개방의 주요 이슈와 대응전략』, 삼성경제연구소.

연희원(2011), 「소서노(召西弩)와 그녀의 정치적 역할 — 김부식의 역사철학에 대한 탈신비화(脫神祕化) —」, 『한국여성철학』 15, 한국여성철학회.

오영훈(2010), 「지역축제 활성화방안 연구 — 함평나비축제와 부천 튤립꽃전시회를 중심으로 —」, 『문화산업연구』 제10권 제3호.

유혜령(1998), 「교수 매체 환경과 유아의 경험양식에 관한 현상학적 연구 — 자유선택활동을 중심으로」, 『유아교육연구』 18(1).

윤선미(2006), 『소서노』, 현대문화센터.

윤영수 · 김진영(2007), 『두 나라를 세운 여걸 소서노』, 한솔수북.

윤유석(2010), 「스토리텔링을 통한 지역 역사인물의 대중화: 안산 최용신 문화콘텐츠를 중심으로」, 『인문콘텐츠』 19.

______(2014), 『지역정체성 형성을 위한 향토문화전자대전(www.grandculture.net)의 활용』, HCI 2008.

윤택림(2004), 『(문화와 역사 연구를 위한) 질적연구방법론』, 아르케.

윤희진 · 김미라(2016), 「인물 스토리텔링을 활용한 바둑문화콘텐츠 개발방안 연구」, 『지역과 문화』 3(1).

이기담(1999), 『대륙을 꿈꾸는 여인』, 밝은세상.

______(2006), 『소서노(1, 2) 고구려를 세운 여인』, 밝은세상.

이덕순 · 오훈성(2016), 「지역축제 스토리텔링 속성이 몰입과 만족에 미치는 영향: 남원 춘향제를 중심으로」, 『관광연구저널』 30(1).

이윤선(2007), 「전통문화유산의 지역문화콘텐츠 활용에 대한 고찰」, 『한국민속학』 49.

이윤재 · 노이정(2007), 『주몽이 사랑한 여걸 소서노』, 홍진 P&M.

이인화 · 고욱 외(2003), 『디지털 스토리텔링』, 황금가지.

이형석(1998), 『인천의 땅이름』, 가천문화재단.

이혜숙(2007), 「사회복지실천에 있어서 종교와 영성의 문제」, 『불교학연구』.

인문콘텐츠학회(2006), 『인문 콘텐츠』, 북코리아.

인천광역시 시사편찬위원회(2015), 『인천의 지명(상)』, 인천광역시 시사편찬위원회.

인천광역시 남동문화원(2006), 『남동구 향토문화자료집』, 인천광역시 남동문화원.

정명섭(2011), 『한국민속신앙사전: 가정신앙 편』, 국립민속박물관.

정운채(2011), 「문학치료학의 서사 및 서사의 주체와 문학 연구의 새 지평」, 『문학치료연구』 21.

______(2012), 「서사의 다기성과 문학연구의 새 지평」, 『문학치료연구』 23.

차옥덕(2002), 「소서노(召西奴)에 대한 기본 자료 검토」, 『동아시아고대학』 5.

최문식(2003), 「충남 지역 인물 전설의 전승 양상과 활용 방안」, 『한국민속학회』 38.

포터 애벗(2015), 우찬제 외 역, 『서사학 강의』, 문학과지성사.

한교경(2011), 「고려속요의 문화콘텐츠 활용을 위한 서사구조와 정서기호 연구: 익재난고 소악부 분석을 중심으로」, 성균관대학교 박사학위논문.

한국교육개발원(2002), 「사이버공간 인문 콘텐츠 실태조사 및 수준 향상 방안」, 한국교육개발원 인문사회연구회 인문정책연구총서 2002-40.

한국콘텐츠진흥원(2002), 『오방대제 소서노』, 문화원형백과.

한미옥(2003), 『백제 건국신화로서의 비류설화』, 우리말글.

홍용희(1998), 「참여관찰과 심층면담, 교육연구의 질적 접근: 방법과 쟁점」, 교육인류학연구회 춘계학술대회.

황근기(2007), 『엽기 고대왕조실록』, 추수밭.

황동열 · 황고은(2016), 「빅데이터 기술을 활용한 인문 콘텐츠 분야의 의미연결망 분석 — 2003년부터 2015년까지 인문 콘텐츠학회 논문을 중심으로」, 『인문 콘텐츠』 43.

Bogdan, R. C. & Biklen, S. K. (1991), 『교육연구의 새 접근: 질적 연구』, 신옥순(역), 교육과학사.

______(2003), Qualitative research for education: An introduction to theories and methods(4th ed), Boston, MA: Allyn and Bacon Publishers.

Creswell, J. W. & Miller, D. L. (2003), Research design: Qualitative, quantitative, and mixed methods approaches 2nd, London: Sage Publications.

Ledrut, R. (1973), Les Images de la ville..., Vol. 7. Éditions Anthropos.

______(1986), "Speech and the Silence of the City," in M. Gottdiener, A. Ph. Lagopoulos ed., The City and the Sign: An Introduction to Urban Semiotics, New York: Columbia University Press.

Peshikin, A. (1988), Understanding complexity: A gift of qualitative inquiry, Anthropology & Education Quarterly, 19(4).

Stacey, R. (2001), Complex Responsive Processes in Organizations: Learning and Knowledge Creation, London: Routledge.

Wolcott, H. F. (1994), Transforming Qualitative Data: Description, Analysis, and Interpretation, London: Sage.

[신문기사 및 홈페이지]

가야문화축제 홈페이지 http://www.gcfkorea.com/?p=1858

강릉시 홈페이지 http://www.gangneung.go.kr

강원일보(2009. 09. 08), "홍길동 상표권 패소, 강릉시 뭐했나", http://www.kwnews.co.kr/nview.

asp?s=301&aid=209090700033

경기일보(2016. 10. 02), "소래포구의 가을… 웃음바다에 빠지다", http://www.kyeonggi.com/?mod=news&act=articleView&idxno=1245569

경상일보(2016. 09. 28), "(처용문화제) 지천명 맞은 축제… 처용이 된 시민, 화합의 춤 춘다", http://www.ksilbo.co.kr/news/articleView.html?idxno=560251

경향신문(1981. 06. 26), "洪吉童(홍길동)은 實存(실존)인물", http://newslibrary.com/?articleId=1981062600329211023&edtNo=2&prinCount=1&publishDate=19-Internet Explorer

국가법령정보센터: 문화산업진흥기본법 검색(http://www.law.go.kr)

국립국어원 표준국어대사전: http://stdweb2.korean.go.kr/search/View.jsp

국제뉴스(2016. 09. 29), "처용지천명…울산 대표 축제 처용문화제 개막", http://www.gukjenews.com/news/articleView.html?idxno=562397

금강일보(2015. 09. 02), "전설이 된 사랑, 도미설화…천년풍상 변치 않은 절개여", http://www.ggilbo.com/news/articleView.html?idxno=241817

김해뉴스(2016.04.12), "허황옥 실버문화축제 10년 만에 부활", http://www.gimhaenews.co.kr/news/articleView.html?idxno=15393

동아일보(1991. 06. 18), "蔚山文化院長(울산문화원장) 朴榮出(박영출)씨 — 삭막한 공포에 피운 文化(문화)의 꽃", http://newslibrary.naver.com/?articleId

디지털인천남구문화대전 홈페이지 http://incheonnamgu.grandculture.net

문화재청 홈페이지 http://www.cha.go.kr/korea/heritage/search/

보령뉴스(2016. 10. 05), "시민 대화합의 장 제19회 만세보령문화제 성료", http://www.brcn.go.kr/prog/eminwon/kor/AA/sub04_02/list.do

보령시청 홈페이지 http://www.brcn.go.kr

(사)교산, 난설헌선양회 홈페이지 http://www.hongkildong.or.kr

사모원행 http://m.blog.ohmynews.com/nojp/161471

사이언스타임스 홈페이지 http://www.sciencetimes.co.kr

시흥문화원 홈페이지 http://www.shculture.or.kr/

아시아투데이(2016. 09. 28), "곡성군, 곡성심청축제 30일 개막 심청황후마마 시가행렬기대", http://www.asiatoday.co.kr/view.php?key=20160928010015068

연합뉴스(2007. 07. 22), "장성군 홍길동 문화컨텐츠 사업 박차", http://entertain.naver.com/read?oid=001&aid=0001703853

연합뉴스(2013. 04. 12), "보령시, 도미부인 설화 만화책자 발간", http://news.naver.com/main/read.nhn?mode=LSD&mid=sec&sid1=102&oid=001&aid=0006200419

연합뉴스(2016. 09. 29), “춤추고 노래하자…울산 대표 축제 처용문화제 개막”, http://www.yonhapnews.co.kr/bulletin/2016/09/29/0200000000AKR20160929077200057.HTML?input=1195m

연합뉴스(2016. 12. 15), “곡성문화콘텐츠 창조지역사업 우수사례 20선 선정”, http://www.yonhapnews.co.kr/bulletin/2016/12/15/0200000000AKR20161215101000054.HTML?input=1195m

유네스코 한국위원회 홈페이지 http://heritage.unesco.or.kr /ichs/kyrgyz-epic- trilogy-manas-semete-seytek

이투데이(2015. 08. 05), “소래포구의 지명 유래가 이상야릇해”, http://www.etoday.co.kr/news/section/newsview.php?idxno=1175499#csidxd0889f47b9f93a4afbddc8d99e08f94

인천광역시 남동구 홈페이지 http://www.namdong.go.kr/

인천시 남동구 소래포구축제 홈페이지 http://www.namdong.go.kr/soraefestival/

인천의제21실천협의회 http://iagenda21.or.kr/dulle/dulle_course.php

장성군공식블로그 http://blog.naver.com/yellowcity-js/220858939528

처용문화제 홈페이지 www.cheoyong.or.kr

충청일보(2015. 10. 07), “충남 보령시, 백제시대 열녀 도미부인 경모제 거행”, http://www.ccdailynews.com/news/articleView.html?idxno=825768

파평윤씨 천안공파종친회 카페 http://cafe.daum.net/chunangong/

포커스뉴스(2016. 11. 03), “김해-부산시, 허왕후 신행길 공동개최”, http://www.focus.kr/view.php?key=2016110300162417077

한국민족문화대백과 홈페이지 https://encykorea.aks.ac.kr/Contents/Index

한국콘텐츠진흥원 오방대제 소서노, 문화원형백과, 문화원형백과 홈페이지 http://terms.naver.com/entry.nhn?docId=1730452&cid=49223&categoryId=49223

허황옥 실버문화축제 블로그 http://blog.naver.com/sesy2009/220690965393

「EBS 다큐프라임 이야기의 힘」 제작팀(2011), 『이야기의 힘』, 황금물고기.

Oxford Dictionaries: Content https://en.oxforddictionaries.com/definition/

찾아보기

ㄱ

ㅂ

ㅅ

ㅇ

ㅈ

ㅊ

ㅋ

ㅌ

ㅍ

ㅎ

저자 소개

김영순 kimysoon@inha.ac.kr

중앙대학교에서 문학사를, 독일 베를린공대 기호학 전문석사와 베를린자유대에서 문화변동 전공으로 문화학박사를 받았다. 귀국 이후 조선대 연구교수, 경북대 연구교수, 교육인적자원부 학술연구교수를 역임하였다. 현재 인하대학교 사범대학 사회교육과와 동 대학원 다문화학과 교수로 재직하고 있다. 스토리텔링에 관한 주요 논저로는 『기호학으로 세상 읽기』, 『문화콘텐츠학의 탄생』, 『인문학과 문화콘텐츠』, 『지역문화 콘텐츠와 스토리텔링』, 『스토리텔링의 사회문화적 확장과 변용』, 『문화기호학과 공간스토리텔링』 등 50여 권의 공저서와 「결혼이주여성의 자기문화 스토리텔링 활용 표현교육 사례 연구」, 「인물 콘텐츠 '소서노' 활용 공간 스토리텔링으로서의 둘레길 개발 방안」 등을 비롯한 100여 편의 논문이 있다.

오영훈 ohy10106@hotmail.com

독일 레겐스부르크 대학교에서 언어학으로 석사와 박사학위를 취득하여 호남신학대학교 교양학부 강의전담교수를 거쳐, 현재 인하대 교육대학원 강의교수로 재직하고 있다. 논문으로는 「포털사이트 TV콘텐츠 큐레이션에 나타난 스낵컬처 특성 분석」, 「창의성과 인성 함양을 위한 청소년 글쓰기 연구」, 「독일의 문화산업현황과 전망: 독일의 문화예술교육과 문학작품의 영화화를 중심으로」 등 문화산업 관련 논문들이 다수 있으며, 저서로는 『지역문화 콘텐츠와 스토리텔링』(공저), 『문화콘텐츠 마케팅의 이해』(공저), 『베트남 문화의 오디세이』(공저) 등이 있다. 또한 역서로 『언어, 문화 그리고 비판적 다문화교육』, 『상호문화교육의 이해』 등이 있다.

한성우 drysoul@inha.ac.kr

서울대학교 국어국문학과에 입학해 같은 곳에서 석사학위와 박사학위를 받았다. 전공은 국어학이며 음운론과 방언학이 세부전공이다. 가톨릭대학교, 서울대학교 강의전담교수를 거쳐 현재 인하대학교 한국어문학과 교수로 재직 중이다. 『평안북도 의주방언의 음운론』, 『인천 토박이말 연구』, 『강화 토박이말 연구』, 『인천 연안도서 토박이말 연구』, 『방언, 이 땅의 모든 말』 등의 연구서가 있다. 『경계를 넘는 글쓰기』, 『문제해결력을 키우는 이공계 글쓰기』 등의 글쓰기 관련 저서와 『방언정담』, 『우리 음식의 언어』 등의 대중들을 위한 책을 쓰기도 했다. 「의주방언과 구개음화」, 「국어 단어의 음소 분포」, 「국어 음소 분포의 통시적 변화」를 비롯한 여러 편의 논문이 있다.

윤희진 cultureheejin@gmail.com

인하대학교에서 한국어문학을 전공하고 동 대학원 문화경영학 석사와 박사학위를 취득하였다. 인하대학교와 안동대학교에서 '디지털아카이브와 현장연구', '스토리텔링과 게임', '사회 논리 및 논술' 등을 강의하고 있다. 주요 논문으로는 「인물 스토리텔링을 활용한 바둑문화콘텐츠 개발방안 연구」, 「'마을의 변화와 여성의 삶'에 관한 내러티브 연구」, 「향토문화자원의 스토리텔링과정에 관한 연구」, 「Beyond the Nostalgia: a Guide to Regional and Cultural Education」 등이 있으며, 저서로는 『지역문화 콘텐츠와 스토리텔링』(공저), 역서로는 『언어, 문화 그리고 비판적 다문화교육』 등이 있다.

권도영 irhett@naver.com

건국대학교 국어국문학과에서 고전문학(문학치료) 전공으로 박사과정을 수료하고 현재 건국대학교 서사와문학치료연구소에서 연구원으로 재직하고 있다. 논문으로는 「영웅이야기에 나타난 분노 표현 양상의 문학치료적 의미」, 「복합서사를 활용한 자기서사진단 가능성」 등 구비설화의 서사에 대해서 문학치료적으로 연구 분석한 논문이 다수 있다. 단독저서로 『옛이야기로 전하는 마음 치유: 있는 그대로 너를 사랑해』, 공저로 『영화와 원작의 서사적 거리』, 『이상심리와 이상심리서사』, 『자기서사검사와 심리검사의 호환성』, 『문학치료를 위한 성격장애 서사지도』, 『문학치료를 위한 정동장애 및 신체화장애 서사지도』 등이 있다.